LA MÉDIATION FAMILIALE

ISBN 2-227-120-37.1

22, cours Albert-Ier, 75008 Paris

*Bayard Éditions est une marque
du département Livre de Bayard Presse*

La médiation familiale

Réalisé sous la direction de
Lisette Laurent-Boyer

Avant-propos de Cristina De Robertis
Préface de Muriel Laroque, Martine Peronnet
et Marie Théault, de l'APMP

Collection Travail social

BAYARD ÉDITIONS

Ont collaboré à cet ouvrage

Suzanne BARRY

Suzanne Barry est psychologue clinicienne en pratique privée. Elle détient un doctorat en psychologie de l'Université Laval et ses travaux de recherche ont porté sur le droit de parole de l'enfant dans la séparation parentale. Madame Barry a toujours travaillé auprès des enfants, d'abord comme enseignante, puis actuellement comme thérapeute. Son bureau, le Centre de médiation, de consultation et d'expertise psychologique, rejoint particulièrement des familles touchées par les réorganisations familiales engendrées par la séparation, le divorce ou le remariage des parents. Elle est superviseure de stages et membre du bureau de direction de l'École de psychologie de l'Université Laval. Elle est également vice-présidente de l'Association de médiation familiale du Québec.

Linda BÉRUBÉ

Linda Bérubé est travailleuse sociale et pratique la médiation familiale depuis 9 ans. Elle intervient également en thérapie familiale et conjugale ainsi qu'en recherche-action au sein du groupe interdisciplinaire I.R.I.S. Québec (Institut de recherche en intervention systémique). Elle enseigne la médiation dans divers contextes tant au Québec qu'en Europe : I.R.I.S. Québec, Université Laval, Institut européen de médiation familiale, Université catholique de Lyon. Madame Bérubé a participé à l'implantation de la médiation au Service de médiation du C.S.S.Q. situé au Palais de justice de Québec et elle a été présidente fondatrice de l'Association de médiation familiale du Québec.

Pierrette BRISSON-AMYOT

Détentrice d'une maîtrise en service social de l'Université Laval, Pierrette Brisson-Amyot, directrice adjointe à la direction des services professionnels du Centre de services sociaux de Québec, est fondatrice et directrice du Service d'expertise (1976) et médiation (1984) de Québec. Depuis plusieurs années, elle enseigne la médiation en matière matrimoniale (Barreau du Québec, Chambre des notaires) et en matière de protection de la jeunesse (Centres de services sociaux du Québec). Co-responsable, avec madame Françoise Lafortune, d'un projet expérimental concernant la médiation à la Commission des normes du travail. Superviseure en médiation à la clinique de psychologie rattachée à l'École de psychologie de l'Université Laval.

Daniel CAMOZZI

Daniel Camozzi est né en France et a vécu dans plusieurs pays avant de s'installer au Québec. Il a obtenu une maîtrise en service social en 1975. Il travaille comme médiateur et superviseur des stagiaires au Service de médiation à la famille depuis 1981. Il a donné de la formation en médiation familiale et a présenté un bon nombre de conférences à travers le Canada et l'Europe. Il est très intéressé par l'application de la médiation dans différents contextes, que ce soit familial ou politique, pour arriver à de meilleures résolutions de conflits.

Suzanne CLAIRMONT

Diplômée en droit et en criminologie, Suzanne Clairmont est avocate en droit de la famille et exerce la médiation familiale depuis 1986, à Montréal. Elle a pendant plusieurs années travaillé auprès des adolescentes en Centre d'accueil. Actuellement chargée du cours sur la législation sociale à l'École de service social de l'Université de Montréal, elle est membre accréditée de l'Association de médiation familiale du Québec.

François CRÊTE

François Crête est notaire. Il exerce en pratique privée et s'intéresse, depuis 1976, aux conventions entre époux conclues lors de leur séparation. Il a suivi tous les cours donnés en médiation familiale par la Chambre des notaires et a participé à des stages de formation offerts par d'autres organismes ou associations. Il est membre du Comité de médiation familiale de la Chambre des notaires. Me Crête complète actuellement sa formation de médiateur accrédité de l'Association de médiation familiale du Québec.

Lorraine FILION

Détentrice d'une maîtrise en service social de l'Université de Montréal, Lorraine Filion travaille depuis 17 ans auprès des couples et familles séparées et divorcées. Depuis 1983, elle assume la coordination des Services d'expertise et de médiation du C.S.S.M.M. auprès de la Cour supérieure du Québec à Montréal. Outre sa pratique de médiation familiale, elle a écrit des articles publiés dans des revues scientifiques, au Québec et à l'étranger, en plus de participer à nombre de colloques et conférences au Canada et en Europe. Elle a déployé beaucoup d'efforts et d'énergie afin de faire connaître et démystifier la médiation familiale et la garde partagée, tant auprès des professionnels des sciences humaines et juridiques qu'auprès de la population en général.

Francine GUILBAULT

Détentrice d'une maîtrise en service social de l'Université de Montréal et membre de la Corporation des travailleurs sociaux du Québec, Francine Guilbault a développé une expertise en médiation et en intervention clinique et communautaire dans la problématique de la séparation-divorce et des transformations familiales. Membre accréditée de l'Association de médiation familiale du Québec, elle a été durant 5 ans coordonnatrice d'un groupe d'entraide pour femmes chefs de familles. Depuis 1987, elle exerce en C.L.S.C. où elle a mis sur pied un service de médiation partielle dans une équipe qui a développé une programmation en consultation conjugale et familiale particulièrement à l'étape d'une rupture d'union et de restructuration de vie.

Jacqueline LABRIE

Jacqueline LaBrie est bachelière de l'Université Laval en service social et membre de la Corporation des travailleurs sociaux du Québec. Elle travaille auprès des familles et des enfants au Centre de services sociaux de Québec de 1972 à 1982. Depuis 1982, elle exerce en pratique privée. Elle offre, entre autres, des services d'expertise psychosociale et agit comme expert au tribunal de la jeunesse, et à la Cour supérieure lorsqu'il y a litige en matière de garde d'enfants. Elle travaille également au Service d'expertise psychosociale du Centre de services sociaux Richelieu, à titre contractuel. Elle est la présidente fondatrice de Médiation professionnelle du Québec et membre accréditée de l'Association de médiation familiale du Québec. Elle est très active au sein de cette association afin de promouvoir le développement de la pratique de la médiation familiale au Québec.

Françoise LAFORTUNE

Françoise Lafortune, travailleuse sociale, pratique en bureau privé comme psychothérapeute et médiatrice depuis 1984. Travaillant comme chargée de projet à l'Aide juridique, elle commence à pratiquer la médiation au début des années 80, puis sera engagée par le nouveau Service de médiation de la Cour supérieure du district de Montréal pour exercer le métier et l'enseigner aux autres professionnels. Depuis de nombreuses années, elle a charge d'enseignement comme «assistant-professor» au Département de service social de l'Université McGill (1973-1989) et auprès de nombreuses corporations (psychologues, Barreau, Chambre des notaires), ainsi qu'à la Commission des normes du travail.

Lisette LAURENT-BOYER

Lisette Laurent-Boyer est travailleuse sociale et membre accréditée de l'Association de médiation familiale du Québec. Thérapeute conjugale et familiale depuis 25 ans, elle a pratiqué dans les secteurs public et privé. Cette pratique l'a mise en contact fréquent avec des familles qui vivent la séparation et le divorce, ce qui a motivé son orientation à la médiation familiale. Dans la région de Lanaudière, Madame Boyer offre des services de médiation familiale, travaille à la promotion de cette nouvelle approche et au développement de la collaboration nécessaire avec le milieu juridique. De plus, elle est formatrice en médiation et a dirigé des sessions de formation en France. Actuellement, elle est membre du Comité exécutif de l'A.M.F.Q.

Lucile LAVERDURE

Lucile Laverdure est travailleuse sociale retraitée dans la ville de Québec depuis 1990. À Montréal, durant trente ans, elle a travaillé dans le domaine du service social, secteur public. D'abord auprès des itinérants et des immigrants de 1960 à 1964 ; ensuite auprès de couples et de familles jusqu'en 1981. En médiation familiale globale depuis son implantation à Montréal en 1981, à titre de médiatrice, ainsi que de superviseure et formatrice depuis 1984. Dans le secteur privé de 1988 à 1990 en psychothérapie et médiation. Active actuellement au niveau de comités de l'Association de médiation familiale du Québec.

Robert LESAGE

Robert Lesage est juge à la Cour supérieure du Québec depuis 1982. Il est diplômé des universités Laval et de Toronto. Il a pratiqué le droit pendant 25 ans et plaidé devant toutes les juridictions judiciaires et un bon nombre de tribunaux administratifs. Il a enseigné et a été actif au Barreau. Ses fonctions actuelles l'ont amené à écrire et à participer à plusieurs séminaires sur le droit familial.

Richard J. McCONOMY

Avocat-médiateur, admis au Barreau en 1971, Richard J. McConomy est fondateur et associé de l'étude légale McConomy, Sévigny & De Wolfe. Il est président de la section « droit de la famille » du Barreau canadien et vice-président de Centraide Montréal. Il a été membre du Conseil du Barreau de Montréal et président de son comité sur le droit de la famille (1987-1989). Il est médiateur accrédité de l'Association de médiation familiale du Québec.

PRÉFACE

Lors du congrès sur la médiation familiale organisé à Caen en novembre 1990 par l'APMF (Association pour la promotion de la médiation familiale) et l'AAJB (Association des amis de Jean Bosco), notre ami Richard McConomy, avocat-médiateur à Montréal, co-auteur de ce livre, est venu participer à ces échanges. Ayant écouté les exposés brillants qui étaient faits en introduction, il formulait avec un certain humour ce constat quelque peu provocateur : « Définition de la médiation : en anglais : *A third person can help*, en français : cf. bibliographie… »

Et voilà que ce sont eux, nos cousins moqueurs, qui viennent fournir notre bibliographie ! Et nous ne pouvons que les en remercier.

L'ouvrage écrit en codisciplinarité, sous la houlette coordinatrice de Lisette Boyer, est une analyse et une réflexion qui répondent à beaucoup d'interrogations, de préoccupations, non seulement des médiateurs professionnels exerçant en Europe, mais aussi bien des divers autres techniciens (psychologues, juristes, travailleurs sociaux) qui ont à connaître, chacun dans leur domaine, des problèmes de couples parentaux en rupture.

Ce livre est le bienvenu et deviendra l'ouvrage de référence, permettant à chacun de s'informer ou de réfléchir.

Lisette Boyer nous a fait l'amitié de nous demander de présenter cet ouvrage pour les lecteurs français. Nous y sommes d'autant plus sensibles que, pour nous, c'est bien par le Canada que nous est venue notre conviction que l'introduction du processus de médiation est d'un grand intérêt dans l'aide à la résolution des conflits familiaux.

C'est en 1986, à l'occasion de la venue de Lorraine Filion, directrice du service de médiation du tribunal de Montréal, invitée par l'APME (Association Père-Mère-Enfant), que s'est décidé un voyage interdisciplinaire à Montréal pour une initiation à la médiation familiale. Des psychologues, des travailleurs sociaux, des magistrats, des avocats y participaient. C'était l'expression d'une prise de conscience : le conflit familial, l'ébranlement ou les traumatismes affectifs qu'il peut provoquer, les répercussions graves qu'il peut entraîner sur des enfants méritent que l'on étudie, pour y faire face, des solutions spécifiques, qui permettent d'en apaiser les conséquences sur le plan personnel, et par là sur le plan social. La décision judiciaire qui tranche ne pouvait plus être l'unique réponse. Il convenait de pouvoir offrir une autre approche.

C'est le processus de médiation familiale qui apportait la réponse. Comme toute découverte importante, elle partait d'un principe simple : qui mieux que les parents eux-mêmes peut trouver les solutions aux problèmes posés entre eux et à leurs enfants par leur séparation ? Mais les parents, entravés par les réactions conflictuelles provoquées par la crise vécue, sont le plus souvent incapables de faire cette démarche seuls. C'est la présence du médiateur qui leur rend ce pouvoir : son rôle est celui de catalyseur neutre qui permet aux parties en présence de passer du négatif au positif.

Comment ne pas rêver que ceux qui vivent ces difficultés puissent désormais profiter de ce qui n'est qu'une technique, mise à leur disposition pour restaurer leurs propres responsabilités. Elle est née du dialogue interdisciplinaire des professionnels appelés à apporter leurs services à l'occasion de ces litiges. Cette activité nouvelle, complexe et délicate, au carrefour des diverses disciplines, nécessite une formation exigeante.

En France, ce fut l'engouement parmi des professionnels et la rapidité de l'implantation est impressionnante : 76 centres recensés offrent leurs services soit directement aux particuliers, soit sur l'orientation des avocats et des magistrats. Pour ceux-ci, il n'était pas évident d'intégrer cette technique dans leur pratique : en France, la conciliation est une étape obligatoire de la procédure de divorce, et le magistrat peut avoir valablement l'impression que cette mission rend inutile la présence du médiateur. Il en est de même pour les avocats : avec les procédures sur requête conjointe introduites depuis 1976, et qui peuvent se faire avec l'intervention d'un seul avocat pour les deux époux, certains ont la conviction qu'ils travaillent déjà comme des médiateurs. Ces illusions tombent lorsque l'on s'initie sérieusement à ce qu'est réellement la médiation, sa technique, le temps qu'elle exige. Aujourd'hui, les décisions judiciaires qui recommandent le recours à une médiation ou constatent l'accord des parties sont de plus en plus nombreuses. Cependant, la médiation n'est pas encore reconnue légalement dans notre système judiciaire même si elle se pratique déjà. Un projet de loi a été adopté par l'Assemblée nationale. Il est actuellement dans les tiroirs du Sénat. Il ne fait pas l'unanimité des juristes, dans son principe général prévu sans distinction pour s'appliquer à toutes sortes de litiges. Des amendements y avaient été introduits, à la demande de professionnels concernés, en particulier par l'intermédiaire de l'APMF, afin que la pratique de la médiation familiale en soit favorisée. Par ailleurs, diverses filières de formation se sont créées. Les candidats à l'exercice de cette activité nouvelle sont de plus en plus nombreux. Il convenait à la fois de faire connaître et promouvoir la médiation familiale en France, et d'adapter cette approche à nos mentalités, à notre pratique professionnelle, conditionnée par notre système légal.

C'est ce à quoi a voulu participer activement l'APMF, créée au retour du voyage de Montréal en prenant un certain nombre d'initiatives :

— premier congrès européen organisé à Caen en 1990, en collaboration avec l'AAJB, qui a réuni plus de 600 participants ;
— présentation à cette occasion d'un code de déontologie ;
— établissement d'une charte européenne de la formation des médiateurs familiaux
  • dressant un bilan des différentes filières proposées,

• réfléchissant aux exigences de la fonction du médiateur et au contenu de la formation qu'elle requiert afin d'élaborer un tronc commun auquel chaque organisme de formation pourrait adjoindre des éléments complémentaires spécifiques,

• envisageant enfin des actions appropriées pour obtenir la reconnaissance de ces formations par les autorités compétentes ;

— journée d'étude sur la place de l'enfant dans le processus de médiation familiale.

Ainsi se met en place une véritable profession aux confins des autres disciplines, à la fois différentes et en dialogue avec elles.

L'expérience est lancée. Pour lui permettre de prospérer, elle a tout à gagner de celle, déjà plus avancée, de nos amis canadiens. Ils savent l'exposer avec des exigences professionnelles sérieuses, documentées, et une volonté d'interdisciplinarité vécue qui ne peut que nous servir d'exemple. Ils ont en la matière une antériorité et par conséquent une connaissance dont nous ne pouvons que profiter.

Ce livre est fait d'exposés techniques élaborés par les divers professionnels concernés. Chacun donne sa vision par une analyse approfondie, détaillée, précise, de ce qu'est pour lui la médiation. Cette approche, par facettes différentes, facilite la compréhension du processus méthodologique de la médiation.

Chacun des auteurs peut être remercié de la façon personnelle et professionnelle dont il nous enrichit de son expérience.

Lisette Laurent-Boyer a su rassembler toutes les pièces de ce puzzle permettant ainsi une présentation complète de la pratique de la médiation familiale.

Merci à tous les auteurs de nous l'offrir, pour nous permettre d'aller nous-mêmes plus loin dans notre expérimentation. Peut-être, plus tard, pourrons-nous, à notre tour, enrichir leur bibliographie !

La médiation familiale est un état d'esprit qui transforme en espoir ce qui au départ était désespoir, en début ce qui était fin.

Aujourd'hui nous souhaitons avec eux une avancée commune dans cette tâche difficile de l'aide à la résolution des conflits familiaux.

Si la médiation familiale permet à l'enfant d'éviter les déchirements entre ses deux parents, d'en être moins blessé, de pouvoir continuer à croître entre eux deux, c'est-à-dire de pouvoir vivre, alors, comme nos amis canadiens, **faisons-la vivre !...**

Muriel Laroque
avocat au barreau de Paris
présidente de l'APMF
Martine Péronnet
avocat au barreau de Versailles
vice-présidente de l'APMF
Marie Théault
médiatrice familiale CAEN (AAJB)
responsable de formation
à la médiation familiale EPE
d'Île-de-France
vice-présidente de l'APMF

AVANT-PROPOS

Pourquoi la médiation familiale ? En quoi consiste cette nouvelle méthode dont les premières expérimentations outre-Atlantique montrent tout l'intérêt et l'efficacité ?

La médiation familiale est

— un moyen adapté aux problèmes de notre temps,

— une méthode de négociation et de résolution des conflits,

— une approche permettant un exercice pluriprofessionnel.

Un moyen adapté aux problèmes de notre temps

Dans notre société française, et malgré une stabilisation toute récente, le nombre de divorces a commencé à s'accroître dans la deuxième moitié des années 60. L'indice annuel de divorcialité, après avoir presque triplé entre 1970 et 1985, s'est stabilisé depuis cette date autour de 30,5 divorces pour 100 mariages [1], c'est-à-dire un peu plus d'un couple sur trois.

En même temps, la réforme du divorce, entrée en vigueur en 1976, a ajouté au traditionnel divorce pour faute le divorce par consentement mutuel. Il s'agit d'une véritable dépénalisation du divorce, car, depuis, la moitié des divorces en France se prononcent

1. Brigitte Munoz-Perez et Marie-Claire Rondeau-Rivier, « Une nouvelle phase pour le divorce ? », dans INSEE, *Données sociales*, 1990, p. 297 à 300.

par consentement mutuel sous ses deux formes (la demande conjointe et la demande acceptée)[1].

Les difficultés liées à la rupture de la vie conjugale sont nombreuses, d'ordres matériel, financier et affectif. La période de séparation est souvent jalonnée par des conflits, parfois violents, dont les enfants sont les témoins et les otages. La réorganisation de la vie du couple séparé nécessite toute une série de décisions, essentielles pour l'avenir : le partage des biens, la contribution financière, la prestation compensatoire, le lieu de résidence des enfants, le régime des visites du parent qui n'assure pas la résidence régulière des enfants, etc. Or, ces décisions sont rarement prises après réflexion et échange.

La médiation familiale tente alors de venir en aide aux parents désireux de résoudre au mieux leurs différends. Il s'agit d'un moyen adapté aux problèmes actuels liés au divorce, un nouveau service aux familles.

Une méthode de négociation et de résolution des conflits

Lisette Laurent-Boyer la définit ainsi : « La médiation familiale est une méthode de résolution des conflits basée sur la coopération et l'autodétermination, dans le but d'établir des ententes pour l'avenir de la famille. Les conjoints se quittent, ils restent néanmoins des parents. Dans cette perspective, le divorce ou la séparation ne signifie pas la dissolution de la famille, mais plutôt sa réorganisation[2]. »

Voici exposée l'idée maîtresse de cette méthode : même séparés, les parents restent des parents ; les enfants ont droit à avoir accès à leurs deux parents ; les parents ont le devoir d'assurer la protection et l'éducation de leur progéniture, quelle que soit la situation de leur couple.

Mais, fort souvent, la rupture s'accompagne de déchirements et de disputes. Le couple n'arrive pas à prendre avec mesure et dialogue les décisions qui le concernent et qui concernent les enfants. Ce sont alors les enfants qui sont pris à partie, à la fois confidents et

1. Voir encadré *Les cas de divorce en France* à la fin de cet avant-propos.
2. Laurent-Boyer, Lisette, « La médiation familiale : un moyen d'humaniser le divorce, un nouveau service à la famille », dans *Le travailleur social,* vol. 57, hiver 1989, Québec, Canada.

arbitres, ils deviennent les témoins impuissants de la souffrance parentale.

La médiation familiale aide les couples désirant dissoudre leur union à élaborer eux-mêmes une entente viable pour chacun. Son principal objectif est donc d'aboutir à un accord satisfaisant pour chaque membre de la famille, accord qui règle toutes les conséquences de la dissolution du couple et de la transformation familiale. Le processus de négociation permet d'éclairer les choix et de développer les différentes alternatives possibles avant d'arrêter une décision.

Une approche permettant un exercice pluriprofessionnel

Artisan de cet accord : le médiateur. Il s'agit d'un tiers impartial qui aide les conjoints dans leur échange et leur négociation, mais qui ne prend aucune décision à leur place.

Les médiateurs familiaux sont d'origine professionnelle diverse. Même si la majorité sont des travailleurs sociaux, cette fonction est aussi exercée par des avocats, des psychologues, des conseillers conjugaux. Cette pluriprofessionnalité constitue la richesse propre à cette approche et aux équipes qui exercent la médiation. En outre, le médiateur collabore avec les instances judiciaires (avocats, juges), mais en aucun moment ne se substitue à elles. Cette collaboration et cette pluriprofessionnalité permettent d'utiliser un grand nombre de connaissances pour appréhender ce phénomène complexe de la rupture familiale et pour venir en aide aux couples en voie de séparation.

Un intérêt renouvelé en France

La médiation familiale existe au Canada depuis une dizaine d'années. En France, elle se développe depuis peu de temps, dans un contexte social et juridique différent. Ce développement est rapide et suscite de l'enthousiasme, comme le montre la préface de cet ouvrage rédigée par les responsables de l'Association pour la promotion de la médiation familiale en France.

Au stade actuel de son développement, il nous a semblé intéressant d'inclure ce livre dans notre collection TRAVAIL SOCIAL : des savoirs pour l'action, car il présente la méthode de médiation familiale telle qu'elle est actuellement formalisée au Québec. Le travail social a été et reste une activité professionnelle internationale, qui s'enrichit des apports et des modèles d'intervention construits dans d'autres pays et dans d'autres milieux. Ils ne peuvent être appliqués à une autre réalité qu'après adaptation à ce contexte différent. Nous restons convaincus que cette transposition est tout à fait possible pour ce qui concerne la médiation familiale.

Cristina De Robertis

LES CAS DE DIVORCE EN FRANCE [1]

La réforme du divorce, entrée en vigueur le 1er janvier 1976, offre le choix entre plusieurs cas de divorce, formant ce qu'on a appelé « le divorce à la carte ». Au traditionnel divorce pour faute est ajouté le consentement mutuel sous deux formes : demande conjointe et demande acceptée, et la rupture de la vie commune.

Le divorce pour faute

Volontairement maintenu dans l'arsenal juridique, le divorce pour faute suppose qu'un des époux fasse la preuve des faits imputables à l'autre « qui constituent une violation grave et renouvelée des devoirs et obligations du mariage et rendant intolérable le maintien de la vie commune » (art. 242 Code civil).

Lorsque le divorce est prononcé aux torts partagés, chacun des époux peut demander une prestation compensatoire à l'autre (contrairement au système antérieur). Lorsqu'il est prononcé aux torts exclusifs d'un époux, celui-ci est privé d'un certain nombre de prérogatives et peut même se voir réclamer des dommages et intérêts.

Le divorce par consentement mutuel

La demande conjointe. Ce cas permet aux époux de divorcer sans avoir à exposer au juge les motifs de leur demande. En revanche, ils

1. Extrait de Brigitte Munoz-Perez et Marie-Claire Rondeau-Rivier, « Une nouvelle phase pour le divorce ? », dans INSEE, *Données sociales*, 1990, p. 299.

doivent lui soumettre une convention définitive, dans laquelle ils règlent toutes les conséquences de leur séparation. Cela les oblige à s'accorder, avant le prononcé du divorce, non seulement sur la garde des enfants, le montant de la prestation compensatoire, mais encore sur le partage de tous leurs biens, mobiliers ou immobiliers. Le caractère définitif de ce règlement a pour but d'éliminer toute source de conflit ultérieur.

La demande acceptée. Ce cas emprunte quelques traits aux deux précédents. Il se rapproche de la demande conjointe, car les deux époux sont d'accord sur le principe du divorce, mais il partage avec le divorce pour faute l'absence d'entente sur les effets du divorce. Le seul accord auquel les époux doivent parvenir porte donc sur le constat objectif de l'échec de leur union. Chacun reconnaît qu'il existe un ensemble de faits rendant intolérable le maintien de la vie commune. Ce double aveu leur évite d'avoir à prouver la faute de l'autre. Leur désaccord sur les conséquences du divorce est tranché par le tribunal, qui applique alors les règles du divorce pour faute aux torts partagés.

La rupture de la vie commune. Dès lors que la vie commune a cessé depuis au moins six ans, en raison d'une séparation de fait ou d'une altération des facultés mentales d'un conjoint, l'autre peut demander le divorce. En contrepartie de sa liberté, l'époux demandeur doit supporter toutes les charges du divorce et reste entièrement tenu au devoir de secours envers son conjoint.

* * *

Dans un cadre juridique ouvrant largement la voie aux aménagements judiciaires, le choix du cas de divorce ne saurait être réduit au seul comportement des couples, les uns « responsables » et divorçant sans drame, les autres attachés à la notion de faute et se livrant un duel judiciaire.

Les différences existant entre cas de divorce ne doivent pas masquer leur caractère d'interchangeabilité. La flexibilité des règles juridiques permet, en effet, d'obtenir des résultats très semblables en recourant à des procédures distinctes. Ainsi, les époux qui souhaitent obtenir un divorce aux torts partagés, c'est-à-dire sans coupable et sans sanction, peuvent s'orienter vers la demande acceptée ou vers la faute. Dans le premier cas, chacun reconnaît que les faits invoqués procèdent de l'un et de l'autre, dans le second, que les torts sont partagés. La similitude entre les deux procédures est encore plus grande lorsqu'en cas de faute les époux demandent au tribunal de se limiter à constater « qu'il existe des faits constituant une cause de divorce, sans avoir à énoncer les torts et griefs des parties » (art. 241-1 du Code civil).

De même, dans le cas des divorces amiables, les praticiens du droit et les époux peuvent préférer la demande acceptée ou la faute, plutôt que la demande conjointe. Cette dernière présente l'avantage de réduire les frais de procédure (avocat unique), mais comporte des inconvénients : délai de réflexion imposé aux époux et obligation de régler la liquidation du régime matrimonial avant le prononcé du divorce. Dans les autres cas, les difficultés liées à la liquidation sont repoussées à la phase de l'après-divorce.

I

NATURE, PROCESSUS ET APERÇU HISTORIQUE

La médiation familiale : définition, cadre théorique, bienfaits pour la famille et étude de modèles

Lisette Laurent-Boyer *

Dans l'esprit de ce livre sur la médiation familiale, il faut entendre qu'au Québec, la médiation familiale s'exerce principalement en matière de séparation et de divorce. C'est dans ce secteur que les deux services publics de médiation familiale de Montréal et de Québec, de même que les médiateurs [1] privés, pratiquent la médiation. Il y a cependant, depuis environ trois ans, une ouverture à la médiation familiale relativement à d'autres conflits familiaux, particulièrement dans le secteur de la protection de la jeunesse.

Ce premier chapitre est un texte de base qui traitera de la définition de la médiation familiale : sa nature, ses caractéristiques, son déroulement ; du cadre théorique ; des bienfaits pour la famille ; de différents modèles de médiation. Plusieurs thèmes de ce premier chapitre seront repris et approfondis ailleurs dans cet ouvrage.

DÉFINITION

La médiation familiale est une méthode de résolution de conflits. Définir la médiation [2] de cette manière, c'est situer sa provenance américaine. En effet, le modèle de médiation familiale pratiqué au Québec est d'origine américaine. Il présente une approche alternative au système adversaire et vise à aider les conjoints qui se sépa-

---

* Travailleuse sociale.

1. Le terme « médiateur » définit aussi bien le médiateur que la médiatrice.
2. Le terme « médiation » désigne l'expression « médiation familiale ».

rent à conclure des ententes pour satisfaire les besoins des membres de la famille et régler toutes les conséquences de la dissolution du couple et de la transformation de la famille.

Nous empruntons à l'A.M.F.Q. (Association de médiation familiale du Québec) la définition suivante : « La médiation est une méthode de résolution de conflits basée sur la coopération. Le médiateur, tiers impartial, aide les couples désirant dissoudre leur union à élaborer eux-mêmes une entente viable et satisfaisante pour chacun. » Dans ce contexte, les conjoints sont les négociateurs, le médiateur est un tiers qui facilite la discussion, dirige le processus, est responsable de ce processus, mais non du résultat (Haynes, 1989).

Il est établi que le médiateur est un tiers impartial, neutre. Cette question de neutralité appelle cependant des nuances si le médiateur constate que l'intérêt de l'enfant ou de l'un ou l'autre des conjoints peut être lésé. Des auteurs se sont interrogés sur cette question en regard de la protection de l'intérêt de l'enfant et ont élaboré des stratégies d'intervention en ce sens (Lafortune, Brisson-Amyot et Côté, 1990). Lorsque l'intérêt d'un des conjoints n'est pas respecté, le médiateur recourt à des techniques et stratégies pour ne pas cautionner des ententes non équitables pour chacun.

L'intervention de médiation familiale se situe auprès des conjoints qui se séparent dans leur rôle de conjoints et/ou de parents. Lorsque ces derniers viennent en médiation sur une base volontaire, ce qui est presque toujours le cas dans le contexte québécois, leur motivation est d'établir avec autodétermination leurs ententes dans le but de réorganiser leur famille en situation de crise, dans cette transition de l'après-séparation. Bien sûr, c'est la responsabilité du médiateur de recommander, en cours de médiation, une consultation juridique pour que les conjoints connaissent respectivement leurs droits. Si cette consultation n'a pas été nécessaire en cours de médiation, elle le sera avant de judiciariser leurs ententes. Le tribunal, dans cette perspective, est un dernier plutôt qu'un premier recours.

Le processus de la médiation répond mieux aux besoins des parents de préserver le bien-être et l'intérêt de leurs enfants. Leur démarche est alors rassurante pour ces derniers car ils comprennent que leurs parents s'efforcent de régler leurs différends, en tenant compte de leurs besoins et, particulièrement, de ce besoin essentiel qu'ils ont de maintenir un accès à leurs deux parents même si ces derniers sont séparés ou divorcés (Wallerstein, Kelly, 1980).

La médiation familiale s'inscrit dans une orientation de société qui encourage l'autodétermination, la communication, la responsabilité. On voit la médiation s'installer dans différents secteurs : municipalités, petites créances, relations de travail, normes du travail, santé et sécurité au travail, quartiers. L'objectif alors est de résoudre les conflits de la manière la plus satisfaisante possible, en même temps que d'en éviter la polarisation. Dans le contexte de la séparation ou du divorce, c'est une manière de s'entendre (Service de médiation familiale de Montréal, 1984), un moyen d'humaniser le divorce, cette réalité si actuelle. En effet, au Québec, les séparations touchent actuellement un couple sur deux, si nous incluons les ruptures des couples qui vivent en union de fait. Ce qui fait écrire à Richard Cloutier (1990) que 20 % des familles québécoises ont déjà vécu l'expérience d'une séparation parentale, environ 20-25 % des enfants vivent dans une famille dite réorganisée. Actuellement, aux États-Unis, 38 % des enfants vivent dans des familles monoparentales (Fassel, 1991). En Amérique du Nord, le nombre de ruptures après remariage serait encore plus élevé qu'après une première union.

Contexte social et juridique

Les lacunes des services juridiques et de leur structure ont aussi contribué à l'implantation des services de médiation. En effet, les insatisfactions sont nombreuses quant aux coûts, aux lenteurs administratives et au non-respect des jugements concernant l'exercice de l'autorité parentale et la pension alimentaire. Les insatisfactions n'ont pas été seulement exprimées par les conjoints impliqués, mais aussi par des juges, avocats, psychiatres, psychologues et travailleurs sociaux (Lafortune, 1984). Comme pour le concept de la garde conjointe et partagée, l'influence du milieu des sciences humaines a été importante (L'Heureux-Dubé, 1979; Mayrand, 1990). Les professionnels de ce milieu ont souvent signalé, surtout depuis les années 70, les répercussions négatives du système adversaire et proposé de nouvelles approches.

Quand la séparation survient, le plus souvent, elle a été décidée par un des deux conjoints. On établit à 80-85 % le nombre de décisions de divorce prises par l'un ou l'autre des conjoints. Dans un grand nombre de cas, elle n'a pas été prévue, c'est le désarroi (Trafford, 1988). Les émotions vécues par les enfants et les adultes sont variées et bouleversantes. Le stress est souvent omniprésent dans la famille.

Les conjoints qui se séparent sont ébranlés. Ils cherchent des alliés pour les rassurer sur leur compétence personnelle, conjugale et parentale. Pour cette fin, ils consultent amis, parents, nouveau conjoint, thérapeute, avocat-conseil.

Wallerstein (1989) a élaboré les tâches psychologiques des parents et des enfants après le divorce, la première étant de se séparer avec civilité. Il faut établir des arrangements. La médiation permet de déterminer des ententes en pensant tout d'abord à l'avenir immédiat de la famille. Par la suite, la famille expérimente des arrangements de vie, les modifie s'il y a lieu pour arriver à établir des ententes satisfaisantes pour le présent et le futur.

Donnons ici l'exemple d'une famille pour laquelle la médiation, intervenue dès la décision de la séparation, a permis l'implication du père, cela bien sûr dans l'intérêt des enfants, mais a aussi favorisé pour la mère un partage des responsabilités parentales et, conséquemment, un allégement de sa tâche de parent-gardien. La séparation avait été décidée par la mère tout de suite après la naissance de leur quatrième enfant, le père ayant une autre femme dans sa vie. Spontanément, la mère ne voulait pas que le père ait accès au bébé et elle n'envisageait pour les aînés que de courtes périodes de résidence avec leur père. Les sessions de médiation se sont échelonnées sur une dizaine de semaines, souvent avec intervalles de deux semaines.

Les conjoints, dans leur rôle de parents, sont arrivés à établir des ententes progressives pour un accès du père au nourrisson et des périodes de résidence plus longues pour les aînés chez leur père. Le père visitait les enfants au domicile familial et la mère, pendant ces périodes, s'absentait pour vaquer à ses affaires personnelles. Ultérieurement, le père a gardé les enfants dans la résidence familiale pour permettre à la mère de prendre des vacances. Parallèlement, les ententes concernant le partage de leurs biens et la contribution financière (pension alimentaire) ont pu être déterminées de façon satisfaisante.

La souffrance psychologique n'a pas été éliminée mais diminuée. La médiation a apporté des avantages pour les enfants et les parents au niveau du système familial, et le règlement judiciaire de leur divorce, par la suite, s'est fait plus rapidement que pour d'autres personnes de leur entourage et les coûts ont été moindres, selon leur témoignage. La médiation évite de rester à cette dimension de la famille qui est brisée au moment de la séparation et aide plutôt la famille à se réorganiser (Coogler, 1978). Cette approche donne aux familles qui vivent la séparation cette orientation où l'on dit : « les conjoints se quittent, les parents demeurent » (Boyer, 1989). Le médiateur pourra vérifier avec les conjoints de quelle manière les enfants ont été informés de la séparation et les inviter à le faire d'une manière appropriée pour que les enfants comprennent la séparation de leurs parents (Wallerstein, 1989). Cette intervention des parents, en plus d'être rassurante pour les enfants, pourra les déculpabiliser quand ces derniers se croient responsables du divorce de leurs parents.

La séparation est une décision d'adultes avec laquelle la majorité des enfants sont en désaccord (Hetherington, 1989 ; Wallerstein et Blakeslee, 1989). Le plus souvent, cette décision n'est communiquée aux enfants qu'après le départ d'un des parents. Suzanne Barry (1990) rapporte que 80 % des enfants n'ont pas été préparés ni avertis de la décision ou du divorce de leurs parents, tel que constaté par Wallerstein et Kelly (1980).

La médiation peut donc se situer avant, pendant (à la condition que les procédures judiciaires soient suspendues) ou après les procédures judiciaires en divorce ou en séparation quand il y a insatisfaction concernant l'exercice de l'autorité parentale et/ou la contribution financière.

Indications

Quelles en sont les indications ?

Les conjoints peuvent venir en médiation quand les conflits et la colère sont élevés et que la communication est rompue. Il n'est cependant pas nécessaire que les difficultés soient aussi grandes. Les participants manquent souvent d'information et d'outils pour déterminer les meilleures ententes et considèrent qu'ils ont besoin d'un médiateur pour y parvenir.

Certains craignent le système adversaire, estimant que cela implique plus de temps, des coûts élevés et la possibilité d'un jugement insatisfaisant. La motivation des conjoints qui demandent les services d'un médiateur, sur une base volontaire, semble le plus souvent mixte : être maîtres de leurs ententes et avoir des coûts moindres que dans le système adversaire avec des avocats respectifs. Les clients de la médiation estiment que leurs coûts sont moindres même s'ils demandent une consultation juridique et/ou confient à un avocat de préparer leurs procédures judiciaires, ce que les Américains appellent la *comprehensive mediation.*

Caractéristiques

La médiation familiale, telle que pratiquée au Québec actuellement, est le plus souvent *globale.* Cela signifie qu'elle touche les sujets suivants : exercice de l'autorité parentale (relations parents-enfants, garde, accès), partage des biens et contribution financière (pension alimentaire). Le Service de médiation de Montréal privilégie ce modèle et bénéficie des services d'un avocat consultant (Filion, 1988). Dans une étude parue en 1987 sur la médiation des divorces et des questions familiales faite dans trois villes canadiennes et subventionnée par le ministère de la Justice du Canada, James Richardson souligne les avantages de la médiation globale. C'est aussi l'opinion de Joan B. Kelly (1990) que cette forme de médiation est la plus efficace. Les résultats de la recherche qu'elle a dirigée au Northern California Mediation Center, touchant le règlement complet du divorce et comparant deux groupes, concluent que les clients de la médiation sont plus satisfaits que ceux du groupe qui ont eu recours au système adversaire quant au partage des biens et au soutien financier du conjoint. Il y eut aussi moins de retours au tribunal par la suite, pour les clients de la médiation.

Quant aux questions relatives à la garde des enfants, aux périodes de résidence avec le parent non gardien, de même qu'à la contribution financière pour les enfants, le niveau de conflit présenté par le groupe de la médiation est nettement inférieur comparé à celui des clients du système adversaire, tel qu'évalué selon l'échelle de conflit parental d'Ahron. Étant donné qu'il n'y avait pas de différence au sujet des conflits parentaux dans les deux groupes pendant le mariage, il ressort que la médiation, à court terme, diffuse et réduit le conflit pendant le processus du divorce.

La médiation peut aussi être *partielle.* Alors, elle ne traitera qu'un ou deux des trois sujets. Ainsi, des conjoints sans enfant viennent en médiation pour régler le partage de leurs biens et établir le soutien financier si nécessaire. Nous rencontrons des jeunes couples qui mettent fin à leur mariage et, de plus en plus, des couples qui décident de se séparer après plus de trente ans de mariage et n'ont plus de responsabilités parentales. Viennent aussi en médiation partielle des parents qui, après jugement, veulent modifier le temps de résidence des enfants avec chaque parent et/ou la contribution financière.

La médiation dans le contexte québécois est toujours *volontaire.* Il y a cependant des possibilités que le tribunal ajourne la cause et, si les parties y consentent, les réfère au service de médiation pour une période déterminée (Murray, 1986). Telle que rédigée, cette règle ne peut être appliquée que dans les districts judiciaires de Montréal et de Québec puisqu'ils sont, pour l'instant, les seuls à offrir un service public de médiation.

Un projet pour que la médiation devienne *mandatoire* est actuellement à l'étude. En effet, au cours de l'automne 1990, le Conseil général du Barreau du Québec a adopté une résolution présentée par le Barreau de Montréal visant à rendre obligatoire la médiation familiale. Des conditions accompagnent cette résolution et sont rapportées dans les *Échos du Conseil général* du 1er décembre 1990. Il serait plus juste de qualifier cette forme de médiation de mandatoire plutôt que d'obligatoire. Partant du principe de base que la coopération est nécessaire en médiation, comment obliger des personnes en conflit à s'entendre ? Il s'agit plutôt d'obliger ces personnes à essayer de s'entendre. Avoir un lieu de parole dans lequel le processus est dirigé pour favoriser la communication, étudier les besoins, explorer les différentes solutions possibles d'une manière raisonnée

(Fisher et Ury, 1981), diminuent les conflits et encouragent la recherche d'ententes et de compromis. Ces ententes sont alors axées sur les relations parentales, en aidant les ex-conjoints à séparer leur relation conjugale antérieure de leur rôle de parent toujours présent.

Les expériences californiennes à cet égard sont positives, tel que le rapportent Joan B. Kelly et Donald T. Saposnek, médiateurs californiens. Déjà depuis plusieurs années, dans cet État américain, il y a ordonnance de médiation aussitôt que des parents se présentent à la cour au sujet d'un conflit concernant l'exercice de l'autorité parentale et le degré de satisfaction en regard de cette forme de médiation est élevé. Une recherche (Camplair et Stolberg, 1988), faite auprès de soixante-seize couples et individus en processus de divorce, comparant des couples référés par la cour en médiation ou en litige, étudie les résultats de chaque type d'intervention et les sources d'influence sur le succès de la médiation. Soixante-neuf (69 %) pour cent des couples en médiation arrivent à résoudre un ou plusieurs conflits. Le succès de la médiation peut être relié aux sujets des disputes et à leur importance de même qu'à la volonté de faire des compromis.

Après avoir parlé de différentes caractéristiques de la médiation : globale ou partielle, volontaire ou mandatoire, soulignons aussi que la médiation peut être *fermée ou* ouverte. Au Québec, actuellement, elle est toujours fermée, c'est-à-dire confidentielle compte tenu principalement que les conjoints choisissent la médiation sur une base volontaire. Il est donc entendu, et cela est spécifié dans le mandat confié au médiateur, avec consentement écrit, que si les conjoints n'arrivent pas à s'entendre, le médiateur ne pourra pas être appelé à témoigner au tribunal. Leur projet d'entente leur appartient. S'ils ne sont pas arrivés à s'entendre ou que leurs ententes n'ont été que partielles, non complétées par rapport aux objectifs fixés, leurs documents et le contenu de leurs discussions ne pourront pas être des éléments de preuve dans le système adversaire.

Si la médiation devient mandatoire, il est aussi souhaitable que son caractère de confidentialité persiste. Par conséquent, si les personnes impliquées s'entendent, elles présenteront elles-mêmes leurs ententes au tribunal. Si elles ne sont pas arrivées à s'entendre, le médiateur informera le juge, qui a ordonné la médiation, du processus qui a pris place sans dévoiler le contenu des sessions de médiation. Lorsque la médiation est *ouverte,* un rapport peut être produit au tribunal.

Déroulement

Le déroulement sera certainement influencé par le modèle et le style du médiateur. Nous examinerons plus loin différents modèles de médiation. Un consensus est cependant établi quant au déroulement suivant. Tout d'abord, les deux conjoints doivent participer à la médiation, même s'il peut être indiqué au cours du processus de les rencontrer séparément, stratégie que Christopher W. Moore (1987) nomme un caucus.

Afin d'atteindre son objectif principal que les conjoints arrivent à établir des ententes satisfaisantes et vivables, la médiation doit favoriser la *circulation de l'information.* Il est nécessaire que les conjoints, qui sont les négociateurs, tout d'abord connaissent bien le processus de la médiation et ses règles et qu'ils définissent clairement le mandat qu'ils donnent au médiateur. À cet effet, les conjoints signent un consentement à la médiation (formule de consentement en annexe).

Le médiateur doit s'assurer que ses clients connaissent les besoins des enfants selon leurs étapes de développement, leurs besoins spécifiques comme enfants de parents séparés. Ce sujet sera particulièrement développé dans deux chapitres traitant des enfants du divorce. Les conjoints doivent aussi être informés sur ce qu'est l'exercice de l'autorité parentale et les différentes modalités de garde, de même que sur les lois concernant la séparation légale, le divorce, le partage du patrimoine familial et autres questions connexes soulevées par la Loi 146 et les implications fiscales relatives aux pensions alimentaires.

Il s'agit bien de renseignements s'inscrivant dans le rôle éducatif du médiateur et non d'avis ou d'opinions qui, selon le sujet, relèvent plutôt de la compétence du professionnel concerné : avocat, comptable, psychologue et autres, si une consultation a été indiquée. Cette manière d'intervenir est d'ailleurs essentielle pour que le médiateur conserve son impartialité.

L'information que les clients apportent est essentielle pour que le médiateur saisisse le mieux possible les besoins de chacun, l'équilibre du pouvoir, les enjeux et les stratégies des membres de la famille (Saposnek, 1983).

L'information reçue peut aussi avoir des dimensions directionnelles (Haynes, 1989) dont le médiateur tient compte. Après la première étape d'évaluation et de détermination des objectifs de la médiation, il est nécessaire d'établir les besoins de chaque membre de la famille.

Dans ce but, les conjoints ont des *tâches* à accomplir :

— Aux parents qui ont soumis à la médiation l'exercice de l'autorité parentale, on peut demander de préparer un court écrit sur la relation que chacun veut poursuivre avec son ou ses enfants, d'une part et, d'autre part, la place qu'il ou elle souhaite que l'autre conserve dans la vie de l'enfant.

— Pour que le partage de leurs biens soit satisfaisant, les conjoints doivent constituer la liste complète et exhaustive de tous leurs biens, en établissant la valeur.

— Préparer les budgets des enfants chez chaque parent et les budgets de chaque parent est aussi un devoir nécessaire pour fixer la contribution financière de chaque parent et une pension alimentaire s'il y a lieu.

— Des consultations avec des personnes extérieures ou d'autres professionnels peuvent être requises. Ces tâches impliquent les conjoints et permettent que les ententes négociées par la suite soient vraiment les leurs.

La création d'une relation de confiance entre eux et le médiateur, de même qu'entre eux-mêmes doit aussi accompagner le processus. Vient ensuite la négociation proprement dite sur les sujets soumis à la médiation : exercice de l'autorité parentale, partage des biens, contribution financière. La négociation se fait par la recherche et l'analyse de solutions et options variées d'une manière raisonnée.

Après la négociation, les décisions sont prises, les points d'entente sont établis. C'est le rôle du médiateur de rédiger le projet d'entente qui doit refléter les ententes déterminées par les conjoints. Ce projet d'entente n'a pas de valeur légale. Dans le consentement à la médiation, les conjoints ont reconnu qu'il est de leur intérêt de consulter un conseiller juridique indépendant, avant de signer toute entente résultant de la médiation et pouvant avoir un effet sur leurs obligations et droits présents et futurs.

À cette étape, les conjoints décident s'ils veulent entreprendre les procédures légales nécessaires pour mettre cette entente en vigueur. Certains judiciarisent rapidement, d'autres préfèrent expérimenter leurs ententes dans un premier temps. Fréquemment, les conjoints acceptent qu'une disposition de révision soit inscrite dans leur projet d'entente. Ils pourront réviser seuls ou avec l'aide d'un médiateur. Certains clients aiment réviser leurs ententes annuellement avec l'aide du médiateur pour mettre à jour leur information et ils considèrent que le médiateur facilite la communication entre eux et, par conséquent, la présentation des demandes qu'ils ont à se faire de part et d'autre. Ils peuvent, par exemple, réviser les périodes de résidence des enfants avec chaque parent et leur contribution financière.

Les médiations sont-elles souvent complétées selon les objectifs fixés au départ ? C'est une question souvent posée à cette période où les services de médiation sont encore à un stade d'implantation.

Au Québec, nous n'avons pas de recherches nous indiquant le taux de médiations complétées ; l'observation des médiateurs l'établit à environ 70 %. Toutefois pour des médiateurs, il n'est pas nécessaire qu'une médiation soit tout à fait complétée pour être réussie dans le contexte de la médiation sur base volontaire. Par exemple, il arrive que des ententes partielles soient faites en médiation et les autres négociées par les avocats, ce qui permet cependant d'éviter des affrontements et des conflits polarisés.

Nous observons aussi que des conjoints qui se séparent viennent en médiation afin d'obtenir de l'information sur les différentes ententes possibles. Ils examinent des options, font des choix et expérimentent les ententes qui en découlent avant de les rendre définitives. Ils finalisent plus tard le règlement de leur séparation, soit seuls, soit avec l'aide de médiateur ou d'avocat(s).

Il arrive aussi que la motivation de chaque conjoint ne soit pas la même. Nous pensons à des conjoints qui souhaitaient régler en médiation les conséquences de leur séparation, mais avec des motifs différents : pour l'époux, l'objectif était surtout d'établir un partage des biens inégal, tandis que l'épouse voulait un règlement à l'amiable satisfaisant sans heurter son mari par une procédure judiciaire. Ces conjoints n'ont pas mené à terme la médiation. Cependant, dans le processus, l'épouse a augmenté son pouvoir relationnel, ce qui l'a rendue capable de demander une consultation juridique pour connaître ses droits sans croire que le conflit serait ainsi davantage polarisé et devienne une provocation pour son mari.

Des impasses sont quelquefois prévisibles pour le médiateur, dès la première entrevue et, en même temps, un des conjoints tient à poursuivre cette démarche. Les impasses en médiation sont traitées dans un autre chapitre.

CADRE THÉORIQUE

Après avoir défini ce qu'est la médiation familiale : nature, contexte social et juridique, indications, caractéristiques et déroulement, nous abordons le cadre théorique.

Cette démarche nord-américaine de la médiation a rapidement suscité l'intérêt des professionnels des sciences humaines et juridiques intervenant auprès des familles en France, en Belgique et en Suisse. Dans son livre *Le temps des médiateurs,* Jean-François Six (1990) partage la même philosophie de base d'humaniser le divorce par la médiation familiale mais diffère aussi d'opinion : pour ce théologien et philosophe français, ce serait engager la médiation dans une impasse et la diminuer considérablement que de la définir par la résolution des conflits. Cette position indique une approche de la médiation très différente du modèle nord-américain qui est un mode de résolution de conflits principalement.

Le conflit peut être constructif (Wilmot et Hocker, 1985), voilà un élément central du cadre théorique. Pour atteindre cet objectif, la médiation est un mode de résolution de conflit qui encourage la communication, clarifie et recadre les perceptions et donne droit de cité aux émotions (Fisher et Ury, 1981).

Pour arriver à résoudre un conflit de façon satisfaisante et qu'ainsi le conflit soit constructif, des conditions sont nécessaires. En effet, un processus est mis en place afin que les éléments du conflit soient transformés dans un mode de collaboration, évitant d'établir un gagnant et un perdant. Ce processus est une activité exigeant l'implication de chaque personne et des mécanismes de communication visant à respecter l'équilibre du pouvoir (Wilmot et Hocker, 1985).

Prémisses

En plus de retenir comme élément de base que le conflit peut être constructif, d'autres prémisses peuvent servir de guide au médiateur :

1. Lorsqu'il y a un conflit, presque toutes les personnes veulent arriver à un règlement. Les difficultés sont davantage reliées au fait de ne pas savoir comment régler le conflit plutôt qu'à une absence de volonté de le solutionner (Haynes, 1989).
2. Les personnes impliquées, négociant elles-mêmes, peuvent arriver à un meilleur règlement que si ce règlement est négocié par des intermédiaires ou imposé arbitrairement (Foldberg et Taylor, 1988).
3. La médiation doit tenir compte du présent et être orientée vers le futur afin que les ententes reflètent bien les besoins des participants et puissent ainsi être vivables et durables (Foldberg et Taylor, 1988 ; Haynes, 1989).
4. L'importance de séparer conjugalité et parentalité dans les réorganisations de la famille (Wallerstein, Kelly, 1980 ; Saposnek, 1983 ; Boyer, 1989).
5. La médiation n'est pas de la thérapie mais permet la reconnaissance des émotions (Kelly, 1988 ; Somary et Emery, 1991).
6. Les besoins et les conditions de vie des enfants et des parents changeront, par conséquent il est important d'envisager un mécanisme de révision. De cette manière, les ententes concernant le temps de résidence des enfants chez chaque parent, de même que la contribution financière des parents seront mieux adaptées, particulièrement si le niveau de conflit est élevé (Foldberg et Taylor, 1988 ; Johnston, 1986).

Influence des valeurs sociales sur la médiation

Explorant les fondements théoriques de la pratique professionnelle de la médiation, Robert D. Benjamin (1990) recherche les nouvelles valeurs sociales intégrées dans cette pratique. Il fait un parallèle avec les conclusions récentes de physiciens à l'effet que plusieurs phénomènes physiques présentent de la complexité et un manque de certitude. Les solutions au conflit n'étant pas déterminées à l'avance, ni prévisibles, ont donc avantage à être étudiées et négociées par les personnes impliquées. Il est intéressant de souligner que le langage est différent qu'il s'agisse du conflit lui-même ou de la résolution du conflit : le langage du conflit est souvent composé de menaces, jugements et positions de défense tandis que le langage de la résolution du conflit est non menaçant, descriptif et factuel (Filley, 1975).

Les observations cliniques des professionnels des relations humaines travaillant auprès des familles, de même que les résultats des recherches sur les conséquences psychologiques du divorce chez les enfants et les adultes (Wallerstein, Kelly, 1980 ; Wallerstein, 1989 ; Johnston, 1986), ont influencé les actions des médiateurs familiaux et leur rôle éducatif. En effet, la médiation responsabilise les parents quant à l'importance du maintien du lien parental : le besoin de l'enfant d'avoir accès à ses deux parents est soutenu par des cliniciens et des chercheurs (Barry, 1988 ; Saucier, 1988 ; Saposnek, 1983).

La médiation influence aussi l'ouverture à différentes modalités de garde. Les décisions de garde partagée sont le plus souvent prises en médiation familiale (Careau et Cloutier, 1990). Nous retrouvons aussi dans les projets d'entente rédigés à la fin du processus des articles indiquant que les enfants aient un accès souple et large au parent non gardien, même lorsque la garde exclusive est attribuée à un parent.

BIENFAITS POUR LA FAMILLE

Dans les pages précédentes, des bienfaits de la médiation pour la famille ont déjà été soulignés. En 1982, Daniel G. Brown établissait un tableau comparatif entre le système adversaire, d'une part, et la médiation en matière de divorce, d'autre part. Des dix-huit facteurs examinés, nous en retenons surtout quatre qui touchent les responsabilités parentales. Il ressort que la médiation met l'accent sur le fait que :

— les parents sont parents pour toujours ;
— ce sont eux qui décident du partage de leurs responsabilités générales et financières auprès de leurs enfants ;
— ils respectent mieux les ententes établies.

Parmi les bienfaits pour la famille, notons que la réorganisation de la famille est favorisée plutôt que de rester à cette dimension de la famille brisée. La médiation est aussi une opportunité d'encourager les membres de la famille, parents et enfants, à accomplir les tâches psychologiques après le divorce (Saposnek, 1983 ; Wallerstein, 1989). Conséquemment, la famille peut mieux résoudre la crise du divorce dans une optique de croissance personnelle de ses membres. Cette transition de l'après-séparation peut alors être une étape de vie positive et prévenir les conséquences psychologiques négatives chez les enfants. Des cliniciens et des chercheurs rapportent « qu'il semble que ce soit plutôt la façon dont la famille se réorganise et le climat qui règne dans les relations familiales que la séparation des parents elle-même qui influencent le comportement du jeune à l'école et sa capacité d'adaptation » (Bengio, 1990).

Les résultats déjà mentionnés de la recherche comparative de Joan B. Kelly indiquent aussi des avantages pour la famille en humanisant cette réalité du divorce si présente à notre époque et surtout en favorisant la réorganisation de la famille avec autonomie et de manière structurée. Parmi les avantages rapportés dans cette recherche, avantages aussi observés par les médiateurs, citons :

— une plus grande implication des parents auprès des enfants ;
— des pensions alimentaires établies en tenant compte des besoins de tous les membres de la famille et de la capacité de contribution de chaque parent et versées plus régulièrement ;
— moins de retours au tribunal.

Les femmes ont-elles assez de pouvoir pour que la médiation soit satisfaisante et équitable pour elles ? Cette question est régulièrement soulevée en examinant les différents aspects du pouvoir : économique, relationnel, professionnel, émotionnel (Guilbault et Angers, 1987 ; White, 1988). Dans son étude, James Richardson indique que les femmes ayant eu recours à la médiation ont obtenu des montants de pension alimentaire supérieurs à celles qui ont négocié par l'intermédiaire d'avocats. Ce facteur, de même que le fait que les coûts financiers soient moins élevés en médiation que dans le système adversaire sont aussi des bienfaits pour la famille. Nous n'ignorons pas cependant qu'une inégalité économique entre les femmes et les hommes persiste après le divorce et souvent s'accentue.

Donnons ici l'exemple d'arrangements que des parents ont établis en médiation, alors que l'application stricte de la loi ne le permettait pas. Il s'agit de conjoints divorcés depuis trois ans, parents d'un enfant d'âge scolaire. Au moment de la séparation, ils ont préparé leurs ententes en médiation et ont ensuite obtenu le divorce. L'enfant réside surtout avec sa mère, qui en a la garde, et visite son père fréquemment et régulièrement. L'entente entre les parents à son sujet est plutôt souple et flexible. Au moment de la révision prévue, le père déclare n'avoir pas les revenus suffisants pour contribuer financièrement à l'entretien de son enfant et il est vrai que ses revenus sont très limités. L'entrevue de médiation a permis que le père, réalisant les besoins d'entretien de l'enfant et l'implication de la mère à ce niveau avec des revenus modérés, se responsabilise et accepte de payer une pension alimentaire. En plus de ce montant de pension alimentaire, le père payera pour l'enfant des activités sportives. Au cours de l'entrevue de médiation, le père a exprimé certaines demandes à la mère quant à l'accès à l'enfant, ce qui était satisfaisant pour lui. De son côté, la mère apprécie l'implication du père auprès de l'enfant. Le montant de pension alimentaire versée est insuffisant selon elle, mais l'étude de la capacité réelle du père de payer une pension alimentaire la rend confiante que lors d'une révision annuelle future, il contribuera davantage s'il en est capable.

Les conjoints qui viennent en médiation disent souvent qu'ils sont heureux qu'il soit beaucoup question des enfants dans le processus et qu'ils aiment expérimenter les ententes avant de les judiciariser. Maîtres de leurs ententes établies après avoir étudié les besoins de tous les membres de la famille, les conjoints réussissent mieux à réorganiser la famille. Ces ententes sont aussi plus souvent respectées que des jugements. Si nous comparons ces ententes négociées à des applications rigides de jugements ayant des conséquences négatives pour les relations parents-enfants, nous observons un autre bienfait pour la famille. Il n'est pas rare que des applications rigides de jugements conduisent à des retours au tribunal, ce qui est habituellement source de tensions élevées pour la famille.

ÉTUDE DE MODÈLES

Nous décrirons maintenant des modèles de médiation ; les modèles proposés sont ceux dont la définition et le cadre théorique sont les mêmes que dans le modèle pratiqué au Québec, d'une part, et, d'autre part, des modèles élaborés pour intervenir auprès des familles dont le niveau de conflit est très élevé après la séparation.

Des auteurs comme Fisher et Ury (1981), Foldberg et Taylor (1988) et Moore (1986) apportent un cadre théorique sur la manière de résoudre des conflits, le processus et les stratégies pour y parvenir. Leurs modèles respectifs portent sur la médiation générale et peuvent s'appliquer à la médiation familiale.

Les modèles de Joan B. Kelly et John M. Haynes touchent la médiation familiale en matière de séparation et de divorce. Ces deux médiateurs sont des praticiens expérimentés et des formateurs. L'essentiel de leur modèle est semblable à celui qui est décrit dans ce chapitre : l'objectif visé est d'arriver à une ou des ententes ; les émotions sont reconnues mais la médiation n'est pas une thérapie quoiqu'elle puisse avoir des effets thérapeutiques.

Les premiers enseignements en médiation familiale établissaient très clairement que la médiation familiale n'est pas de la thérapie, ni de la réconciliation, ni de l'expertise psychosociale, ni de la pratique du droit.

Joan B. Kelly (1988) a produit une analyse intéressante du processus et du rôle de la médiation et de la psychothérapie en comparant le but, les techniques et les résultats de chacun.

Les difficultés rencontrées dans la pratique pour développer des hypothèses appropriées et mettre en œuvre des stratégies (Moore, 1987) qui permettent aux conjoints d'arriver à des ententes équitables et satisfaisantes ont amené les médiateurs à se questionner sur l'impact des émotions dans le processus de la médiation et, conséquemment, à développer de nouveaux modèles.

Pour Janet R. Johnston et Linda E. G. Campbell (1986), la médiation basée sur la négociation raisonnée ne donne pas les résultats escomptés avec les parents qui présentent un niveau de conflit élevé, sont ambivalents au sujet de leur séparation et/ou présentent des perturbations psychologiques. Elles préconisent alors un modèle de counselling-médiation. Il est entendu avec les parents que les enfants doivent être évalués sur le plan clinique, compte tenu qu'eux-mêmes sont incapables d'établir ce qui est dans le meilleur intérêt de leurs enfants. Le rôle du médiateur sera alors d'éduquer les parents, de les conseiller et d'être l'avocat des besoins de l'enfant avant de diriger la négociation.

Dans ce modèle de counselling-médiation, une première étape de pré-médiation est requise. Howard H. Irving et Michael Benjamin (1989) considèrent aussi qu'une étape de pré-médiation est nécessaire lorsque le modèle de médiation basé sur la négociation raisonnée est inefficace. Ils parlent de médiation thérapeutique. Leur prémisse de base est qu'il faut adapter le service de médiation aux interactions variées des couples. Par conséquent, leur modèle de médiation thérapeutique est conçu pour les couples qui parviendront à travailler en médiation mais ne sont pas encore prêts pour le faire.

L'évaluation, première des quatre étapes de leur modèle, est exigeante : douze sphères du comportement et du fonctionnement des couples sont examinées dans une courte période de temps. Irving et Benjamin considèrent que cette évaluation permet de prédire si la médiation sera une réussite ou un échec.

Dans les deux modèles de Johnson et Campbell et Irving et Benjamin, l'étape de pré-médiation est suivie de la négociation proprement dite. Par la suite, pour les premières, une phase d'implantation est installée au cours de laquelle le médiateur doit être disponible pour des urgences possibles et pour les deuxièmes, une phase de révision est nécessaire.

Même dans des médiations sans difficulté exceptionnelle, l'expérience du médiateur lui indique la pertinence de recommander à ses clients une révision périodique seuls ou avec l'aide d'un médiateur. Lorsque le médiateur identifie une possibilité que l'application d'une entente pose des problèmes, une entrevue de révision devrait être planifiée dans un but de support et afin de recourir éventuellement à d'autres solutions ou options plus appropriées.

Si nous revenons à la situation dans laquelle les conjoints sont disposés à négocier, le médiateur doit quand même souvent faire face à des émotions de colère et de peine exprimées fortement par ses clients. Karen Somary et Robert E. Emery (1991) relient la colère au processus de deuil, une tâche psychologique importante que les conjoints ont à accomplir après la séparation. Ils expliquent que la colère exprimée ne doit pas être perçue comme une résultante du système adversaire et que reconnaître un lien entre la colère et le deuil facilite le processus de la médiation. Une meilleure compréhension du rôle de la colère après la séparation permet au médiateur de mieux intervenir. Un juste équilibre entre l'expression d'émotions de colère et de peine et le processus lui-même de négociation doit être recherché par le médiateur.

Que le médiateur ait des antécédents professionnels dans le domaine des relations humaines ou des sciences juridiques, il a à tenir compte de la capacité de ses clients de négocier d'une manière raisonnée. Lorsqu'il y a impasse, en plus de la nécessité de recourir à d'autres méthodes, c'est souvent l'indication d'un travail de collaboration interdisciplinaire à mettre en œuvre.

CONCLUSION

Ce premier chapitre a voulu traiter de la médiation familiale en général : définition, cadre théorique, bienfaits pour la famille, étude de modèles.

Certaines questions pourtant essentielles ont été peu abordées : la neutralité, l'équité, le pouvoir, la divulgation de renseignements surtout financiers par les participants et, particulièrement, la collaboration médiateur-milieu juridique et la jonction médiation-appareil judiciaire. Ce dernier sujet est étudié dans d'autres chapitres. Il faut comprendre que ce collectif est un début et que nous avons encore beaucoup à expérimenter, à réfléchir, à discuter, à élaborer théorie et pratique dans une perspective multidisciplinaire.

Le principal objectif de la médiation est d'offrir un service approprié à la famille qui vit le divorce, crise de vie la plus difficile à traverser selon des cliniciens et des chercheurs, et d'aider la famille à se réorganiser. À cet égard, les remarques des parents qui choisissent la médiation et les conclusions de recherches sont valorisantes pour les médiateurs. En effet, on souligne souvent que l'intérêt des enfants est préservé et favorisé par la médiation, ce qui conforte les parents, diminue les conflits entre eux et, parallèlement, leur permet de reconstruire plus facilement leur vie après la séparation.

Pour que la médiation soit efficace, que les ententes établies par les conjoints soient satisfaisantes, équitables et vivables, un lieu de parole avec un tiers facilitateur n'est pas suffisant. Il faut un processus structuré pour que la résolution du conflit soit constructive. Les quatre éléments de la négociation raisonnée de Fisher et Ury (1981) sont nécessaires :

— traiter séparément les questions de personnes et le différend ;
— se concentrer sur les intérêts en jeu et non sur les positions ;
— imaginer un grand éventail de solutions avant de prendre une décision ;
— exiger que le résultat repose sur des critères objectifs.

Quand le processus est structuré et que les conditions d'intervention sont respectées (Haynes, 1989), la médiation peut donner les résultats souhaités et permettre que la crise ne se fige pas à sa dimension de danger, mais rejoigne aussi celle d'opportunité de croissance comme le conçoivent les interventionnistes en situation de crise. Dans l'état actuel de nos connaissances, la médiation est surtout un art (Haynes, 1989), compte tenu particulièrement que le cadre théorique sur la manière d'aider d'autres personnes à résoudre leur conflit eux-mêmes n'est pas unique et continue de se développer. D'autres interventions peuvent être complémentaires à la médiation auprès des membres de la famille vivant la transition de la séparation, tels psychothérapie individuelle, thérapie du divorce, groupes d'entraide pour les enfants et les adultes.

La médiation familiale n'est pas une panacée, mais est un service qui doit faire partie des choix disponibles aux conjoints qui se séparent ou divorcent. Il est donc inéquitable que ce service ne soit offert comme service public que dans les régions administratives de Montréal et de Québec. Les médiateurs sont unanimement d'accord pour que la médiation soit accessible à toute la population, ce qui ne signifie pas que les services doivent être gratuits pour tous, mais certainement subventionnés pour les personnes qui ne peuvent en payer les honoraires en bureau privé.

Certains thèmes étudiés dans ce chapitre sont repris dans d'autres parties du livre et approfondis, tels le fonctionnement des enfants de parents séparés à court et à long terme, la garde partagée. Ces sujets sont importants pour que la médiation familiale réalise son objectif d'être un nouveau service à la famille, service le mieux adapté possible aux besoins de la famille en réorganisation.

Nous ne pouvons terminer ce chapitre sans souligner certains *défis* auxquels la médiation familiale doit répondre :

— les idéologies et les systèmes de valeurs différents des médiateurs ;

— l'élaboration de modèles de médiation pour s'adapter aux personnes auxquelles le modèle régulier ne convient pas.

Ainsi, la violence est souvent présente dans les familles actuellement. Violence et médiation, deux mots qui à la première résonance ne s'accordent pas. Des médiateurs travaillent à l'élaboration de protocoles d'évaluation et d'intervention (M.F.C, 1991) auprès des familles sans penser tout régler avec la médiation. Nous recherchons des solutions possibles entre violence et médiation ponctuelle.

Si la médiation mandatoire s'inscrit dans le système judiciaire, des modèles de pratique devront aussi être définis pour que les résultats escomptés puissent être obtenus, particulièrement s'il y a de la violence dans la famille.

— La formation théorique et pratique des médiateurs provenant des milieux juridiques et des relations humaines et ayant des antécédents professionnels différents.

— L'intégration des services de médiation volontaire et mandatoire dans le système judiciaire ou en complémentarité avec ce système. On dit souvent que la médiation est pratiquée à l'ombre de la loi. Il serait peut-être plus juste de dire que la médiation travaille main dans la main avec la loi (Boyer, 1989).

— Certaines questions d'éthique professionnelle sont aussi un défi de taille pour le bon fonctionnement du processus de la médiation. En effet, les médiateurs expérimentés sont peu nombreux et coiffent souvent des chapeaux différents : les professionnels des relations humaines peuvent être à la fois psychothérapeutes individuels, conjugaux et familiaux, préparer des expertises psychosociales ou des évaluations psychologiques pour le tribunal et être médiateurs, tandis que ceux du milieu juridique peuvent agir comme médiateurs et pratiquer le droit traditionnel.

Les médiateurs ne sont pas toujours membres d'une corporation professionnelle qui veille à la protection du public. L'A.M.F.Q. (Association de médiation familiale du Québec) joue un rôle de promotion de l'approche, établit des critères de formation, évalue les qualifications de ses membres selon une classification en trois groupes. Cette association veut offrir au public un service de qualité de la part des médiateurs du Québec et, à cet égard, s'est dotée d'un code de déontologie, réussissant ainsi à obtenir la coopération et l'assentiment de quatre corporations professionnelles pour le faire, soit le Barreau, la Chambre des notaires et les Corporations professionnelles des psychologues et travailleurs sociaux du Québec, mais elle n'a pas un mandat de protection du public.

Il est cependant intéressant et stimulant d'observer l'intérêt des médiateurs et aussi de professionnels des milieux juridiques et sociaux pour ces défis, de même que l'intérêt de la population en général pour la médiation. De plus, certaines recherches sont en cours au Québec sur la médiation familiale et sur des sujets connexes en matière de séparation et de divorce.

La médiation familiale a effectué un départ motivé et sérieux. Il faut maintenir nos exigences pour que cette réalisation soit une réussite multidisciplinaire.

BIBLIOGRAPHIE

Barreau du Québec. *Échos du Conseil général,* 1er décembre 1990.

BARRY, Suzanne (1988). *Le droit de parole de l'enfant dans la séparation parentale.* Thèse de doctorat en psychologie. Québec. Université Laval.

BARRY, Suzanne (1990). La place de l'enfant dans les transitions familiales. *Apprentissage et Socialisation,* vol. 13 (1).

BASTARD, Benoît et Cardia, VONÈCHE, Laura (1990). *Le divorce autrement : la médiation familiale.* Syros Alternatives. Paris.

BENGIO, Luna (1990). L'impact de la séparation parentale sur l'enfant à l'école. *Apprentissage et Socialisation,* vol. 13 (1).

BENJAMIN, Robert D. (1990). The Physics of Mediation : Reflection of Scientific Theory in Professional Mediation Practice. *Mediation Quarterly,* vol. 8 (2).

BOYER, Lisette L. (1989). La Médiation familiale, un moyen d'humaniser le divorce, un nouveau service à la famille. *Le Travailleur social,* vol. 57 (4), revue de l'ACTS.

BROWN, Daniel G. Divorce and Family Mediation : History, Review, Future Directions. *Conciliation Courts Review,* vol. 20 (2).

CAREAU, Louise et CLOUTIER, Richard (1990). La garde de l'enfant après la séparation, profil psychosocial et appréciation des familles vivant trois formules différentes. *Apprentissage et Socialisation,* vol. 13 (1).

CAMPLAIR, Christopher W. et STOLBERG, Arnold L. (1990). Benefits of Court-Sponsored Divorce Mediation : a Study of Outcomes and Influences on Success. *Mediation Quarterly,* vol. 7 (3).

CLOUTIER, Richard (1990). Avant-propos. Spécial, jeunes et nouvelles familles. *Apprentissage et Socialisation,* vol. 13 (1).

COOGLER, Jim O. (1978). *Structure Mediation in Divorce Settlement.* Heath and Co. Lexington, MA.

FASSELL, Diane (1991). *Growing up Divorced.* Pocket Books. New York.

FILION, Lorraine (1988). Évolution des mœurs et des pratiques établies au service public de Montréal. *Résoudre,* vol. 4 (2).

FILLEY, Alan C. (1975). *Interpersonal Conflict Resolution.* Scott, Foresman and Company. Glenview, Illinois.

FISHER, Roger et URY, William (1981). *Comment réussir une négociation.* Seuil. Paris.

FOLDBERG, Jay et TAYLOR, Alison (1988). *Mediation : a Comprehensive Guide to Resolving Conflicts without Litigation.* Jossey-Bass Publishers. San Francisco.

GUILBAULT, Francine et ANGERS-NGUYEN, Andrée (1987). *La médiation : étape de restructuration de vie — Rapport de stage.* École de Service social, Université de Montréal.

HETHERINGTON, E.M. (1989). Marital Transition : a Child Perspective. *American Psychologist,* vol. 4 (2).

IRVING, Howard H. et BENJAMIN, Michael (1989). Therapeutic Family Mediation : Fitting the Service to the Interactional Diversity of Client Couples. *Mediation Quarterly,* vol. 7 (2).

JOHNSTON, Janet R. et CAMPBELL, Linda E.G. (1986). Impasse-Directed Mediation with High Conflict Families in Custody Disputes. *Behavioral Sciences and Law,* vol. 4 (2).

KELLY, Joan B. (1990). *Mediated and Adversarial Divorce Resolution Processes : an Analysis of Post-Divorce Outcomes.* Final Report Prepared for the Fund of Research in Dispute Resolution. Northern California Mediation Center. Corte Madera, CA.

KELLY, Joan B. (1988). The mediation Process and Role : Comparisons to Psychotherapy. *Group analysis,* vol. 21.

LAFORTUNE, Françoise, BRISSON-AMYOT, Pierrette et CÔTÉ, Luc (1990). Comment protéger l'intérêt des enfants en médiation familiale. *Dialogue,* n° 108. Paris.

LÉVESQUE, Justin (1991). La médiation familiale : une intervention auprès des familles en réorganisation. *Intervention,* n° 89, revue de la CPTSQ.

L'HEUREUX-DUBÉ, Claire (1979). Garde ou autorité parentale : l'emprise de la sémantique. *Revue du Notariat,* vol. 91 (1-2), septembre, octobre 1988.

MAYRAND, Albert (1988). La garde conjointe, ré-équilibrage de l'autorité parentale. *Revue du Barreau canadien,* vol. 67 (2), juin 1988.

Médiation Familiale Canada. « Atelier-plénière sur un modèle interdisciplinaire relatif aux questions de médiation et de violence familiale». Exposé par Daniel Hamoline, lors du 6e congrès à Toronto, octobre 1991.

MOORE, Christopher W. (1986). *The Mediation Process, Practical Strategies for Resolving Conflict.* Jossey-Bass Publishers.

MURRAY, André (1986). La médiation familiale : une progression rapide. *Recueil de droit de la famille.*

RICHARDSON, James (1987). *La médiation des divorces rattachée aux tribunaux dans quatre villes canadiennes : un aperçu des résultats de recherche.* Ministère de la Justice, Ottawa.

SAPOSNEK, Donald. T. (1983). *Mediating Child Custody Disputes : a Systematic Guide for Family Therapists, Court Counselors, Attorneys and Judges.* Jossey-Bass, San Francisco.

SAUCIER, Jean-François et AMBERT, Anne-Marie (1988). Adaptation des adolescents au décès ou au divorce des parents. *Santé mentale au Québec,* XIII (2).

Service de médiation familiale de Montréal (1984). *La médiation familiale : une manière de s'entendre.* (Document-vidéo).

SIX, Jean-François (1990). *Le temps des médiateurs.* Seuil, Paris.

SOMARY, Karen et EMERY, Robert E. (1991). Emotional Anger and Grief in Divorce Mediation. *Mediation Quarterly,* vol. 8 (3).

TRAFFORD, Abigail (1984). *Crazy Time Surviving Divorce.* Bantam Books.

WALLERSTEIN, Judith S. et BLAKESLEE, Sandra (1989). *Second Chances : Men, Women and Children, a Decade After Divorce.* Ticknor and Fields. New York.

WHITE, Brenda (1988). Lors du 3e congrès annuel de M.F.C. à Québec, exposé sur le pouvoir de la femme en médiation familiale suite à une étude que cette travailleuse sociale venait de compléter sur la médiation familiale dans une perspective féministe.

WILMOT, William W. et HOCKER, Joyce L. (1985). *Interpersonal Conflict.* W.C. Brown Publishers. Pubrique, Iowa.

FORMULE DE CONSENTEMENT À LA MÉDIATION ET MANDAT

NOUS soussignés, demandons à ______________ d'agir comme médiateur pour nous aider à faire une entente concernant notre famille post-divorce, au sujet de l'exercice de l'autorité parentale, contribution financière et partage des biens.

Nous consentons à soumettre à la médiation les questions suivantes :

❏ Exercice de l'autorité parentale (garde et accès)

❏ Contribution financière (pension alimentaire)

❏ Partage des biens

❏ Autres ____

____

Considérant les buts de la médiation présentés par le médiateur, nous acceptons les règles suivantes de fonctionnement :

a) Agir de façon honnête et franche comme si nous étions sous serment devant la Cour.

b) Divulguer toutes nos informations financières lors des discussions monétaires et celles du partage de nos biens.

c) Respecter le droit de parole accordé par le médiateur à l'un ou l'autre de nous deux.

d) Discuter et exprimer nos intérêts respectifs afin d'arriver à une entente satisfaisante pour nous deux et dans l'intérêt de nos enfants.

Nous nous réservons le droit absolu pour chacun de nous de mettre fin à la médiation après toutefois en avoir informé les personnes impliquées, de préférence en entrevue.

Il est entendu que si l'un de nous ne respecte pas l'une de ces règles, le médiateur pourra mettre fin à la médiation.

Le contenu de nos rencontres, des entrevues et de nos dossiers et documents servant à la préparation des rencontres sera confidentiel et ne pourra en aucun moment faire l'objet de preuve devant le tribunal.

Nous comprenons que le médiateur est un tiers neutre, et nous nous engageons à ne pas l'appeler à témoigner en cour pour toutes procédures devant le tribunal.

Nous reconnaissons qu'il est de notre intérêt de consulter un conseiller juridique indépendant avant de signer toute entente résultant de la présente médiation et pouvant avoir un effet sur nos droits et obligations présents et futurs.

Enfin, les honoraires du médiateur seront de ____________ /heure à partager entre nous de la façon suivante ________________________ .

Nous acceptons la médiation en accord avec ce qui précède.

En foi de quoi, nous avons signé, à ____________ ce ____________ .

______________________________	______________________________
Monsieur	Madame

____

Médiateur

Expertise et médiation en matière de garde d'enfant et de droits d'accès du parent non gardien

Jacqueline LaBrie *

S'il est vrai que, dans la majorité des dossiers de requête en divorce ou en séparation, on obtient un jugement en moins de temps qu'il n'en faut pour préparer une demande d'emploi, et qu'une minorité de dossiers fait l'objet de litige devant les tribunaux, mobilisant plusieurs heures, voire même plusieurs jours d'audition, souvent le processus qui aura amené la requête en garde d'enfant devant le juge aura été précédé de nombreuses démarches par chacune des parties.

À partir du moment où la décision de rompre a été prise par les parents, il leur faut régler les conséquences de celle-ci pour la famille. Souvent, d'un commun accord, ils conviendront du mode de garde des enfants sans difficulté et la restructuration des rapports parents-enfants se définira de façon harmonieuse.

D'autres auront à recourir à l'aide de professionnels spécialisés en matière de divorce et de séparation pour conclure eux-mêmes leurs ententes en médiation. Plusieurs choisiront ce mode de résolution des conflits volontairement avant même de consulter un avocat. D'autres seront référés par leur avocat à un service de médiation. En effet, la *Loi sur le divorce*[2] oblige les avocats à informer les couples qui veulent divorcer des divers moyens qu'ils peuvent prendre pour négocier une entente sur des questions comme la pension alimentaire, la garde des enfants et les aspects financiers de la dissolution

* Travailleuse sociale.

1. *Loi sur le divorce*, L.R.C. (1985), c.3 (2e suppl.), art. 9.

du patrimoine. Ils doivent également informer leurs clients des services de médiation qu'ils connaissent.

Aussi, lors de l'audition d'une cause litigieuse, le juge peut suspendre l'instruction d'une demande en vue de favoriser la conciliation des parties[1] et les référer à un service de médiation sur le consentement de celles-ci. Seuls les Palais de justice de Montréal et de Québec offrent ce service gratuit rattaché au tribunal. Dans ces situations, les parents, aidés de leurs avocats et d'un médiateur, arriveront à établir eux-mêmes le mode de partage de l'autorité et des responsabilités parentales.

Cependant, pour d'autres, l'ampleur des difficultés ayant amené le couple à la rupture aura été si grande qu'ils seront incapables de s'entendre sur la façon d'exercer leurs rôles parentaux post-rupture.

Chacun aura alors recours à des experts en relations humaines — psychologues, travailleurs sociaux, médecins — pour démontrer au tribunal leur capacité supérieure à veiller à l'intérêt de l'enfant.

Chacun des parents peut avoir recours à des experts pour étayer sa preuve et faire valoir sa position devant le juge saisi du dossier, qui aura à prendre une décision concernant la garde des enfants et les droits d'accès du parent non gardien. Alors la guérilla devant les tribunaux risque souvent d'être longue et fort onéreuse pour chacune des parties :

> Il arrive que les experts des parties se contredisent et, alors, la tâche du juge devient des plus ardues. Il a le choix entre nommer un expert indépendant, en vertu des articles 414 et suivants du Code de procédure civile et celui de s'en remettre à la preuve faite par des profanes[2].

Dans d'autres situations, les parties amèneront le juge, par leurs positions diamétralement opposées, à recommander qu'elles se soumettent à une expertise psychosociale, afin d'éclairer le tribunal sur la décision qu'il doit prendre concernant la garde des enfants et la définition des droits d'accès du parent non gardien. C'est seulement

1. Code de procédure civile, L.R.Q., c. C-25, art. 815.2.
2. Henri KÉLADA, *Notions et techniques de preuve civile,* Montréal, Wilson et Lafleur, 1986, p. 273.

sur le consentement des parties que l'expertise psychosociale peut avoir lieu.

Une minorité de dossiers font l'objet d'ordonnance d'expertise ; ainsi, par exemple, dans la région métropolitaine de Montréal, environ 225 dossiers par année sont expertisés par le service d'expertise psychosociale du Centre de services sociaux du Montréal métropolitain et par le Centre de services sociaux Richelieu.

La médiation et l'expertise psychosociale sont partie intégrante du processus judiciaire. Souvent l'ordonnance d'expertise psychosociale interviendra lorsque le recours à la médiation et à la négociation volontaire aura échoué. L'ordonnance de procéder à une évaluation psychosociale est axée d'abord et avant tout sur l'intérêt du ou des enfants en cause. Il faut procéder ainsi, afin d'aider les parents à se dégager des conflits qui les opposent et à aborder le partage des responsabilités parentales dans un contexte de cellule familiale éclatée, dans laquelle l'enfant continuera à avoir droit à ses deux parents pour grandir.

L'EXPERTISE

L'expertise psychosociale dans le processus de séparation ou de divorce met en évidence que les aspects psychologiques, affectifs ou sociaux doivent être traités avec soin, quand une rupture ne peut plus être qu'une simple procédure légale visant à officialiser un nouveau statut social.

L'intervention de professionnels en relation d'aide devient alors un secours précieux pour l'appareil judiciaire, afin de lui permettre de bien jouer son rôle auprès des justiciables.

DÉFINITION DE L'EXPERTISE

Au Centre de services sociaux du Montréal métropolitain, le Service d'expertise psychosociale définit l'expertise psychosociale de la façon suivante :

C'est une évaluation complète et impartiale de la situation familiale et sociale de l'enfant, dont la garde ou les droits de visite et de sortie sont l'objet de litige entre les parents, ou entre les parents et les grands-parents.

Les principaux facteurs pris en considération dans la recherche du meilleur intérêt de l'enfant sont les suivants :

— les besoins de l'enfant ;

— la capacité de chaque parent à remplir effectivement son rôle parental ;

— la qualité de la relation parent-enfant ;

— la motivation des parents quant à la garde de l'enfant en cause ;

— les caractéristiques individuelles de chacun des parents ;

— la dynamique familiale ;

— les facteurs situationnels ;

— l'attitude du parent-gardien de l'enfant face à l'exercice des droits de sortie de l'enfant avec l'autre parent [1].

Généralement, l'ordonnance d'expertise psychosociale interviendra dans des situations complexes, dans lesquelles une opinion d'expert permettra au juge d'apprécier les faits présentés par chacune des parties, afin de prendre une décision tenant compte de tous les aspects du dossier.

L'évaluation psychosociale sur ordonnance assure une plus grande garantie qu'elle sera neutre, impartiale et complète. En effet, l'expert qui aura à procéder à l'évaluation n'a pas à prendre plus pour l'une ou l'autre des parties ; il se doit d'être objectif.

De la même manière, les parties en litige pourraient retenir les services d'un seul expert, psychologue ou travailleur social, afin de les aider à dégager l'intérêt réel des enfants dans le mode de garde à être adopté par elles. Là encore, l'impartialité et la neutralité de l'expert permettront d'obtenir une évaluation plus juste de la situa-

---

1. Le Service d'expertise psychosociale, C.S.S.M.M., *Le comment et le pourquoi du Service d'expertise psychosociale,* mai 1991, p. 16-17.

tion, ou plutôt plus objective quant aux recommandations à être faites.

Pour d'autres, lorsque chacun veut démontrer sa supériorité dans sa capacité à assumer la garde du ou des enfants en cause, on aura recours à des experts indépendants et choisis par chacune des parties. Cette option a souvent l'inconvénient d'amener un doute sur l'impartialité de l'expert. En effet, il est difficile de paraître totalement objectif pour l'expert qui doit témoigner devant le tribunal, lorsqu'il a évalué une seule des parties en cause. On pourrait craindre, dans un tel contexte, qu'il ait un préjugé favorable à l'égard de la partie qui le cite.

Dans une telle situation, le choix de l'expert devient très important ; la crédibilité professionnelle de celui-ci et ses compétences spécifiques dans le domaine d'intervention pour lequel il aura à se prononcer sont capitales.

Comme l'écrit Me Henri Kélada dans son livre *Notions et techniques de preuve civile :*

> Nous ne retrouvons pas dans les textes de lois une définition de l'expert. Les indices mentionnés par l'article 70 du Code de la preuve, de la Commission de réforme du droit du Canada, sont généralement admis comme critères. Voici ce que dit cet article :
>
> > Le témoin reconnu comme expert en raison de ses connaissances, de sa compétence, de ses expériences, de sa formation ou de son éducation, peut donner son opinion au cours de son témoignage lorsque l'information scientifique, technique ou spécialisée qu'il apporte est susceptible d'aider l'arbitre des faits à mieux comprendre la preuve, ou à résoudre un problème en litige.
>
> C'est au juge du procès qu'il appartient, en dernier ressort, de décider si un témoin sera ou non considéré comme témoin expert [1].

Est-il besoin de préciser toute l'importance que revêt le recours à des experts pour éclairer le tribunal ? Cela peut être le début d'un long processus de débats et de discours contradictoires devant le tribunal, qui ne font qu'alimenter le conflit, ou bien l'intervention d'un

---

1. H. KÉLADA, *op. cit.*

expert avec un mandat clair et accepté par les deux parties peut constituer un bon moyen de mettre fin à l'impasse. Ce moment d'arrêt pour chacune des parties peut permettre d'objectiver les positions de chacun et de refocaliser le débat sur l'intérêt des enfants, d'abord et avant tout, au-delà des conflits parentaux non réglés :

Souvent le processus de l'expertise est une occasion privilégiée pour toute la famille. *Les parents,* en assumant davantage leurs responsabilités personnelles et familiales, arrivent à conclure une entente à l'amiable, dans certains cas. *L'enfant* en est le principal, mais non l'unique bénéficiaire [1].

Selon madame Lorraine Filion, coordonnatrice du Service d'expertise et de médiation familiale du C.S.S.M.M., près de 70 % des dossiers où il y a eu évaluation psychosociale sur ordonnance, au cours de l'année 1990-1991, ont abouti à une acceptation par les parents des recommandations de l'expert ; parfois même, ce sont les parents eux-mêmes, avec l'aide de l'expert, qui en sont arrivés à établir une entente concernant la garde et les droits d'accès du parent non gardien.

Les motifs sous-jacents aux litiges concernant le partage de l'autorité parentale sont souvent complexes et difficiles à cerner. Il est donc impératif qu'on leur accorde toute l'importance nécessaire, afin d'aider la famille en situation d'impasse à s'outiller pour affronter les situations nouvelles engendrées par l'éclatement de la famille nucléaire.

Bien que l'expertise psychosociale n'ait pas un but thérapeutique et qu'elle n'ait pas un caractère décisionnel, souvent l'intervention de l'expert apportera une meilleure connaissance des impacts émotifs, psychologiques et sociaux de la séparation chez chacun des membres de la famille. Elle aidera chacun à mieux identifier ses propres mécanismes de fonctionnement, les forces et faiblesses de chacun dans l'actualisation de son rôle parental, et aidera, dans certaines situations, le couple à accepter la séparation. Pour plusieurs, admettre qu'un nouveau conjoint intervienne dans la vie de son enfant constitue une source d'insécurité affective si grande qu'ils oublient que l'enfant est capable de conserver des liens affectifs pri-

1. Le Service d'expertise psychosociale, C.S.S.M.M., *op. cit.*

vilégiés avec ses parents, malgré la création de nouveaux sentiments significatifs dans la famille recomposée.

En résumé, l'expertise psychosociale fait partie du processus judiciaire ; selon l'utilisation qu'on en fait, elle peut être aidante, dans la mesure où l'intérêt de l'enfant constitue la trame du travail de l'expert, sans préjugé biaisé en faveur de l'un ou l'autre des parents. Elle permet aussi au tribunal de prendre une décision éclairée concernant le partage des rôles parentaux. Elle confirme l'autorité absolue du tribunal à l'égard des décisions à rendre, puisqu'il appartient au juge de considérer le témoin expert, d'apprécier son rapport et d'agréer à ses recommandations. La décision finale relève du juge, même si celui-ci avait ordonné une évaluation psychosociale ; il n'est nullement lié aux recommandations faites par l'expert.

LA MÉDIATION DANS LE SYSTÈME JUDICIAIRE

Depuis 1981, la médiation a place et reconnaissance dans le processus judiciaire entourant les procédures de séparation et de divorce au Québec.

En effet, la création d'un service de médiation public dans le district judiciaire de Montréal, grâce à une collaboration des ministères de la Justice et des Affaires sociales, a institutionnalisé un nouveau moyen d'aborder le règlement des conflits en matière de divorce et de séparation.

Tant l'évolution des mœurs, l'augmentation fulgurante du taux de séparation que la recherche par les justiciables d'un moyen plus humain et plus adapté aux nouvelles réalités de la vie de famille, forcent le développement de services de médiation accessibles et compétents.

Telle que définie par Brown (1982), la médiation est un processus volontaire dans lequel chacun s'engage, orienté vers la tâche, et où une tierce personne, un médiateur, en évitant de porter un jugement, aide les conjoints qui divorcent à améliorer leur communication et à être plus ouverts et directs entre eux. Ils changent ainsi une interaction potentiellement destructive et compétitive en une interaction coopérative, collaboratrice et négociatrice qui favorise un règlement à l'amiable des points litigieux qui les concernent. Pour sa part, Elkin définit la médiation comme étant « un processus *interprofessionnel* dans lequel les conjoints en instance de divorce demandent volontairement l'aide confidentielle d'une tierce personne neutre et qualifiée, pour résoudre leurs conflits d'une façon acceptable. De plus, l'aspect humain du processus devient évident puisque le médiateur tiendra compte des besoins de tous les membres de la famille, spécialement ceux des enfants, qui sont généralement absents, dans les rencontres de médiation ».

LA MÉDIATION : POURQUOI ?

Dans la pratique, les couples qui choisissent de régler les conséquences de leur séparation par la médiation le font volontairement. Pour certains, il est important de régler eux-mêmes les questions entourant la séparation ; ils gardent ainsi un pouvoir de décision majeur sur le devenir de la famille.

Pour d'autres, le processus de médiation leur permet de prendre le temps nécessaire pour décider de l'orientation de chacun. Et enfin, pour plusieurs, la médiation contribuera à éviter l'adversité présente dans le processus judiciaire et minimiser ainsi les coûts, souvent exorbitants, reliés aux conséquences de la séparation.

Le succès de la médiation est directement lié à la motivation de chacun à trouver un terrain d'entente et à sa capacité d'aborder l'étape de la séparation comme un processus de restructuration et de réorganisation familiales, personnelles et sociales, susceptibles d'amener des transformations individuelles.

Les couples peuvent avoir recours à la médiation dès la prise de décision de se séparer, suite à une référence en cours de procédure, ou suite à un jugement en divorce ou en séparation auquel il y a lieu d'apporter des changements, relativement à la garde des enfants ou au partage des responsabilités financières des parents.

LE MÉDIATEUR

En médiation, le mandat du médiateur est défini par les clients eux-mêmes. Il est tenu de garantir à ses clients son impartialité et sa neutralité. Il doit, dès le début, procéder à une bonne analyse de la situation, afin de garder un rôle aidant dans le processus de prises de décisions.

Il est aussi important que le médiateur soit vigilant tout au cours du processus de médiation, de manière à éviter les impasses, et s'assurer de l'équilibre des pouvoirs des participants, lors des négociations. De façon globale, le principe d'équité doit être placé au centre de toutes les décisions prises par le couple et, de façon plus spécifique, le meilleur intérêt de l'enfant doit être le leitmotiv des décisions le concernant.

L'élaboration du projet d'accord par le médiateur doit refléter fidèlement le contenu des décisions prises en cours de médiation. Le style et la forme sont laissés à l'initiative de chacun et demeurent très peu encadrés par une quelconque procédure.

Tout comme l'expertise, la médiation est partie intégrante du processus judiciaire. La signature par les parties du protocole d'entente les lie au sens du Code civil. Il est donc impératif pour les clients de la médiation de consulter un conseiller juridique indépendant, avant de signer toute entente pouvant avoir un effet sur leurs droits et obligations présentes ou futures.

Le projet d'accord peut être déposé au tribunal pour obtenir un jugement par l'intermédiaire d'un avocat. Dans ce cas, l'avocat reçoit un mandat clair de ses clients, mais il lui incombe toutefois de s'assurer du contenu du document et de respecter l'esprit de l'entente intervenue en médiation.

Bien que le pouvoir de décision finale appartienne au juge, il n'en demeure pas moins que le rôle des parties dans l'élaboration de leur projet d'accord leur confirme une certaine autodétermination dans la réorientation et la restructuration du vécu familial. Ils pourront, à juste titre, se définir comme étant les artisans de leur nouvelle condition de vie et accepteront, conséquemment, plus facilement d'assumer les décisions prises et les engagements imposés par la situation.

Plusieurs questionneront l'utilité du processus de médiation, puisque de toute manière, il faut avoir recours au système judiciaire. D'autres verront la médiation comme étant une étape de plus qui vient alourdir le processus judiciaire de séparation ou de divorce.

L'utilité de la médiation en matière de divorce et de séparation se base surtout sur les aspects psychosociaux et humains entourant cette étape importante dans la vie d'une famille. La vie du couple se termine, mais les liens de filiation demeurent avec tout ce que cela implique d'engagement.

Ainsi, de façon générale, la médiation aura l'avantage d'apporter :

- une diminution de l'anxiété face à ce qui arrivera après la séparation ou le divorce ;
- une discussion, dans une atmosphère positive, des décisions à prendre concernant les enfants et la famille ;
- le sentiment d'être responsable du devenir de la famille ;
- une réduction de la frustration et de l'animosité présentes dans un processus d'adversité ;
- une diminution des coûts financiers et humains reliés aux procédures de divorce et de séparation ;
- une réduction des tensions et de l'insécurité chez les enfants [1].

Il ne faudrait pas oublier toutes les considérations psychosociales reliées au désengorgement des palais de justice, à la diminution des pertes d'heures de productivité chez chacun, dues au temps requis par les procédures judiciaires, audition au tribunal et rencontres préparatoires à l'audition.

DIFFÉRENCES ET SIMILARITÉS ENTRE CES DEUX APPROCHES

L'expertise et la médiation sont des processus qui viennent confirmer le caractère extrajudiciaire des procédures en divorce ou en séparation.

1. Médiation professionnelle du Québec Inc., *Médiation familiale,* dépliant 1991.

Tout comme la médiation, l'expertise psychosociale n'est pas de la thérapie ; cependant, tous reconnaissent qu'elles peuvent avoir un effet thérapeutique sur la famille en situation de divorce et de séparation.

Bien que l'expertise psychosociale, tout comme la médiation, nécessite un engagement volontaire des clients, en médiation ils seront souvent plus coopératifs, moins conflictuels et moins perturbés qu'à l'expertise psychosociale. Au terme de l'intervention de l'expert lors de l'évaluation psychosociale, advenant une entente entre les parties, cela ne donne pas à l'expert un rôle de médiateur, puisque initialement ce n'est pas le mandat reçu. L'utilisation de techniques de médiation dans la résolution des conflits n'en fait pas un médiateur comme tel. À l'expertise psychosociale, l'expert doit déposer un rapport d'évaluation objectif et complet au tribunal, il peut être appelé à témoigner en tant que témoin expert, à la demande des avocats au dossier ou du juge. « Cependant, le témoin expert peut refuser de répondre aux questions qui lui sont posées, dans les cas où il trahirait le secret professionnel [1]. »

En médiation, le processus est fermé ; le médiateur n'a pas pour attribution de témoigner pour l'une ou l'autre des parties. Il n'a pas à produire de rapport à la cour, et le contenu de son dossier et des documents ayant servi à préparer l'entente ne peut être déposé à la cour.

Tant en médiation qu'en expertise psychosociale, l'intervenant s'engage à veiller prioritairement à l'intérêt de l'enfant, dans toutes les discussions le concernant, de près ou de loin. Il est tenu de demeurer neutre et impartial au dossier. Il doit favoriser la communication, aider les gens à négocier entre eux de nouveaux rapports, tenant compte des liens de coparentalité.

La médiation ne pourrait être recommandée dans des situations où l'habileté à négocier entre les parties ne serait pas présente, où des problèmes de santé mentale empêcheraient la personne d'être consciente de l'importance des décisions à prendre, ou tout simplement inapte à gérer ses propres biens ou sa propre destinée.

Dans un tel cas, le recours à l'évaluation psychosociale constitue

1. H. KÉLADA, *op.* cit.

une ressource précieuse, afin de s'assurer que les orientations prises soient respectueuses de l'intérêt de l'enfant. À ce chapitre, nous croyons à propos de souligner que tant en médiation qu'au niveau d'une évaluation psychosociale, un professionnel qui constate que la sécurité et le développement du ou des enfants peuvent être compromis, au sens de l'article 38 de la *Loi sur la protection de la jeunesse,* particulièrement en ce qui a trait à l'abus sexuel, est tenu de signaler la situation à la Direction de la protection de la jeunesse, et cela, même s'il est lié par le secret professionnel. Dans le cas où le tribunal de la jeunesse aurait à intervenir :

> [...] le tribunal se doit d'agir avec une extrême prudence pour ne pas se substituer à une décision de la Cour supérieure. Le tribunal ne doit s'appuyer que sur des données objectives qui concernent l'intérêt des enfants (situation prévue à l'article 38) et de partager les problèmes reliés aux enfants et les problèmes conjugaux [1].

CONCLUSION

Nous avons donc démontré les similarités et les différences du processus de la médiation, par rapport au processus d'expertise psychosociale. Bien que souvent, au terme de l'expertise psychosociale, il y ait entente entre les parties concernant les points en litige, on ne pourrait pas confondre ces deux approches. En cas d'ordonnance, le mandat de l'expert est déterminé par le juge, et lorsque l'évaluation psychosociale est effectuée à la demande d'une des parties, elle est tributaire de la décision du tribunal, quant à sa valeur et à son acceptation.

On comprendra donc que le choix de l'expert ou du médiateur est très important ; aucun règlement ne vient encadrer la pratique de l'expertise ou de la médiation ; des conditions minimales sont exigées par le tribunal pour évaluer un expert ; souvent à ce stade, il est trop tard pour corriger la situation. L'Association de médiation familiale du Québec a établi des critères visant à reconnaître les

---

1. Comité de la protection de la jeunesse, *Loi annotée sur la protection de la jeunesse,* Montréal, Société québécoise d'information juridique, 1986, p. 79, art. 39.

compétences du médiateur, mais nul n'est tenu d'en être membre pour pratiquer la médiation.

Il serait donc nécessaire de vérifier auprès de l'Association de médiation familiale si le médiateur choisi en est membre, afin de s'assurer de ses aptitudes avant de lui confier un mandat. Le mandat de médiateur est défini par les clients eux-mêmes, d'où l'importance d'évaluer avec soin le choix de l'intervenant en médiation.

D'un point de vue prospectif, il y aurait lieu d'envisager une ressource intermédiaire entre l'expertise et la médiation, qui aurait l'avantage d'élargir le mandat de l'expert ou du médiateur, au niveau de l'intervention auprès des familles en difficulté, lors de la restructuration de la vie familiale suite à une rupture.

L'expert au dossier pourrait avoir le mandat d'évaluer la capacité des couples d'entreprendre une médiation ; s'il y avait incapacité, il y aurait pré-médiation afin d'outiller les gens pour négocier eux-mêmes leurs ententes. En cas de réussite de la pré-médiation, il y aurait référence à un médiateur. Devant le succès de la médiation, l'entente serait déposée au tribunal pour obtenir un jugement, avec la possibilité d'un suivi post-jugement transitoire pour faciliter la réorganisation de la famille. L'insuccès de la pré-médiation nécessiterait une référence à une ressource d'aide adéquate afin que les droits et obligations des parties en cause soient bien représentés au tribunal et qu'un soutien soit apporté à la famille en crise.

Cette alternative nous permettrait de rejoindre les couples engagés dans un système d'adversité ; elle contribuerait à réduire les effets destructeurs des conflits sur la famille. Il est évident que, plus tôt l'aide professionnelle intervient en situation de conflits, moins les conséquences en sont grandes.

Nous avons abordé dans ce chapitre l'expertise et la médiation, en rapport avec la garde des enfants. Il ne faut pas oublier leur utilité au niveau du partage des biens lors de la rupture. L'établissement de la pension alimentaire en médiation donne des résultats tout aussi prometteurs, tant à son respect qu'à son acceptation. Nous n'avons pas non plus étudié l'hypothèse de la médiation obligatoire ; celle-ci nécessiterait une réflexion et un approfondissement d'envergure que nous ne pouvons mener à bien ici.

Aussi, la création d'un Tribunal de la famille pourrait certainement contribuer à traiter les conséquences du divorce et de la séparation de façon globale, complète et plus humaine, surtout en ce qui concerne la protection du droit des enfants au sein d'une famille éclatée.

Les impasses en médiation : comment les régler avant qu'elles ne deviennent impossibles à surmonter

Françoise Lafortune *

Que faire d'un conjoint qui refuse de partager son fonds de pension ?

Que faire d'un client qui se choque à maintes reprises bien qu'on s'efforce de lui faire entendre raison ?

Que faire d'un parent qui, après avoir consenti à une demande de l'autre parent, n'agit pas en conséquence ?

Que faire lorsqu'on a l'impression qu'en abordant un point sensible on suscitera un conflit ?

Que faire lorsqu'on pressent qu'une des parties peut être lésée à long terme ?

Ces questions ne sont qu'un échantillonnage des interrogations venant à l'esprit d'un médiateur intervenant en matière matrimoniale dans des dossiers plus ou moins complexes. Avec l'expérience, la nature du questionnement change mais jamais le médiateur ne sera protégé des impasses. Une question reviendra à plusieurs reprises : « Que pourrais-je bien faire avec ces clients pour débloquer la négociation sur un point ou même parfois sur l'ensemble des décisions à prendre ? »

Les situations et/ou les attitudes perçues par le médiateur comme des impasses varient avec l'expérience. Ce qui semblait au départ une situation sans solution apparaîtra par la suite comme un obstacle à surmonter, une difficulté à contourner, un conflit à résoudre.

---

* Travailleuse sociale.

Néanmoins, il restera toujours certains dossiers qui aboutiront à l'impasse, c'est-à-dire à l'échec de la négociation. Ces clients devront recourir au tribunal s'ils sont désireux de dénouer cette impasse.

La médiation ne doit pas être considérée comme la panacée de la résolution de tous les conflits. Toutefois, certaines situations vécues par le médiateur comme des impasses peuvent être réglées. Nous examinerons quelques obstacles qui peuvent survenir dans le but de mieux les comprendre et ainsi, dans certains cas, d'éviter l'impasse. Dans un premier temps, nous allons nous demander comment le médiateur s'y prend pour aider les parties à solutionner les questions en litige. En fait, comment les aide-t-il à négocier? Nous devrons donc définir la négociation et le modèle de négociation utilisé en médiation, à savoir la négociation sur intérêt. Nous définirons ce modèle en le comparant à un autre modèle, celui de la négociation sur position. Dans un deuxième temps, nous nous demanderons quels sont les difficultés ou les obstacles liés au processus de négociation sur intérêt et nous examinerons deux sources importantes : les obstacles liés au processus et les obstacles liés aux clients. Cette analyse nous conduira à présenter certaines techniques préventives.

NATURE DU PROCESSUS UTILISÉ EN MÉDIATION

La médiation se définit comme un processus d'aide accordée à des parties pour qu'elles arrivent à négocier, de façon volontaire, un règlement acceptable pour chacune d'elles. Le médiateur, qui est un intervenant impartial, se situe à égale distance des négociateurs, sans parti pris dans les décisions à prendre. Le médiateur est le chef d'orchestre des négociations sans pour autant assumer la responsabilité des décisions auxquelles les parties parviendront. L'impartialité du médiateur reste cependant limitée dans les dossiers de médiation en matière familiale parce qu'il se doit de veiller aux intérêts des enfants. Dans tous les cas cependant, c'est le médiateur qui anime les discussions et qui guide les négociations. Polapchuk et Carlson définissent la négociation comme « un échange bilatéral à travers lequel les parties troqueront des déclarations et des informations en vue de résoudre des intérêts opposés»[1]. Par exemple, c'est ce qui se passe entre un vendeur qui veut vendre sa marchandise au plus haut prix possible et un acheteur qui veut se la procurer au plus bas prix possible.

Pour remplir son rôle de guide avec plus de facilité, le médiateur utilisera principalement le modèle de la négociation sur intérêt plutôt que celui de la négociation sur position. Avant d'aller plus loin, voyons la différence entre ces deux types de négociation.

Négociation sur intérêt : processus privilégié du médiateur

Dans le contexte de la négociation sur position, chaque partie présente les solutions ou les positions susceptibles de régler le différend. Par exemple : « Je veux un biscuit parce que j'ai faim », « Non, je vais te donner ton souper » ; « Je veux un pot d'eau parce que j'ai soif », « Non, je veux le pot d'eau parce que c'est à moi » ; « Je veux la garde des enfants. Après tout, c'est toi qui es partie », « C'est à moi qu'elle revient parce que les enfants ont besoin de leur mère ». Chaque partie présente ses solutions après avoir apporté une explication plus ou moins brève. Par la suite, on échangera propositions et contre-propositions en vue d'en arriver à un règlement ou à un compromis qui satisfera les parties. Ce type de négociation s'utilise souvent selon Christopher W. Moore[2] :

— lorsque les chances de gagner sont élevées ;
— lorsque les ressources à la disposition des négociateurs sont limitées soit en termes d'argent, de temps ou de bénéfices psychologiques ;
— lorsque les intérêts des parties sont en contradiction ou en opposition totale ;
— lorsque le maintien de la qualité des relations futures importe moins qu'un gain à court terme ;

1. William POLAPCHUK et Chris CARLSON, « Using Conflict Analysis to Determine Intervention Techniques », *Mediation Quarterly,* n° 16, été 1987, p. 21.
2. Christopher W. MOORE *The Mediation Process, Practical Strategies for Resolving Conflict,* San Francisco, Jossey-Bass Publisher, 1986, p. 36.

— lorsque les parties ont le pouvoir de faire mal à l'autre si une impasse survenait au cours des négociations.

Les négociations sur intérêt se déroulent autrement. Alors que le négociateur sur position présente d'abord sa ou ses solutions, le négociateur sur intérêt ne parvient à une solution qu'à la fin du cheminement. Dans ce dernier modèle de négociation, les parties tentent de concilier leurs différends en examinant d'abord leurs intérêts communs et respectifs et, seulement après, les différentes options se présentant à elles. Ayant d'abord défini leurs besoins communs et respectifs, les parties peuvent donc évaluer les différentes options en rapport avec ces intérêts avant de choisir celles qui leur conviennent. C'est l'avantage propre à ce type de négociation.

Le modèle de la négociation sur intérêt s'utilise principalement lorsque certains intérêts des parties convergent. C'est le cas, par exemple, de parents qui veulent éviter que le règlement du divorce ne nuise au développement de leurs enfants ou à l'établissement de leurs relations parentales futures. Afin que ce modèle soit efficace, on doit cependant obtenir un minimum de collaboration des parties. À cette fin, une certaine connaissance du fonctionnement de ce type de négociation est nécessaire. Si un médiateur est présent, il devra suppléer au manque de connaissance des parties en guidant le processus de négociation. Il devra susciter également les attitudes de coopération nécessaires à ce cheminement.

OBSTACLES AU NIVEAU DU PROCESSUS

Nous avons vu que le médiateur a avantage à privilégier la discussion à partir des concepts de la négociation sur intérêt puisque ce processus permet d'analyser les résultats ou la valeur des décisions auxquelles les parties sont parvenues. Il arrive fréquemment que des clients, ayant vu leurs avocats négocier sur position, n'aient aucun critère d'évaluation du jugement rendu par le tribunal ou du compromis auquel les avocats sont arrivés. Ils peuvent alors se demander si le jugement qu'ils ont obtenu constitue la meilleure solution dans leur cas. En effet, puisqu'en utilisant la négociation sur position, on discute davantage des solutions possibles que des besoins ou des intérêts sous-jacents des clients, on ne possède pas de véritables critères pour juger du niveau de satisfaction de ces derniers. Il est assez rare que des clients aient la connaissance de la jurisprudence et du fonctionnement du tribunal nécessaire à l'évaluation de la solution résultant du processus judiciaire. La négociation sur intérêt se prête donc mieux à la résolution des conflits en matière familiale puisque cette démarche permet une discussion ouverte des besoins d'ordre physique et matériel et des besoins d'ordre psychologique, une prise de décision plus éclairée et par conséquent une meilleure évaluation des options. Cette approche n'est cependant pas à l'abri de pièges pouvant entraîner de sérieuses difficultés voire des impasses.

Intérêt et position : deux notions à distinguer pour éviter l'impasse

Il est difficile de saisir la différence entre intérêt et position : « Je veux la garde d'Olivier parce que c'est moi qui m'en suis toujours occupée depuis sa naissance », et l'autre parent de dire : « Moi, je tiens absolument à la garde partagée. Mes amis qui sont séparés ont opté pour ce type de garde et ils me disent que ça convient parfaitement aux enfants. Après tout, moi aussi je me suis occupé d'Olivier. » Ces deux négociateurs ont-ils exprimé des besoins ou des positions ? Dans cet exemple, les négociateurs ont apporté deux positions qu'ils croient susceptibles de répondre à leur besoin réciproque. Si nous travaillons uniquement à partir des deux solutions apportées, nous risquons d'arriver vite à l'impasse Par contre, si nous étudions les motifs sous-jacents des parties, plusieurs autres options de règlement deviendront disponibles. Pour cette raison, Fisher et Ury [1] proposent donc comme règle générale de se concentrer sur les intérêts plutôt que sur les positions. Le médiateur cherche à mettre en lumière les intérêts de chacun et, ainsi faisant, il encourage la créativité, brise les impasses et permet de mieux reformuler les enjeux en tenant compte des besoins sous-jacents des clients.

1. Fisher et Ury, *Comment réussir une négociation*, Paris, Seuil, 1981.

Au point de départ, dans les dossiers où il y a danger d'impasse, les parties ont tendance à présenter leur position respective et le travail du médiateur consiste à les aider à définir tout ce qui sous-tend leur position. Pour ce faire, il doit comprendre le processus interne des individus qu'il a devant lui. Ils ont pensé à ces solutions à partir de leur réalité intérieure et à partir de leur perception de la réalité extérieure. Chacun a sa vision de la relation, chacun interprète le comportement de l'autre et en anticipe les réactions selon sa propre expérience et réalité psychique. En plus, chacun veut défendre ses propres besoins. C'est particulièrement vrai en médiation familiale parce que la rupture est une expérience pénible où chaque individu, à un moment donné ou à l'autre, se sent menacé de tout perdre et de ne pas jamais pouvoir récupérer. Par exemple, on peut penser que notre premier négociateur craint le contrôle de son conjoint. Comme cette possibilité l'inquiète, il demande la garde étant désireux de poursuivre la relation avec son fils et ainsi de satisfaire un besoin fondamental d'amour. Il protège ce besoin en prenant cette position particulière. De son côté, la prise de position du deuxième négociateur peut être motivée par la crainte de ne pouvoir obtenir facilement une garde unique devant le tribunal ou encore par la peur de ne pas obtenir des droits d'accès flexibles lui permettant une relation significative avec son fils.

Il n'est pas toujours facile de connaître et d'évaluer la nature exacte de ces besoins. Cependant pour Yves St-Arnaud, « les besoins fondamentaux sont innés à l'intérieur de chaque personne et universels : c'est un des aspects où "tous les hommes sont semblables". Dans la recherche quotidienne d'une satisfaction de ses besoins fondamentaux, chaque personne se différencie des autres [1]. » On distingue les besoins physiques (manger, dormir, etc.) des besoins psychologiques (aimer, comprendre, produire, etc.). Nous utiliserons les termes besoin, désir, motif et intérêt comme synonymes.

Les besoins psychologiques sont moins évidents mais n'en constituent pas moins des enjeux importants dans toute négociation.

---

1. Yves St-Arnaud, *La personne humaine,* Montréal, Éd. de l'homme, 1974, p. 51.

Selon David A. Lax et James K. Sebenius [1], les intérêts d'une personne vont souvent au-delà de l'explicite et de l'apparent. Par exemple, au moment d'une discussion sur l'argent, le désir d'être reconnu, ou d'être traité avec respect peut dominer la discussion tout en restant implicite. D'autres besoins fondamentaux comme le besoin d'être compris, de comprendre, le besoin de sécurité, le besoin d'amour et d'estime de soi peuvent être des motivations premières et sous-jacentes à plusieurs comportements et à de nombreuses demandes. Par exemple, une option où une partie aura l'impression de perdre la face sera refusée non pas à cause de la valeur objective de l'option mais à cause de l'impact négatif sur son besoin d'estime de soi. De plus, il est important de reconnaître d'autres manifestations plus subtiles encore, celles d'un désir de réparation des blessures occasionnées par la frustration des besoins dans la vie conjugale. Par exemple, un mari qui a souffert de ne pas se sentir valorisé par sa femme pourra tenter au moment des discussions sur le budget d'être enfin reconnu en s'arrangeant pour prouver que ses solutions sont meilleures que celles du conjoint en ne démordant pas de ses positions.

C'est donc à travers l'expression particulière de chaque individu qu'un médiateur peut lire et décoder les besoins sous-jacents. En effet, chaque individu a une façon différente d'exprimer ses besoins. Certains le feront en attaquant : « tu veux toujours tout contrôler », au lieu de dire : j'aimerais avoir un mot à dire ». Plusieurs l'exprimeront en se servant des enfants : « c'est pour le bien des enfants que je veux la maison ». D'autres s'exprimeront sans ambages alors que quelques-uns ne sauront pas comment exprimer ce qu'ils désirent, ne sachant pas clairement ce qu'ils veulent et quels sont leurs besoins. Dans ce dernier cas, plusieurs médiateurs emploient la formule connue aux États-Unis sous le nom BATNA *(the best alternative to a negotiated agreement) :* la meilleure alternative à un règlement négocié et ce, pour chacune des parties. En demandant à chaque partie de spécifier quelle serait la pire décision qui pourrait découler de la négociation et quelle serait la meilleure décision qui pourrait

1. David LAX et James K. SEBENIUS, « The Measure of Negotiation », *Negotiation Journal, vol.* 2, n° 1, janvier 1986, p. 74.

être prise, les négociateurs dévoilent souvent leurs besoins fondamentaux. Il incombe au médiateur de décoder l'expression particulière des besoins de chacun, celle-ci étant nécessaire à l'obtention d'un degré de satisfaction minimal chez les clients.

Structuration déficiente des étapes du processus

L'exploration des besoins, tant au niveau psychologique qu'au niveau des enjeux financiers et parentaux, constitue la première étape de la négociation sur intérêt. Seuls les besoins positifs constitueront matière à négociation. Il serait évidemment contraire à l'objectif du processus de médiation que de tenter d'y combler un besoin de vengeance. La vitesse à laquelle se déroule cette première étape peut créer des problèmes. Si le médiateur procède trop lentement à l'étude des besoins, il suscitera la frustration et l'impression de tourner en rond chez les négociateurs ; par contre s'il agit trop vite, en passant à l'étude des options avant d'avoir complété l'étude des besoins, le médiateur risque de positionner davantage les négociateurs et, par là, de diminuer le nombre d'options susceptibles de répondre à leurs besoins puisque ceux-ci n'auront pas été clairement exposés. Quand on n'entend pas correctement ce que les clients tentent de nous exprimer, on risque de procéder trop lentement. C'est en somme ne pas écouter au-delà des mots le message qui nous est transmis. Se ruer sur les solutions, c'est laisser paraître son impatience à trouver des réponses avant d'avoir complètement clarifié le problème. Le temps bien géré à ce stade est un bon investissement.

Jugements hâtifs : obstacles à l'écoute active

Pour mener à bien la première étape de la négociation sur intérêt, à savoir l'exploration des besoins, l'écoute active constitue la conduite de base des médiateurs. Bien maîtrisée, cette technique est une des clefs du succès puisqu'elle permet de reformuler, de recadrer et d'orienter les débats.

Cependant, si cette écoute s'accompagne ou se transforme en jugement interne statique du genre : « ce client est un entêté, il ne veut rien comprendre », le médiateur se prive de l'information nécessaire à la recherche d'options satisfaisantes pour les deux parties.

Les jugements hâtifs du médiateur nuisent à ce dernier surtout s'il se laisse emprisonner par ceux-ci car il risque ainsi de devenir partial et de contribuer à une impasse. Le médiateur doit donc se demander pourquoi un client sent le besoin d'utiliser telle attitude, telle menace ou telle demande afin de savoir ce qui provoque l'attitude défensive ou le comportement irrationnel. Après avoir formulé une hypothèse, il pourra vérifier et rétablir ainsi une communication efficace et débloquer la négociation. Le médiateur traduit ainsi sa croyance en la capacité des parties d'arriver à une entente négociée et sa préoccupation de la satisfaction des besoins de toutes les parties.

Les médiateurs débutants désirent parfois faire entendre raison plutôt que d'essayer de comprendre le point de vue de chaque partie et les motifs sous-jacents à leurs comportements. Ils privilégient alors leur besoin d'être compris en mettant de côté celui de leur client, ce qui est souvent perçu par le client comme un manque d'impartialité.

Élaboration des options : danger de courts-circuits

Différencier position et intérêt et éviter les jugements hâtifs permettent au médiateur d'établir le climat de confiance nécessaire à la poursuite de la négociation et à la discussion des options susceptibles de répondre aux intérêts des clients. Cette deuxième étape comporte un nouveau risque. Ainsi, si on négocie chaque option plutôt que d'attendre que toutes les options soient sur la table, on risque de s'attirer des ennuis. On peut avoir tendance à se concentrer sur l'arbre et perdre de vue la forêt. Par exemple, si au moment du partage des biens on négocie à la pièce, c'est-à-dire à qui va la maison, à qui vont les meubles, etc., on oublie que la part de la maison peut être échangée pour une valeur équivalente. Il est donc préférable de faire le portrait global avant de procéder aux options du partage. Une évaluation de la situation dans son ensemble permettra aux deux parties de constater qu'il est peut-être intéressant de troquer différents biens. La négociation à la pièce de chaque poste budgétaire peut facilement mener à l'impasse si on n'a pas d'abord le tableau général des coûts déjà acceptés et des coûts litigieux. Il ne sert à rien de s'obstiner sur chaque item alors que l'expérience démontre que les points d'accrochage sont habituellement limités une fois que les parties ont devant les yeux le tableau global. De plus, il ne sert à rien de discuter de l'opportunité de dépenser pour tel ou tel item lorsque le portrait global établit clairement un déficit et la nécessité de couper dans la plupart des postes budgétaires ou presque. Par exemple, au moment de la lecture du budget des enfants établi par Madame, Monsieur dit : « Ah non !, je ne payerai pas tous ces vêtements-là. Moi je pense que je mettrais tant par mois », et le médiateur de dire à Madame : « Seriez-vous d'accord avec Monsieur de réduire de trente dollars ? » Soit que Madame accepte en se sentant pressée par le médiateur et par Monsieur, soit qu'elle objecte et un conflit inutile éclate. Par ailleurs si elle accepte, il n'est pas dit qu'elle le fasse dans son meilleur intérêt. Le médiateur à ce moment-ci n'a qu'à noter la dissidence de Monsieur à l'item vêtement et à permettre la discussion seulement lorsque tous les besoins financiers des enfants auront été exposés par chacun des parents. Tenter un règlement à cette étape du processus comporte trop de risques tant pour l'obtention d'une entente satisfaisante que pour la poursuite des discussions. Il en serait de même pour les négociations sur le partage des biens. Commencer à négocier la maison avant d'avoir le portrait global des biens et du passif risque de diminuer les options disponibles en vue d'arriver à un règlement satisfaisant. Savoir qu'on peut garder un REER en échange d'une valeur équivalente permet plus facilement accepter que le REER soit partageable.

Habiletés du médiateur

Ce sont donc quelques-unes des difficultés qu'un médiateur rencontre lorsqu'il assiste les clients dans la négociation de leur entente. Respecter le processus de la négociation sur intérêt et respecter les clients comme des individus qui ont des besoins devant être satisfaits résument bien les attitudes fondamentales qu'un médiateur se doit d'adopter.

Dans un article où Brad Honoroff et autres [1] font état d'une démarche d'évaluation de candidat pour des postes de médiateur au service de médiation de l'état du Massachusetts, ils identifient les qualités

1. Brad HONOROFF, David MATZ et David O'CONNOR, « Putting Mediation Skills to the *Test* », *Negotiation Journal,* vol. 6, n° 1, janvier 1990, p. 37-47.

désirables pour un médiateur. Pour sélectionner les candidats, ils ont retenu cinq critères d'évaluation du jeu de rôle des candidats :

1. L'habileté à aller chercher les informations pertinentes et les données de base du conflit et l'habileté à découvrir les intérêts sous-jacents et les possibilités de règlement.

2 et 3. La créativité, c'est-à-dire l'habileté du médiateur à apporter des idées, à proposer des options et la persuasion ou l'habileté à stimuler une discussion productive.

4. L'empathie ou l'habileté à comprendre chacun des clients, leurs prises de positions, leurs problèmes, leurs intérêts et la capacité de transmettre à ces derniers l'impression d'être compris.

5. L'habileté à gérer l'interaction entre les deux parties et la capacité de faire face à des émotions intenses, à des attaques personnelles et à des stratégies de manipulation.

Les quatre premiers critères peuvent se résumer par l'habileté d'un candidat médiateur à respecter les clients et à contrôler le processus. Quant au cinquième point, l'habileté du médiateur sera mise à l'épreuve par les difficultés inhérentes à la dynamique du couple présent. Même si le médiateur écoute bien, reformule les enjeux correctement, même s'il sait bien diriger le processus, il arrive en pratique qu'il se bute à des réactions émotives difficiles à contrôler. La dynamique de la relation des clients entre eux, la colère de l'un ou de l'autre, la méfiance de l'un envers l'autre, une communication déficiente et l'inégalité du pouvoir sont autant d'éléments qui peuvent entraver le déroulement de la médiation.

OBSTACLES AU NIVEAU DES CLIENTS

Difficulté à se séparer et résistance à régler

Lorsqu'un couple décide de se séparer, la relation conjugale arrive à sa fin. Le divorce légal est une des façons de mettre fin à la relation conjugale. Cependant, la rupture psychologique et émotive est une étape encore plus ardue à franchir que le processus légal.

Certains couples n'arrivent jamais à compléter cette phase de la séparation. C'est ce qui explique les nombreux retours de certains devant le tribunal. Les médiateurs décrivent ces couples comme étant enchevêtrés. Ce sont deux individus qui tentent de séparer leur territoire mais dont les racines sont encore entremêlées, à la façon de deux arbres qui auraient chacun leur tronc mais dont les racines seraient plus ou moins confondues.

La séparation doit entraîner la différenciation des racines afin de permettre à chacun d'adopter des comportements différents et d'occuper un territoire propre. Toutes les questions de droits d'accès, de garde, de contribution financière et de division des biens impliquent une réorganisation de la structure des relations et de celle de la dynamique conjugale et parentale.

Le médiateur rencontre des couples dont la différenciation n'est pas terminée. Pour Wallerstein et Kelly [1] et Weiss [2], il faut compter de trois à cinq ans pour compléter cette transformation du nous en je. L'impression de ne pas pouvoir survivre si on se désengage et si on laisse aller l'autre empêche souvent la rupture psychologique de se compléter et explique la difficulté à choisir des comportements différents ou un mode de relation différent. Il faut faire le deuil de la relation conjugale et s'en tenir à une relation uniquement parentale. La façon dont le couple communique est à l'image des tensions qui relient les deux individus. La plus grande source de difficultés provient des expressions d'hostilité, de rage ou de colère.

La colère

Plusieurs auteurs tels Saposnek [3], Johnston et Campbell [4], Somary et Emery [5], Jackson [6], croient que la médiation diffuse la colère, ce

1. Judith WALLERSTEIN et Joan KELLY, *Surviving the Breakup,* New York, Basic Books, 1980.

2. Robert S. WEISS, *La séparation du couple,* Montréal, Éd. de l'homme, 1977.

3. D. SAPOSNEK, *Mediating Child Custody Disputes, San* Francisco, Jossey-Bass, 1983.

4. J. JOHNSTON et L. CAMPBELL, *Impasses of Divorce,* New York, Free Press, 1988.

5. Karen SOMARY et Robert E. EMERY, « Emotional Anger and Grief in Divorce Mediation », *Mediation Quarterly, vol.* 8, n° 3, printemps 1991, p. 185-199.

6. R.E. EMERY et J.A. JACKSON, « The Charlottesville Mediation Project : Mediated and Litigated Child Custody Disputes », dans J.B. KELLY (éd.), « Empirical Research in Divorce and Family Mediation », *Mediation Quarterly,* n° 24, 1989.

qui accélère l'adaptation post-divorce. Cependant, la frontière est ténue entre la colère rationnelle et la colère émotive. La colère rationnelle apparaît suite à une menace circonstancielle, par exemple suite à une situation due au divorce comme la baisse du niveau de vie. D'autre part, la colère émotive ou irrationnelle fait suite à la frustration des besoins fondamentaux. La colère émotive est imprévisible et n'a rien à voir avec le contenu même de la discussion.

Toutefois, cette colère peut nuire grandement à la négociation. Elle peut servir à fuir la dépression due à la perte de la relation et au sentiment d'échec. Il est donc important de distinguer la colère émotive de la colère rationnelle car on ne devrait pas l'aborder de la même façon. Karen Somary et Robert Emery identifient trois sources potentielles de colère émotive. La première, étudiée par plusieurs auteurs, dont Kübler-Ross[1], se définit comme étant la réaction devant les rêves brisés, devant la désillusion et comme le refus de s'en voir responsable. Le rêve du futur, le rêve d'avoir une sécurité, le rêve d'une famille unie s'écroulent. L'anxiété qui en découle explique souvent l'émergence de la colère et du blâme. On peut tenter de rendre l'autre responsable de ses rêves brisés et ainsi de se sentir moins coupable de l'échec. Cette colère permet de se distancer du partenaire. Cependant, elle devient improductive si, à long terme, elle empêche une saine évaluation de soi. En guise de stratégie, les auteurs conseillent au médiateur de légitimer la colère mais ensuite de favoriser la reprise de la discussion sans s'y attarder.

La colère peut aussi être une réaction hostile face à une attaque. Lorsqu'un partenaire se sent blessé, il peut vouloir blesser l'autre et si ce dernier répond en contre-attaquant, un cycle sans fin de blessures et de destruction s'établit. Il est important de contrôler et d'arrêter l'expression de cette colère puisqu'elle est destructrice et par là inutile.

Une troisième source de colère provient du désir de maintenir un lien avec le partenaire. Lorsque ce désir est imprécis et réciproque, les partenaires peuvent utiliser le conflit comme moyen de rester en contact. Cela crée des situations pénibles tant pour les clients que pour le médiateur. Ce dernier peut cependant aider les individus à

1. Elizabeth KÜBLER-ROSS, *On Death and Dying*, New York, Macmillan, 1969.

clarifier et à définir les limites de leurs relations. S'ils désirent se sortir du conflit, ces clients doivent affronter leur peine due à la perte de la relation. Ce sont souvent des clients à qui on pourrait suggérer une psychothérapie s'ils reconnaissent leurs difficultés à se séparer et leur réticence à faire le deuil.

La communication défensive

Le médiateur souhaite que ses clients arrivent à se distancer affectivement suffisamment pour pouvoir parvenir à des décisions rationnelles concernant l'avenir de leur relation parentale. Plusieurs pourraient croire que cette mission relève plus de la thérapie que de la médiation. Peter Maida [1] croit cependant qu'il est possible de créer des conditions favorables à la distanciation nécessaire à la prise de décision. Parmi celles-ci, la communication efficace occupe une place importante puisque c'est le véhicule des échanges verbaux et non verbaux, ce qui constitue la base de la négociation. Pour les professionnels des sciences humaines qui ont étudié le fonctionnement de la communication, il semble acquis que les conflits interpersonnels s'aggravent lorsque la communication des parties se détériore. Cette détérioration peut s'effectuer de deux façons : le nombre d'échanges directs et clairs diminue et les messages qu'on s'envoie deviennent distordus, ignorés, non entendus ou mal compris.

Les barrières de communication s'installent automatiquement lorsqu'une partie entend ou voit l'autre la blâmer ou la blesser ou encore lorsqu'elle a l'impression d'être blâmée ou blessée. En conséquence, les parties évitent ou distordent leurs échanges de sorte que le conflit persiste ou, pire encore, s'intensifie. La communication entre les conjoints se complique au moment de la rupture des liens conjugaux parce que cette rupture s'accompagne toujours, à des degrés divers, d'une impression d'avoir été trompé, blessé et même parfois détruit.

On risque donc de rencontrer plusieurs difficultés au niveau de la communication lorsqu'on travaille en médiation familiale. Le

1. Peter Maida, « Components of Bowen's Family Theory and Divorce Mediation », *Mediation Quarterly*, n° 12, juin 1986, p. 61.

médiateur doit mettre en place une structure de communication susceptible d'empêcher l'aggravation des conflits et de susciter des échanges efficaces. Il s'agit d'abord d'observer le type de communication et la nature des messages transmis verbalement et non verbalement avant d'élaborer une stratégie de structuration de la communication. Morna Barsky[1] identifie certains indices pouvant être utiles. Les comportements suivants nuisent à la communication et reflètent des attitudes négatives :

— éviter le contact visuel ; le client parle plus souvent au médiateur qu'à son conjoint ;
— décrire les inhabiletés de l'autre de manière condescendante ; qualifier l'autre de mauvais pourvoyeur, de mauvaise mère ;
— menacer l'autre avec des arrangements financiers désavantageux, décider pour l'autre, imposer ses propres idées quant à « ce qui est juste » ;
— interrompre pour préciser des faits, corriger en lançant ses propres données ;
— ne pas écouter, rester silencieux, changer de sujet prématurément ;
— conseiller, décider pour l'autre quant à l'organisation de la famille ;
— analyser de façon psychologique le comportement de l'autre, lui expliquer pourquoi il agit de cette manière, ex. : « c'est à cause de ta mère » ;
— se refermer sur soi-même, refuser de répondre, devenir silencieux ;
— ne pas saisir les soucis financiers de l'autre, ne pas comprendre le besoin de l'autre de mettre de l'ordre dans leurs finances, utiliser des arguments logiques pour interrompre.

Ce sont autant de comportements qui nuisent à une communication fonctionnelle. Être capable de les reconnaître et d'interpréter leur effet cumulatif négatif de façon acceptable est un des moyens

1. Morna BARSKY, « Emotional Needs and Dysfunctional Communication as Blocks to Mediation », *Mediation Quarterly,* vol. 6, décembre 1983, p. 63.

pouvant restaurer un mode d'échange efficace. Les propres habiletés du médiateur serviront de modèle, à savoir : prêter attention non seulement au contenu du message mais aussi aux sentiments sous-jacents, au ton sur lequel le message est émis et aux indices non verbaux.

Plus la blessure des individus est grande, plus la communication risque d'être distordue et plus le besoin de structure augmente. Dans tous les cas, on encouragera, sous mode de règles plus ou moins strictes, un mode positif de communication.

On encouragera, entre autres, la divulgation des informations que ce soit au niveau de la discussion des besoins des enfants ou au niveau des besoins financiers et du partage des biens. Par exemple, la nécessité de divulguer les informations diminue la méfiance et permet de créer le minimum de confiance nécessaire à la discussion des aspects financiers pour en arriver à décider du montant des contributions financières. En exigeant cette divulgation, le médiateur diminue ainsi la méfiance de l'un envers l'autre, ce qui provoque une ouverture puisque les individus sentent moins le besoin de se protéger. Cette ouverture qui augmente au fur et à mesure des échanges positifs permettra à chacun de prendre plus de risques au niveau de la communication, toujours à la condition que l'estime de soi de chacun ne soit pas à nouveau menacée par les échanges verbaux et non verbaux en cours. Cette expérience favorisera une certaine confiance en soi et, par conséquent, la croyance en la possibilité de survivre en dehors de la relation conjugale. Si le moi des individus est très vulnérable, cette confiance sera évidemment plus difficile à construire et le besoin de protection des individus sera très grand.

Le médiateur peut assigner aux parties la tâche de chercher l'information elles-mêmes ou les aider à cueillir les données nécessaires. Le recours à des critères objectifs[1] dans la cueillette de l'information aidera à diminuer la méfiance des conjoints. Dans tous les cas, le médiateur doit être un agent de la réalité.

La reformulation et le recadrage, deux techniques fort utilisées en psychothérapie, sont deux bons moyens à utiliser pour structurer la

1. FISHER et URY, *op. cit.*

communication. Donohue et autres[1] ont étudié comment les médiateurs dirigent efficacement la communication lors des négociations en comparant dix médiations réussies à dix médiations qui ont échoué. Ils concluent que les médiateurs qui ont réussi diffèrent de ceux qui ont échoué, par leur habileté à utiliser le recadrage pour structurer la communication. De plus, les médiateurs qui ont réussi sont ceux qui détectent plus facilement les attaques, ceux qui interrompent plus vite la communication improductive en renforçant l'interaction positive, ceux qui recentrent sur la tâche ou mettent un terme à la discussion. Ces médiateurs interviennent promptement en proposant des options alternatives et en identifiant l'impact négatif de la contribution d'une partie ou en reformulant le négatif en une proposition positive.

Lorsque ces interventions ne permettent pas au médiateur de contrôler la communication et d'en changer le fonctionnement déficient, il doit comprendre que la clarification d'un besoin est nécessaire. Bien souvent le désir de réparation de la frustration d'un besoin fondamental provoque une attitude défensive et improductive. La satisfaction de ce besoin peut être réaliste, comme la nécessité de comprendre, ou impossible à combler, comme le besoin d'être aimé ou même compris par l'autre. Que la satisfaction de ces besoins soit possible ou pas, les reconnaître et les nommer contribuent souvent à la reprise des discussions. Il est cependant important de ne pas verser dans la thérapie. D'ailleurs, Susan J. Rogers et Claire Francy[2] rapportent que l'étude qu'elles ont faite sur la communication en médiation prouve que le temps passé à l'expression des sentiments n'a pas d'impact sur l'issue positive de la médiation. Au contraire, il se pourrait que, dans certains cas, ce soit l'équivalent de jeter de l'huile sur le feu. Il s'agit d'ouvrir la communication sur les besoins qui ont été frustrés durant la vie commune juste assez pour reprendre le travail de négociation et ainsi encourager l'individualisation des clients toujours dans le respect de ceux-ci.

---

1. W.A. Donohue, Michael Allen et Nancy Burrel, « Communication Strategies in Mediation », *Mediation Quarterly,* n° 10, décembre 1985, p. 75-91.

2. Susan J. Rogers et Claire Francy, « Communication in Mediation : Is More Necessarily Better ? », *Mediation Quarterly,* n° 22, hiver 1988, p. 39-51.

Pouvoir inégal des parties

Avant de terminer l'étude des obstacles qui émanent du couple-client, il nous faut parler de l'égalité du pouvoir entre les négociateurs. Le concept de l'équilibre du pouvoir en médiation familiale fait l'objet de beaucoup de controverses surtout à cause des rapports de force que le couple a établis. Le pouvoir inégal inquiète beaucoup les procureurs parce qu'ils ont l'impression que le pouvoir économique de l'époux est trop grand par rapport à celui de l'épouse. Ces procureurs croient la femme incapable de négocier une entente qui serait comparable à celle qu'elle pourrait obtenir par l'intermédiaire de son avocat. Des regroupements féministes abondent dans le même sens en disant que seul le pouvoir légal peut contrebalancer le déséquilibre qui existe entre l'homme et la femme.

Les différences de pouvoir existent en médiation comme elles existent dans la société, que ce soit au point de vue économique, au point de vue émotif ou encore au point de vue intellectuel. La médiation réduit l'écart qui existe entre les parties de par les valeurs et par les règles de fonctionnement qui y sont employées. Il faut toutefois être conscient que dans certains cas, l'écart restera tel qu'il nous faudra arrêter la médiation, comme par exemple lorsqu'il y a violence, ou encore lorsque l'information financière n'est pas accessible à l'autre conjoint.

On entend par pouvoir la capacité d'un individu à influencer l'atteinte des buts de l'autre. Le pouvoir est toujours relatif au degré de dépendance d'une personne envers l'autre. Par exemple, une épouse peut avoir un pouvoir émotif sur son conjoint si ce dernier s'attend à recevoir de son épouse des signes manifestes qu'il est important pour elle. Un mari peut avoir un pouvoir économique sur sa femme si elle dépend financièrement de lui. Tout le monde possède un pouvoir si petit soit-il. Cependant, on peut décider de ne pas l'utiliser. Un homme qui est très fort physiquement peut décider de ne jamais utiliser sa force physique dans un conflit. On peut également décider de mettre fin à la dépendance envers l'autre et ainsi enlever à l'autre le pouvoir sur soi. Par exemple, si le mari ne dépend plus de sa femme émotivement, elle perd ce pouvoir sur lui. Donc tous les individus ont du pouvoir. Ils peuvent l'exercer de façon constructive ou négative. Ils peuvent décider de ne pas l'exercer ou encore de le partager.

Il est donc important de diagnostiquer où se situent les zones de déséquilibre. Au niveau économique, le fait de demander aux parties de partager leurs informations vise à diminuer l'écart entre les parties sans bien sûr le rééquilibrer totalement. C'est également vrai en ce qui a trait au partage d'informations sur les intérêts ou sur les besoins des enfants. Cela permet au moins de prendre des décisions éclairées.

Lorsque le pouvoir inégal se situe au niveau des habiletés des parties à négocier, le médiateur doit aider la personne moins habile à identifier ses besoins sans prendre partie et sans négocier à sa place mais en s'assurant que les besoins ont été assez explorés pour permettre l'étude des options. Au moment de l'étude des options, le médiateur en proposera pour éviter que la partie la plus forte ne soit la seule à en proposer.

Si le pouvoir s'exprime négativement par des menaces, par du blâme, par de l'humour noir à répétition, par des jugements négatifs ou par des compliments démesurés, le médiateur interviendra assez rapidement puisque ces comportements défensifs mènent inévitablement à l'impasse comme nous l'avons vu plus haut.

C'est donc en reconnaissant les différentes manifestations de pouvoir que le médiateur va choisir la stratégie à employer. L'exercice négatif du pouvoir psychologique demande une intervention différente de l'exercice du pouvoir économique par exemple.

Ingérence des tiers

Jusqu'ici, nous nous sommes concentrés sur les obstacles qui originent du médiateur ou des clients. L'importance de l'influence des tiers sur le déroulement de la médiation n'est pourtant pas négligeable.

En effet, l'entourage ou le système social des conjoints se divise en deux au moment de la rupture de la relation conjugale. Les parents, les amis choisissent pour lequel des conjoints ils vont prendre parti, lequel ils vont soutenir et aider. Chaque conjoint raconte sa version des faits afin de recevoir du support ou de l'appui moral. Les faits sont souvent biaisés, ce qui donne deux versions différentes de la même histoire, ou encore deux clans. À ceux-ci viendront s'ajouter les avocats et parfois d'autres professionnels comme les experts et les thérapeutes. Dans certains cas, un nouveau conjoint se mettra également de la partie. Ce réseau social peut être positif. Il permet à l'individu de restaurer son image et de recevoir chaleur et appui. Ce réseau peut en être un d'entraide si on offre de garder les enfants, d'abriter temporairement une des parties ou encore de l'aider financièrement. Dans la plupart des cas, les conjoints sont capables de se distancer suffisamment de ceux qui alimentent indûment leur colère. Certains individus en sont toutefois incapables.

L'influence des tiers peut alors être très grande et parfois susceptible de mener à l'impasse.

On constate que plus les conjoints sont incapables de solutionner leurs conflits, plus l'influence des tiers se fait sentir et plus ceux-ci risquent d'intervenir. Les tiers sont entraînés dans le conflit du couple. Ils s'identifient aux opposants et augmentent l'ampleur du désaccord. Dans certains dossiers contestés, les deux avocats, en plus de veiller à l'intérêt de leurs clients, s'identifient à ceux-ci et chaque avocat éprouve alors envers le confrère des sentiments similaires à ceux vécus entre les parties. Si des experts sont invités à se joindre au dossier, ils grandissent souvent le nombre des opposants et entravent eux aussi la résolution des problèmes. Pour éviter l'impasse causée par une trop grande implication des tiers, laquelle est suscitée par l'incapacité des parties à se distancer, le médiateur doit démontrer aux parties l'interférence des tiers et l'impact négatif de celle-ci sur la négociation. Ainsi les parties pourront être en mesure de décider si elles veulent se distancer de l'influence des tiers et prendre la responsabilité de discuter à partir de ce qu'elles veulent et non pas à partir de ce qu'on leur dit qu'elles devraient vouloir.

Si cela s'avérait impossible, le médiateur pourrait, avec la permission des conjoints, s'adresser directement à ces agents extérieurs. Cette démarche apporte généralement des changements positifs. D'autre part, certains tiers peuvent être invités à se joindre aux rencontres de médiation, comme par exemple les nouveaux conjoints, ce qui favorise souvent des canaux de communication différents et productifs. Les nouveaux conjoints n'étant pas en antagonisme, ils aident parfois à trouver des options satisfaisantes pour débloquer une impasse.

Il est bon que le médiateur tienne compte de l'influence des nouveaux conjoints et des tiers significatifs dans tous les dossiers. Il est sage de suggérer la consultation de ces tiers avant la prise de décision finale.

Le caucus : une option intéressante

Si les tentatives de promouvoir une communication non défensive échouent, si les tiers deviennent trop influents, le médiateur en dernier ressort peut proposer le caucus, c'est-à-dire des entrevues individuelles du médiateur avec chaque conjoint, afin d'essayer de comprendre ce qui se passe, afin de confronter les individus avec les conséquences de leurs attitudes et afin de tenter d'obtenir leur collaboration pour la poursuite des discussions. Il arrive que la peur de la violence d'un ou des conjoints s'exprime au moment de ces caucus permettant ainsi la clarification des peurs et la mise en place de la protection nécessaire à la poursuite des négociations. Quelquefois il faudra terminer les entrevues de médiation lorsque la violence verbale ou physique ne pourra être contrôlée suffisamment pour équilibrer le pouvoir, ne permettant pas ainsi une prise de décision satisfaisante pour toutes les parties en cause.

Plus le client apparaît résistant et le médiateur limité dans ses interventions, plus le caucus s'avère une technique productive pour surmonter les obstacles ou débloquer les impasses. Plusieurs médiateurs y voient un danger de perdre leur neutralité. Charles A. Bethel[1] offre quelques conseils qui peuvent aider à maintenir la neutralité nécessaire au travail du médiateur. Il suggère de parler dès le début de la médiation de la possibilité de sessions individuelles comme faisant partie du processus. Charles Bethel suggère de toujours avoir en tête cette règle d'or : ne jamais dire à un client quelque chose qui mettrait le médiateur dans l'embarras si l'autre client l'entendait. Enfin, il recommande de ne pas utiliser le caucus pour éviter un conflit. Selon lui, l'utilisation du caucus doit être

1. Charles A. Bethel, «The Use of Separate Sessions in Family Mediation», *Negotiation Journal,* juillet 1986, p. 257-273.

judicieuse. Demander le caucus à la première injure lancée, à la première menace proférée, serait inapproprié. En fait, le caucus sert à dénouer les impasses et non à se sauver lorsqu'un conflit s'amorce.

On peut encore utiliser le caucus pour permettre la ventilation des émotions qui ne se contrôleraient pas autrement, pour suggérer des modifications dans les stratégies de négociation des clients lorsqu'elles sont improductives et comme dernière alternative au moment d'une impasse, pour vérifier si l'échec peut être évité.

CONCLUSION

Penser en termes d'obstacles à l'entente entre les parties, c'est réfléchir à l'essentiel de notre pratique comme médiateur. C'est notre propre fonctionnement en tant que médiateur qui est en cause. Une fois les bonnes questions posées et répondues, plusieurs obstacles peuvent tomber et les impasses sont évitées. D'autres ne seront contournés qu'après avoir compris la dynamique des négociateurs en présence. La médiation est un art de tous les instants. Non seulement faut-il connaître le contenu des discussions mais il est également indispensable de tenir compte de la psychologie des discuteurs. La médiation est l'art de l'avenir. Comme cette méthode de procéder est nouvelle dans notre monde occidental, il devient important de se poser des questions quant aux conditions de succès ou d'échec. Il serait très facile de juger la médiation impossible ou futile lorsqu'elle est difficile. Pour ne pas donner raison aux sceptiques, le professionnel qui veut pratiquer cette méthode alternative de résolution de conflit se doit de faire une saine évaluation de son rôle et de ses attitudes. Le tout doit se dérouler dans le respect des droits des individus et dans le respect de leurs besoins.

Stratégies et techniques en médiation familiale

Daniel Camozzi *

Il est difficile de parler de stratégie en médiation familiale sans avoir une compréhension théorique de la famille.

L'approche systémique a été utilisée depuis plus de vingt ans comme schème de référence pour mieux comprendre et analyser les interactions des familles. Plusieurs auteurs tels que Haynes, Saposnek et Irving ont noté l'importance de l'approche systémique dans le contexte de la médiation familiale.

Dans ce chapitre, nous utiliserons une perspective systémique parce qu'elle fait partie de notre formation théorique et pratique et que cette dimension nous a beaucoup aidé à faire la transition entre une approche individuelle et une vision plus complexe que représente l'unité familiale.

Souvent les conflits après un divorce perdurent à cause des liens émotifs non réglés entre les conjoints. Carl Whittaker, un des pionniers de la thérapie familiale, a déclaré que le divorce n'existait pas. Ce qu'il nommait d'une façon paradoxale c'est que, pour les relations conjugales de longue date, il existe certains liens inconscients qui maintiennent le « mariage » pour la vie.

Nous parlerons tout d'abord des stratégies utilisées par les conjoints. Nous définissons une stratégie de la façon suivante : les intentions souvent inconscientes présentées par les clients en médiation.

Les enfants aussi, selon Saposnek (1983), sont pris dans ce sys-

---

* Travailleur social.

tème familial en transition et leur façon de survivre peut être interprétée faussement par leurs parents quand ils sont en guerre.

Tenant compte de ces deux dimensions, le médiateur élabore des interventions appropriées pour effectuer le changement nécessaire. Nous décrirons certaines techniques souvent utiles dans le contexte de la médiation familiale en les illustrant par des exemples concrets.

Finalement, nous parlerons des stratégies et techniques que l'on peut utiliser dans les cas les plus difficiles, c'est-à-dire les cas où les conjoints viennent nous consulter après un jugement de la cour.

LA FAMILLE PERÇUE COMME UN SYSTÈME

Un grand nombre de professionnels des sciences humaines qui interviennent auprès des familles connaissent l'approche systémique. Pour les collègues de formation juridique, l'approche systémique est à découvrir. Nous allons examiner cette approche car elle a eu une forte influence sur la façon de percevoir la famille.

L'approche systémique décrit la famille comme un organisme vivant qui a son historique, ses règles qui la gouvernent, et des façons de communiquer à travers les interactions de ses membres. Une famille ou un groupe est plus que la somme de ses parties. Dans ce sens, une approche purement individuelle devient très limitée dans la compréhension de ce qui se passe dans un contexte familial. Tout système est aussi régi par le mécanisme de l'homéostasie. Ce principe universel est la tendance de tout organisme à chercher son équilibre. Une famille dans laquelle la colère n'est pas tolérée va établir des règles pour la bannir. Une forte expression de colère à ce moment serait perçue comme très menaçante par la famille et beaucoup d'énergie serait utilisée pour faire diminuer cette intrusion.

Une famille où les parents se séparent peut représenter un déséquilibre systémique qu'on appelle la crise. Il s'agit de cette période de temps où la confusion règne et où la famille est en désarroi. Les familles de couples divorcés qui se chicanent perpétuellement utilisent les procédures judiciaires pour créer une nouvelle relation stable mais dysfonctionnelle (Saposnek, 1983).

La médiation familiale se propose comme une forme d'intervention pouvant aider ces familles à s'ajuster à un nouvel équilibre et à une restructuration, que ce soit la famille bi-nucléaire ou la famille recomposée.

La théorie des systèmes nous aide à mieux comprendre la complexité d'une famille. Les règles familiales régissent les interactions. Celles-ci deviennent observables à travers la communication verbale ou non verbale.

La communication est une notion qui amène beaucoup de complexité car elle veut tout dire et rien dire. Combien de couples nous parlent du fait qu'ils ont un problème de communication et que ceci est un des facteurs qui les a amenés à se séparer.

Le défi pour le médiateur est d'aller au-delà des étiquettes pour aller décoder les vrais messages qui sont exprimés de part et d'autre. La dimension de la communication continue à être essentielle car les conjoints ont besoin de se laisser, ont besoin de se dire au revoir, ont besoin de s'engueuler, et aussi espérons-le, de négocier des ententes.

Pourquoi mentionner la théorie des systèmes dans un livre traitant de la médiation familiale ? Saposnek (1983) mentionne que bien que la structure et les objectifs de la médiation soit différents de la thérapie, les concepts de la thérapie familiale (incluant la théorie des systèmes) et individuelle, et les techniques pour faciliter le changement et retrouver un nouvel équilibre émotif dans la vie des clients, sont semblables dans les deux disciplines. Cette affirmation se retrouve dans la revue *Mediation Quarterly* de 1986 où deux numéros sont consacrés à faire les liens entre la thérapie familiale et la médiation.

La dimension systémique donne au médiateur un schème plus vaste qu'une approche individuelle pour mieux comprendre les familles en instance de séparation. Une meilleur compréhension du système familial le rend plus apte à intervenir pour effectuer un véritable changement.

LES STRATÉGIES DES PARENTS ET DES CONJOINTS

Kenneth Kressel et ses collègues ont développé une typologie de couples qu'ils ont observés dans le cadre d'une recherche réalisée en 1980 avec des couples en instance de séparation. Le but de cette typologie est évidemment de nous donner des outils de description qui seront utiles dans la compréhension des couples et ensuite à la création de stratégies d'intervention les plus appropriées. Il s'agit de couples « enchevêtrés » *(enmeshed)*, de couples « autistiques », de ceux qui expriment leurs conflits directement, et de ceux qui sont « désengagés ».

— Les couples enchevêtrés sont du type où l'on retrouve beaucoup d'ambivalence au sein du couple. Cela va continuer au moment de la séparation par une situation qui n'est pas claire. On s'aime et on se hait. Les frontières psychologiques des conjoints sont amorphes et ils se marchent sur les pieds. Durant l'entrevue de médiation, un des conjoints commence une phrase et l'autre la termine car il sait ce que l'autre pense. Malheureusement, parfois, ce n'est pas exact.

Le vrai problème avec ce type de couple est que la différence est mal tolérée et cela amène des conflits interminables. Les couples enchevêtrés et les couples autistiques représentent le plus gros défi pour le médiateur. Ce sont eux qui nous amènent nos cheveux blancs et qui minent notre énergie. Cependant, il est possible avec eux de développer des stratégies et des façons de gérer leurs conflits afin de les diriger dans la bonne direction.

— Les couples autistiques se caractérisent par une pauvreté d'interaction et de communication verbale. C'est le type de situation où lorsque le médiateur questionne un conjoint sur une série très complexe de propositions, il répond par la négative. Alors, il faut essayer de jouer avec la réponse. Est-ce que vous dites non à la première partie, à la deuxième ou à la sixième partie ? Il faut tenter de tirer les mots de la bouche du client et un peu d'humour ne fait pas de mal.

Durant le mariage, les conjoints se parlaient peu et la séparation devient une porte de sortie. Mais parce que ces couples n'ont jamais pu développer des moyens efficaces de se parler, la séparation devient une étape qui est lourde et difficile à assumer. Comme avec les couples enchevêtrés, ils ont besoin d'aide pour prendre du temps et mettre des mots sur un vécu difficile. Le médiateur devient une personne ressource qui facilite des interactions fonctionnelles pour aider les conjoints à se détacher et à planifier le futur pour eux et leurs enfants.

Ces deux types de couple semblent avoir le plus de difficultés à s'ajuster au divorce. L'ambivalence du désir de vouloir la séparation avec tous les conflits internes qui en découlent ainsi que les façons inadéquates de communiquer ce qu'ils ressentent indiquent que la transition peut être lente et pénible. Les couples enchevêtrés sont parmi les couples qui se bataillent le plus fréquemment en justice. Ils ont beaucoup de difficulté à rompre définitivement.

— Les couples qui expriment leurs conflits directement sont capables de se parler et de «communiquer». On ne retient pas la colère, les craintes et les déceptions. Le problème pour le médiateur est davantage de voir clair dans tout ce débat et de s'assurer que le couple ne tombe pas dans des conflits à n'en plus finir.

À cause de leur capacité de communiquer, ils se parlent franchement de leurs sentiments, de leur ambivalence et de la décision de se séparer. Cela est un des facteurs qui fait que leur adaptation au divorce se fait bien et prend un temps relativement court.

— Finalement, les couples «désengagés» sont ceux qui ont dépassé la crise de la séparation. La plupart d'entre eux sont déjà séparés depuis une ou deux années. Souvent ils sont impliqués dans d'autres relations et même vivent avec un nouveau conjoint. Ils ont terminé leur mariage. Il y a peu d'ambivalence par rapport à la séparation et ils sont prêts à en finir avec les modalités reliées au divorce. Ces couples-là viennent souvent pour faire confirmer leurs ententes en recevant l'approbation du médiateur. Parfois ils sont un problème pour le médiateur, car ils désirent terminer rapidement avant même d'avoir commencé les premières étapes de la médiation. Même pour ces couples, les règles de base de la médiation qui incluent la divulgation des états financiers doivent être discutées en profondeur.

C'est assez évident que les couples désengagés sont les «beaux cas» de la médiation. Néanmoins, il faut s'assurer que leurs ententes ont des chances de survivre avec le temps, que ce soit concernant le partage des biens, l'établissement d'une pension alimentaire, la résidence principale des enfants et l'accès pour l'autre parent.

Le défi pour le médiateur avec des couples désengagés est de ne pas se faire prendre pour leur secrétaire qui va rédiger un projet d'entente. Le médiateur, appuyé par le code de déontologie, clarifie ses attentes afin que toutes les étapes soient bien accomplies.

Saposnek décrit les diverses stratégies que les couples peuvent utiliser quand ils vivent de fortes émotions reliées à la séparation.

Ces stratégies personnelles sont des façons de survivre à un vécu qui est plein de souffrances. On a observé à quelques reprises des parents qui étaient prêts à contester une garde d'enfant alors que leurs chances de l'obtenir étaient presque nulles. Saposnek appelle ceci *« pushing to lose »,* ce qui se traduit par « vouloir perdre à tout prix ». Le parent, en effet, cherche à protéger son estime de soi et même en s'embarquant dans une bataille inutile, il peut dire à son entourage : « même si je perds, j'ai fait mon possible pour sauver mes enfants de la mauvaise influence de l'autre ». Quand on parle de stratégies à ce niveau, on parle de stratégies qui ne sont pas complètement conscientes et dans ce sens elles peuvent être très destructrices. Paradoxalement, le fait que ces stratégies ne soient pas bien intégrées nous laisse une ouverture pour pouvoir intervenir auprès du parent ou du conjoint.

Une autre stratégie est de mettre de la distance pour se protéger durant les négociations. Un conjoint qui a beaucoup compté sur l'autre durant le mariage pourra avoir tendance à reporter sur les enfants et à développer une attitude rigide durant la médiation : « Tu verras les enfants une fin de semaine sur deux et puis c'est tout. »

Saposnek nous décrit dans son livre toute une série de stratégies possibles que des parents utilisent en médiation. On verra plus tard comment intervenir avec ces couples de façon appropriée afin de pouvoir les aider.

En plus, il y a l'aspect complémentaire des stratégies que le couple utilise. Le cas classique est le mari qui désire se réconcilier avec l'épouse qui se protège en créant une distance. Ce couple s'installe dans une homéostasie stable et conflictuelle, qui peut tourner en rond pendant longtemps en attendant l'intervention du thérapeute ou du médiateur.

Parfois le but principal d'une bataille est d'exercer son pouvoir sur l'autre. Ainsi un conjoint est motivé par le besoin de gagner et en ce sens va recourir à un avocat agressif pour gagner sa cause. Le but est de gagner et les conséquences sont moins importantes.

Évidemment, avec l'arrivée de nouveaux conjoints, une nouvelle dimension va s'introduire. Un père peut essayer de plaire à sa nouvelle épouse en demandant la garde de ses enfants. Selon lui, s'il en avait la garde, la nouvelle épouse entendrait moins parler de la première. Cette stratégie a pour but d'apaiser un nouveau conjoint et de s'éloigner des anciens conflits.

Parfois en médiation, pour une révision de pension alimentaire, le budget peut inclure les revenus ainsi que la participation budgétaire du nouveau conjoint. À ce moment, le médiateur doit faire face à cette réalité et parfois impliquer les nouveaux conjoints durant le déroulement de la médiation.

LES STRATÉGIES DES ENFANTS

Les enfants, bien sûr, sont très affectés par le divorce et selon la vision systémique, ils sont parfois des acteurs malgré eux dans l'escalade des conflits familiaux.

L'enfant qui, au moment de la séparation, présente des problèmes scolaires ou de dépression amenant les parents à faire une démarche auprès de l'école ou de l'hôpital, peut démontrer une intention de vouloir réconcilier ses parents.

D'où l'importance pour les parents d'être clairs face à la rupture de leur mariage et à leurs espoirs ou non de réconciliation. Heureusement en médiation, on voit de nombreux parents qui ont la maturité et les ressources nécessaires pour affronter la fin de la vie conjugale sans mêler leurs enfants à leur conflit.

Cependant, la vision d'un parent peut être facilement limitée par sa souffrance du fait d'être laissé par l'autre. La colère et la revanche deviennent des armes pour se défendre et attaquer. Les enfants deviennent des armes pour atteindre l'autre dans sa plus grande vulnérabilité.

Les enfants, dans un tel climat de méfiance et d'hostilité, sont pris dans de graves dilemmes. Comment peuvent-ils aimer leurs deux parents sans tomber dans des conflits de loyauté à n'en plus finir?

Comme le décrit Saposnek, le fait que les enfants utilisent des stratégies n'est pas blâmable, mais met plutôt en évidence que dans un système familial tous les membres contribuent au processus interactionnel.

Dans d'autres situations, un enfant peut devenir un bouc émissaire pour apaiser la tension qui existe entre ses parents. L'enfant irritable qui provoque la colère de ses parents agit comme une soupape pour soulager le conflit marital. C'est comme si l'enfant se disait à lui-même « si je deviens assez tannant et que je fais assez de bruit, papa et maman vont arrêter de se disputer et peut-être ils vont rester ou revenir ensemble ».

Un enfant peut aussi entrer en coalition avec un parent afin de le soutenir. Plutôt que de prendre le risque de perdre ses deux parents en étant également loyal envers eux, il est au moins sûr d'une protection avec l'un de ses parents. On peut facilement imaginer les conséquences négatives pour un enfant qui fait un tel choix. Bien sûr, cette stratégie peut amener l'autre parent à penser que son « ex » a voulu empoisonner l'esprit de l'enfant, ce qui l'incitera à demander la garde ou une augmentation du droit d'accès.

Parfois, un enfant va se sacrifier pour s'assurer d'une entente équitable entre ses parents. L'enfant peut craindre la confrontation entre ses parents et à ce moment il met ses besoins de côté pour leur faire plaisir parfois même à son détriment.

En médiation, il est très important d'aider les parents à être conscients des conséquences de leurs conflits sur leurs enfants. Le médiateur doit prendre le temps de faire l'historique de la séparation et d'évaluer comment les enfants se situent dans ce contexte. Lorsqu'on constate que les enfants sont pris dans le conflit, il faut alors en premier lieu conscientiser les parents. Si on peut les amener à voir comment leurs conflits effraient les enfants et risquent d'amener des entraves sérieuses à leur développement, alors ils commencent à s'ouvrir à de nouveaux choix plus constructifs.

Parfois on peut structurer plusieurs entrevues traitant des rôles parentaux pour aider les parents à voir plus clair dans leur relation. La colère qui sera exprimée et les attentes qui seront clarifiées peuvent aider à désamorcer le conflit du couple. Si on peut les aider à avoir une relation parentale plus fonctionnelle et moins « blâmante », cela apportera des bénéfices à leurs enfants.

Cette approche devra évidemment dépendre des habiletés et de la formation de base du médiateur. Il est important de connaître ses limites à ce sujet. La co-médiation peut être une option intéressante pour équilibrer les expertises requises. Une autre option serait de référer le couple temporairement à un thérapeute afin de régler les problèmes émotifs.

Notre hypothèse de base est que, puisque les séparations sont initiées par les adultes, c'est à eux de prendre la plus grande partie de responsabilité pour rétablir la stabilité de leurs enfants.

Cependant, le médiateur a besoin d'avoir une vision systémique même si les enfants ne sont pas en entrevue. Le choix de les impliquer devrait se faire dans une perspective précise et dans un temps précis de la médiation. Les buts qui nous amèneraient à les rencontrer seraient :

— de les aider à mieux comprendre la séparation ;
— de les consulter au sujet de la garde ou de l'accès au parent qui n'a pas la garde ;
— de les consulter sur d'autres sujets qui préoccupent leurs parents et eux-mêmes.

Une perspective familiale nous aide à comprendre comment le conflit des parents influence les enfants et quelles sont les stratégies réciproques utilisées.

L'idée de référer un enfant en thérapie peut être très utile. Cependant, comme le souligne Saposnek, dans des conflits sérieux il est important que le thérapeute ait aussi une perspective systémique pour voir clair dans la famille. Dans une garde contestée, le parent qui a la garde et qui amène l'enfant a probablement une perspective biaisée à la fois du problème de l'enfant et de l'implication de l'autre parent.

STRATÉGIES ET TECHNIQUES DU MÉDIATEUR

La première tâche à accomplir pour le médiateur est donc de faire une bonne lecture systémique du couple qui vient chercher de l'aide. Parfois et selon les besoins du cas en question, un génogramme familial est nécessaire pour comprendre non seulement le passé, mais la situation nouvelle de la famille recomposée. Il est important d'avoir un aperçu de tous les acteurs ainsi qu'une description de la qualité de leur relation. (Le génogramme familial est une construction visuelle de l'histoire d'une famille sur trois générations).

La typologie de Kressel nous aide à classifier les divers couples quant à leurs ambivalences face à la séparation, le type d'interaction qu'ils ont ensemble et leur façon de communiquer.

Avec les couples «enchevêtrés» où le degré d'ambivalence est élevé, il est important de prendre le temps de vérifier comment ils se sont quittés. Parce qu'ils ont des interactions chaotiques, il est essentiel que le médiateur maintienne le contrôle durant les entrevues et durant tout le déroulement de la médiation. C'est par ce contrôle et seulement par ce moyen qu'il pourra influencer des changements au niveau du couple en lui montrant d'autres façons de faire et de se comprendre.

En contrepartie, les clients apportent le contenu et prennent toutes les décisions essentielles dans leur situation. Le médiateur travaille au niveau du processus, c'est-à-dire au niveau de la communication, des règles du couple ainsi que des étapes de la médiation comme telles.

Le médiateur pose des questions à chaque conjoint et s'attend à obtenir une réponse de cette personne. De cette façon, il n'est pas nécessaire de tolérer les interruptions que l'on observe avec les couples enchevêtrés. C'est un peu comme si le médiateur faisait une entrevue individuelle en présence de l'autre conjoint. L'avantage de cette méthode est de pouvoir comprendre quelque chose et aussi de faire en sorte que le conjoint soit forcé d'écouter l'autre, ce qui peut être une expérience nouvelle et enrichissante. Il est évident que si le médiateur questionne un conjoint, il devra le faire également avec l'autre de façon à faire ressortir les différentes perceptions.

De cette façon, le médiateur travaille au niveau d'un changement des règles du système. Si la règle est celle du chaos faisant en sorte que chacun parle en même temps sans écouter l'autre, le médiateur peut intervenir en leur disant qu'il ne tolère pas d'interruption et que par conséquent chacun aura son tour. Si cela ne marche pas, le médiateur peut terminer l'entrevue conjointe et voir les conjoints séparément. C'est une façon efficace d'interrompre les interactions conflictuelles.

Avec ces couples enchevêtrés, le médiateur tente de créer un contexte permettant des interactions productives. Il met l'accent sur le positif et il travaille alors graduellement vers une entente.

Les couples « autistiques » ont beaucoup de difficultés à s'exprimer, ce qui fait des communications lentes et pénibles. Le médiateur a besoin de les aider en les rejoignant au niveau de leur vécu. Il faut parfois inventer des mots pour eux, afin qu'ils nous disent si ceci ou cela reflète leur vécu. Avec ces couples, le médiateur a l'impression de travailler fort. Dans les faits, il travaille fort. Le médiateur crée un niveau de communication qui est nouveau et qui va au moins durer durant le temps de la médiation et, espérons-le, plus tard.

Ces conjoints peuvent avoir besoin d'aide personnelle pour voir plus clair dans leur cheminement et il est important que le médiateur soit sensible à cette possibilité et en parle à ses clients.

Les couples en « conflit direct » sont à l'opposé du type précédent. Le médiateur aide à clarifier les émotions et met des limites à des discussions stériles. Il faut que le médiateur soit apte à faire face à des conflits ouverts et à un contenu très émotif. De plus, il doit être conscient de la façon dont tout cela peut le rejoindre personnellement. C'est une des raisons pour lesquelles la supervision ou la consultation avec un médiateur expérimenté est essentielle au début de l'apprentissage du rôle de médiateur.

Avec ces couples, le médiateur propose une structure et une méthode de résolution de conflit. Une fois que le cadre est établi, ce sont eux qui font le travail. Il est moins nécessaire d'intervenir comme tel à cause de la communication fonctionnelle de ces couples.

Les couples désengagés ont déjà passé l'étape de la crise du divorce. Souvent, ils vivent séparément depuis quelques années et cohabitent parfois avec de nouveaux conjoints. Il s'agit d'un travail de révision. Toutefois, il est possible que certaines ententes doivent être modifiées. Depuis l'entrée en vigueur de la Loi 146 sur le patrimoine familial, les conjoints ont besoin d'être informés des implications de cette nouvelle loi et des options possibles concernant le partage de leurs biens.

La première stratégie d'un médiateur est de développer une relation de confiance avec le couple et de les assurer de sa neutralité. Jim Melamed (1989) est un médiateur avocat qui a réussi à intégrer les notions de base de la programmation neuro-linguistique. Dans cette approche, une variété de techniques sont utilisées pour entrer dans le monde des clients. Il utilise le même type de langage que celui du client et peut refléter ses dimensions non verbales pour faciliter un bon rapport avec lui.

Une fois cela fait, sauf pour les couples qui vivent séparément depuis longtemps, il a besoin de vérifier comment la décision a été prise et comment les deux vivent cette expérience. Entrer dans ce contenu émotif d'une façon claire et respectueuse, en nommant des sujets innommables, donne un levier d'une force considérable. De façon paradoxale, plus le médiateur évite les sujets tabous, plus il perd son emprise sur le processus du couple. Le médiateur donne un message explicite au couple qu'ici on peut parler à la fois d'émotions et d'argent. Cette stratégie nous permet aussi de dépister des couples qui ne sont pas prêts pour la médiation et qui bénéficieraient d'une thérapie conjugale.

On peut aussi clarifier les attentes réciproques et de chacun et aider le conjoint qui tient encore au mariage. On peut permettre l'expression de la colère pour désamorcer les émotions qui peuvent nuire à la négociation. La théorie nous dit que si on peut harmoniser les émotions, la négociation se fera plus facilement.

Évidemment il y a toujours des différences entre la théorie et la pratique. Il y a aussi des conjoints qui ont besoin de leur colère comme méthode de survie. À ce moment, il faut composer avec ces situations en acceptant le client comme il est.

Saposnek utilise souvent des monologues pour décrire et « normaliser » les émotions et les intentions des conjoints. C'est une façon de prévenir les conflits avant qu'ils arrivent et, dans ce sens, de désamorcer les accrochages.

Il s'agit d'une stratégie de *preempting* où le médiateur, après avoir fait une lecture des intentions des conjoints, va contourner leur bataille en proposant un autre ordre du jour. Par exemple, lorsqu'un conjoint veut se distancer et que l'autre veut se réconcilier, le médiateur pourrait dire :

« Vous savez, cela est typique quand les gens se séparent, qu'ils ne soient pas rendus au même point dans leur cheminement. Cette différence peut aussi créer des tiraillements personnels et en ce sens c'est parfaitement normal car c'est très rare de voir deux conjoints qui décident d'une séparation au même moment. Nous avons déjà exploré la possibilité d'une réconciliation et ce n'était pas possible. Alors puisque votre séparation semble inévitable, est-ce que vous voulez vous battre en cour au sujet des enfants et à propos de chaque vêtement, ou est-ce que vous voulez tranquillement voir les solutions possibles en médiation ? De toute façon, toutes les recherches démontrent que les enfants de familles séparées ont besoin d'avoir une bonne relation avec chaque parent. »

Le monologue fait ressortir l'impasse du couple en la nommant. Le médiateur normalise les émotions et contourne l'impasse en montrant une porte de sortie.

En donnant de l'information et en proposant une structure de discussion, le médiateur rassure les gens. Souvent quand les gens viennent en médiation, ils ont peur l'un de l'autre et craignent les conséquences de toutes les décisions qu'ils doivent prendre.

En leur disant que ce qu'ils ressentent est parfaitement normal et que leur conflit au sujet des enfants va être discuté de façon respectueuse avec l'aide d'une tierce personne impartiale, on peut alors soulager et normaliser la souffrance de ces personnes.

Le recadrage est une façon de replacer un conflit en changeant son contexte. Donc on peut modifier le langage du client pour atténuer ses affirmations. Un couple qui se bat pour la garde des enfants pourrait être amené à un certain niveau : leur bataille démontre l'amour qu'ils ont pour leurs enfants. Le recadrage peut être une stratégie très puissante quand elle est bien utilisée.

Le recadrage peut être appliqué au niveau du langage. En changeant certaines phrases et en mettant l'emphase sur les intentions positives de la personne, on recadre le message qui est transmis. Éventuellement, les clients apprennent ce jeu et commencent à comprendre que les mots utilisés peuvent créer telle ou telle interaction.

Cette modification de comportement au niveau de la communication, quand elle est bien comprise, peut amener des changements radicaux. Parfois on le constate d'une entrevue à l'autre. Cela va aussi redonner du pouvoir aux conjoints, c'est-à-dire le pouvoir d'assumer ensemble la co-parentalité.

On peut aussi utiliser des métaphores pour rejoindre inconsciemment ce que les clients ne sont pas capables d'entendre. Quand un client nous pose une question piégée, on peut répondre « je dois être prudent dans ma réponse comme un renard qui marche sur une rivière glacée ». Le sourire du client nous dit qu'il a compris la réponse, et l'humour a fait son travail.

Une autre métaphore classique est de comparer le rythme des gens au lièvre et à la tortue. « J'ai l'impression qu'ici il y a deux vitesses, celle du lièvre et celle de la tortue et alors si on veut réconcilier vos différences, il faudra que l'un aille moins vite et l'autre augmente le pas et parfois ce sera le contraire. » C'est au médiateur d'être créatif et de trouver les métaphores appropriées pour un certain couple. L'avantage de l'utilisation de métaphores est qu'on intervient au niveau du processus et non sur le contenu de ce qui se déroule et c'est là que le véritable changement se fait.

Est-ce qu'il y a de la place pour l'humour en médiation ? La réponse est clairement oui. Pour nous, l'humour est un art qui a beaucoup de formes et il s'apprend, comme toute chose. Le pouvoir d'amener des conjoints qui sont pleins d'hostilité à rire un peu ensemble peut aider à transformer leur situation.

Le médiateur peut servir de modèle de communication. Il aide à transmettre des messages quand ces messages sont ambigus et indirects. Il va vérifier comment ils sont reçus. Dans cette communication, l'humour peut être utilisé pour dédramatiser un contexte qui, en soi, a toujours une dimension tragique. Quand quelque chose est moins dramatique, cela veut dire que la perspective de la personne change. Elle est moins prise dans le conflit même et elle peut commencer à être plus objective face à sa situation.

L'idée du « médiateur-bouffon » dans ce contexte est une idée qui n'est pas si folle que ça. Il est certain que, pour nous, plus nous pouvons rire avec nos clients, mieux la médiation se déroule et nos clients en ressentent les bénéfices. Dans l'autre sens, rien n'est plus dur à faire quand tout est pris au sérieux.

Dans les cas litigieux de post-divorce, une approche qui semble intéressante est d'utiliser des rencontres individuelles dans le contexte de la médiation. Dans un excellent article, Jacob décrit son modèle d'intervention. Elle commence avec une entrevue conjointe et ensuite fait plusieurs entrevues individuelles pour voir comment le couple parental est encore lié ensemble de façon dysfonctionnelle. L'aspect intéressant de ce modèle est de nous signaler qu'il n'y a pas qu'une façon de procéder. Plus un médiateur possède d'outils, plus il aura de flexibilité.

Jacob (1990) mentionne aussi que l'impasse peut se situer à trois niveaux : externe, interactionnel et intrapsychique. Durant les premières entrevues, il faut que le médiateur soit attentif aux facteurs externes tels que la parenté qui provoque des conflits, ou un avocat qui ne comprend pas les objectifs de la médiation et qui continue d'initier des procédures durant le temps de la médiation.

Dans notre pratique, nous faisons une utilisation plus restrictive des entrevues individuelles, mais généralement lorsque nous les utilisons, elles sont aidantes. Par exemple, lorsque le couple est tellement en colère que les conjoints sont prêts à éclater et à sortir toutes sortes de bêtises de leur sac, nous pouvons terminer l'entrevue conjointe tranquillement et continuer de les voir séparément. Nous concluons par une mini-synthèse. L'avantage d'une telle technique en entrevue conjointe est d'écouter les gens et les aider à clarifier leur vécu plutôt que de retomber dans des engueulades humiliantes.

Haynes nous suggère d'être conscient des questions qu'on pose à nos clients. Au début de la médiation, on pose des questions générales, par exemple : quelles sont vos attentes de la médiation ? On pose des questions pour avoir de l'information. On peut poser des questions pour faire développer d'autres idées ou pour faire réfléchir les clients. Par exemple, si les enfants ont deux résidences : comment les jours de garde sont-ils organisés ?

Le genre de questions utilisées dépend de nos intentions. Haynes a identifié au moins douze catégories de questions qu'un médiateur peut utiliser selon les besoins de l'entrevue et l'étape de la médiation.

CONCLUSION

Dans cet article, notre intention était de souligner le fait qu'un divorce est beaucoup plus qu'un acte légal. Les dimensions émotives et sociales du divorce sont celles qui prennent le plus de temps à guérir et qui devraient être mises en évidence.

La théorie des systèmes aide le médiateur à mettre les clients qu'il reçoit dans une perspective interactionnelle. C'est à partir des interactions qu'il observe que le médiateur est en mesure de développer des hypothèses pour ensuite avoir des stratégies d'intervention qui seront les plus efficaces.

La liste des stratégies et des techniques utilisées pour atteindre les buts cités ici n'est évidemment pas exhaustive. Ce sont des méthodes que nous considérons parmi les plus efficaces. Il y en a sans doute d'autres à découvrir pour mieux aider les couples qui sont en transition et qui ont besoin de points d'appui dans le cheminement difficile que représente leur adaptation au divorce.

BIBLIOGRAPHIE

AMUNDSON, J. et FONG, L. « Systemic/Strategic Aspects ans Potentials in the Haynes Model of Divorce Mediation », dans la revue *Mediation Quarterly*, nº 12, San Francisco, Jossey-Bass, juin 1986.

HAYNES, J. et G., *Mediating Divorce*, San Francisco, Jossey-Bass, 1989.

HOLT, R. et STEINGARD, D. « The Merely Known Mediator : Taoism and the Metaphoric Analysis of Mediator Behavior in Divorce and Custody Mediation », dans *Mediation Quarterly*, vol. 7, nº 3, San Francisco, Jossey-Bass, printemps 1990.

IRVING, H. et BENJAMIN, M. *Family Mediation, Theory and Practice of Dispute Resolution*, Carswell, Toronto, 1987.

JACOB, L.C., « Mediating Postdecree Disputes », dans la revue *Mediation Quarterly*, vol. 8, nº 3, San Francisco, Jossey-Bass, printemps 1991.

KRESSEL, K. et autres, « A Typology of Divorcing Couples : Implications for Mediation and the Divorce Process », dans la revue *Family Process*, vol. 19, nº 2, juin 1980.

MELAMUD, J., « Resourceful Mediation », The Center for Resourceful Mediation, texte non publié.

SAPOSNEK, Donald T., *Mediating Child Custody Disputes, A Systematic Guide for Family Therapists, Court Counselors, Attorney and Judges*, San Francisco, Jossey-Bass, 1983.

WILDAU, S., « Transitions : Moving Parties Between Stages », dans la revue *Mediation Quarterly*, nº 16, San Francisco, Jossey-Bass, été 1987.

La médiation familiale au Québec de 1970 à nos jours

Lucile Laverdure *

TRAVAUX PRÉLIMINAIRES JUDICIAIRE ET SOCIAL DES ANNÉES 70

Durant les années 70, le Québec parlait de se doter de tribunaux de la famille et de services auxiliaires à la cour ayant une juridiction intégrale en droit familial. La médiation familiale devait faire partie intégrante de ces services complémentaires. L'implantation de services de médiation familiale auprès des Cours supérieures — qui sont les cours de divorce au Québec en l'absence de tribunaux de la famille — et la mise sur pied de programmes de médiation dans les agences conjugale et familiale spécialisées dans les problèmes de la vie du couple étaient à l'état de document de travail dans le premier cas et de projet d'avenir plus ou moins éloigné dans le second cas.

Dans un document de travail publié en 1975 [1], l'Office de révision du Code civil proposait l'organisation de tribunaux unifiés de la famille, posant ainsi le premier jalon de solution aux problèmes engendrés par les philosophies et procédures contradictoires existantes pour résoudre les litiges familiaux.

Un premier type de service complémentaire spécialisé auprès d'une Cour supérieure au Québec était inauguré à Montréal en 1975, soit les services d'expertise psychosociale dans le cas de garde d'enfants. Initiés d'abord par le Centre de services sociaux du Montréal métropolitain (CSSMM), les services d'expertise ont été

---

* Travailleuse sociale.

1. Office de révision du Code civil, *Rapport sur le Tribunal de la famille*, Montréal, 1975.

implantés dans toutes les régions du Québec, via les quatorze Centres de services sociaux, desservant ainsi tous les districts judiciaires de la Cour supérieure [1].

Par ailleurs, un comité de travail spécial, regroupant au Québec des personnes du ministère de la Justice et du ministère des Affaires sociales, préparait, en septembre 1978, un projet de médiation familiale constituant une deuxième étape dans le processus d'implantation de services sociaux auprès des Cours supérieures du Québec.

Parallèlement, des organismes tels le Conseil du statut de la femme [2], ainsi que la Fédération des unions de familles et le Conseil des affaires sociales, se préoccupaient de l'éclatement du mariage et des conséquences souvent néfastes pour la famille. Selon ces organismes, le processus adversaire en situation de séparation ou de divorce rendait plus difficiles encore les conséquences de la rupture du mariage.

À la fin des années 70, nous avons préparé une étude descriptive sur la médiation familiale intitulée *La conciliation dans le domaine des litiges conjugaux et familiaux* [3], répondant ainsi aux exigences de l'École de service social de l'Université McGill, dans le but de l'obtention d'une maîtrise. Un sondage d'opinions avait alors été effectué auprès d'informateurs clés tant dans les domaines judiciaire que social afin de découvrir à travers ceux-ci ce qui effectivement se faisait au Québec. Parmi ces informateurs, qui croyaient en la médiation familiale comme moyen privilégié de résolution de conflits, mentionnons :

— Me Marion Thibault, directrice du Bureau d'aide juridique (BAJ) Villeray-St-Michel et initiatrice du Comité d'étude sur le droit de la famille de la Corporation régionale d'aide juridique de Montréal.

---

1. Yvan RICHARD et Lise SAMSON, *Les services de conciliation auprès de la Cour supérieure du Québec*, Québec, 1978.
2. Conseil du statut de la femme, *Pour les Québécoises, égalité ou indépendance ?*, Bibliothèque nationale du Québec, 1978.
3. Lucile LAVERDURE, *La conciliation dans le domaine des litiges conjugaux et familiaux*, Montréal, Université McGill, 1981.

— Madame Françoise Lafortune, travailleuse sociale, également membre de ce comité d'étude. Elle était alors la seule travailleuse sociale à l'emploi de la Corporation régionale d'aide juridique de Montréal, et travaillait à titre de superviseure de stage au service social du BAJ Villeray-St-Michel et de médiatrice dans certains dossiers post-jugement de ce bureau.

— L'honorable Claire L'Heureux-Dubé, alors juge de la Cour d'appel du Québec et membre du Comité du Tribunal de la famille créé par l'Office de révision du Code civil. Elle en était présidente lors de la présentation du rapport sur le Tribunal de la famille en 1975.

C'est grâce aux efforts liés de toutes ces personnes, comités et organismes, ainsi que du Dr Myer Katz, directeur de l'École de service social de l'Université McGill, de M. Ulysse Desrosiers, directeur du Service d'expertise psychosociale (SEPS) auprès de la Cour supérieure à Montréal, et de l'honorable Jules Deschênes, juge en chef de la Cour supérieure du Québec durant les années 70, que le Québec a favorisé l'implantation de la médiation familiale qui allait se faire dans les années 80.

RÉALISATIONS DES ANNÉES 80

L'implantation de la médiation familiale

Le Québec voyait naître à Montréal, en février 1981, un projet pilote en médiation familiale suite au protocole d'entente entre la Magistrature, le ministère de la Justice, le ministère des Affaires sociales, le Barreau de Montréal, le sous-comité de la pratique du droit familial du Barreau de Montréal, la Commission des services juridiques de Montréal et le Centre de services sociaux du Montréal métropolitain (CSSMM). Le mandat était donné au CSSMM d'implanter le projet pilote pour desservir la population du district judiciaire de Montréal. Ce service public gratuit, appelé le Service de conciliation à la famille (SCF), offrait la médiation globale à tout couple en voie de séparation ou de divorce qui voulait et pouvait négocier une entente tant sur les questions touchant les enfants que sur les questions financières. Le personnel du SCF, logé au nouveau Palais de justice, était composé de quatre médiateurs et d'une avocate-conseil à temps partiel. La travailleuse sociale à l'accueil ainsi que le directeur, M. Ulysse Desrosiers, chapeautaient les deux services sociaux auprès de la Cour supérieure, soit le Service de conciliation à la famille et le Service d'expertise psychosociale (SEPS).

De projet pilote, le SCF deviendra un programme permanent le 1er avril 1984. Son nom changera pour devenir le Service de médiation à la famille (SMF) et le nombre de ses médiateurs passera de quatre à sept. Madame Lorraine Filion était devenue entre-temps la coordonnatrice du SMF et du SEPS ; et Me André Murray, l'avocat-conseil, mandaté par le bâtonnier du Barreau de Montréal et par la Commission d'aide juridique, travaillait pour sa part à temps plein au SMF.

En novembre 1984, un deuxième service permanent de médiation familiale ouvrait ses portes dans la ville de Québec. Deux médiateurs travaillaient à temps partiel, partageant leur travail entre l'expertise psychosociale et la médiation ; ils pratiquaient la médiation partielle, c'est-à-dire relative aux questions conflictuelles concernant les enfants. Madame Pierrette Brisson-Amyot, travailleuse sociale, présidait à l'implantation et à la coordination de ce nouveau service auprès de la Cour supérieure à Québec.

Dès 1983, apparaissaient à Montréal et ses environs quelques médiateurs en pratique privée. Au cours des années qui suivirent, le même phénomène se manifesta à Québec, Trois-Rivières, Sherbrooke, Hull, Rimouski et Chicoutimi.

En 1988, le Montreal Catholic Community Inc. assumait le patronage du Montreal Counselling and Mediation Center, dont la direction était assurée par Mme Maureen Cooney, consultante matrimoniale. La médiation familiale y est encore offerte aujourd'hui à prix modique selon la capacité de payer des clients.

En janvier 1988, le Comité d'action famille de Sherbrooke, organisme sans but lucratif, mettait sur pied « des services de médiation familiale couvrant : la garde des enfants, les droits de visites et de sorties, la pension alimentaire et la liquidation des biens. Jusqu'à dernièrement, les services étaient gratuits. Une légère contribution variant de 5 $ à 30 $ par rencontre et en proportion des revenus des clients est maintenant demandée[1]. »

Toujours en 1988, le Centre local de services communautaires (CLSC) de Châteauguay mettait sur pied un programme d'aide aux couples en difficulté, comprenant la médiation partielle dans l'éventualité d'une rupture du couple. L'implantation de ce programme était confiée à Mme Francine Guilbault, travailleuse sociale.

L'Association de médiation familiale du Québec

À l'automne 1985, l'Association de médiation familiale du Québec (AMFQ), réunissant les professionnels intéressés à la médiation familiale, était formée avec comme objectif de « promouvoir la médiation familiale dans la résolution des litiges familiaux »[2]. La première présidente de l'exécutif, madame Linda Bérubé, travailleuse sociale, était alors médiatrice au Service de médiation familiale de Québec. Les premiers comités de travail mis sur pied furent le Comité sur les règles de pratique et le Comité de promotion et de recrutement. En 1986, le Comité de formation et le Comité de la publicité et du bulletin d'information s'ajoutèrent au nombre.

Le Comité de déontologie, réuni en 1987, déposa, après plusieurs mois de travail, un code d'éthique qui fut adopté à l'unanimité par l'assemblée générale de l'AMFQ. Ce code définissait la médiation familiale comme « une méthode de résolution de conflits basée sur la coopération, et par laquelle un tiers impartial et qualifié aide les membres de la famille à élaborer eux-mêmes une entente viable et satisfaisante pour chacun »[3].

L'AMFQ, ouverte aux professionnels de diverses disciplines, se voulait « une ouverture à une approche multidisciplinaire des conflits familiaux »[4]. Myer Elkin, directeur du Conciliation Courts

1. Claudette GUILMAINE, « Des nouvelles de l'Estrie », dans *Accalmie, Bulletin d'information de l'AMFQ,* vol. 1, n° 1, juin 1991.

2. Procès-verbal de la rencontre du 15 mars 1985, de la future association provinciale de médiateurs, Montréal.

3. Association de médiation familiale du Québec, *Code de déontologie,* 4e révision, le 10 août 1988.

4. L. LAVERDURE, *Type de collaboration possible entre les différents intervenants sociaux et légaux en matière de conflits familiaux,* texte présenté le 5 juin 1986 à Ste-Foy, lors d'un colloque provincial des services sociaux à la Cour supérieure.

Review, décrivait en ces termes l'esprit qui animait les professionnels œuvrant au sein des comités de l'AMFQ :

> Quand les spécificités professionnelles sont conjuguées, elles créent souvent une force nouvelle, synergétique, plus efficace que chacune des composantes ; à travers les coopérations inter-professionnelles, elles créent une nouvelle sorte de service d'aide, qui est unique dans l'histoire de l'humanité [1].

Au 30 septembre 1989, l'AMFQ comptait environ 200 membres, dont 157 membres en règle. Parmi ceux-ci, 84 travailleurs sociaux ou psychologues, 71 avocats ou notaires et 2 étudiants. Suite à la formation d'un comité d'admission en 1988, on procéda à l'évaluation des dossiers d'une centaine de membres qui avaient demandé d'être classifiés. En 1989, l'AMFQ émit des certificats à 56 médiateurs accrédités et à 25 médiateurs associés. Le médiateur accrédité possède la formation théorique, pratique et/ou l'expérience reconnue par l'AMFQ, alors que le médiateur associé possède la formation théorique et est en voie de compléter la formation pratique reconnue par l'AMFQ.

La formation des médiateurs

La formation des premiers médiateurs du Québec remonte au commencement des années 80. La médiation globale ou partielle telle que pratiquée au Québec à ses débuts s'inspirait des théories mises de l'avant par des médiateurs américains, tels O. J. Coogler, avocat et psychologue, John M. Haynes, travailleur social, Ann Milne, travailleuse sociale, ainsi que Roger Fisher et William Ury du Harvard Negotiation Project de Boston.

Dès 1980, donc l'année précédant l'implantation du Service de conciliation à la famille de Montréal, Ulysse Desrosiers et Françoise Lafortune avaient suivi une formation de base aux États-Unis avec Coogler, père de la *« structured mediation »*. Au printemps 1982, Haynes venait à Montréal offrir un premier cours en médiation

1. Meyer ELKIN, « Interprofessional Cooperation Between the Law and the Behavioral Sciences : A Priority Need », dans *Conciliation Courts Review*, vol. 17, n° 2, sept. 1979.

familiale. Il reviendra à maintes reprises enseigner à des professionnels tant légaux que sociaux et échanger avec des médiateurs de la pratique publique et privée. D'autres médiateurs américains viendront par la suite à Montréal, à la demande du SMF, offrir des journées d'études, dont Donald T. Saposnek, auteur de *Strategies in Child Custody Mediation : A Family Systems Approach,* ainsi que Joan Kelly, sociologue, auteur de recherches publiées sur les enfants du divorce en collaboration avec Judith Wallerstein.

À compter de 1983, l'École de service social de l'Université McGill offrit des cours de base en médiation familiale donnés par Françoise Lafortune, assistée de Me André Murray, avocat-conseil au SMF. L'École de service social de l'Université de Montréal suivit quelques années plus tard, ainsi que l'École de service social de l'Université Laval.

En 1986, l'Institut de médiation de Montréal, fondé par Justin Lévesque, professeur agrégé à l'École de service social de l'Université de Montréal, et Aldo Morrone, médiateur au SMF, dispensait des cours en médiation familiale, d'abord au Québec et ensuite en France à compter de 1988.

À compter de 1986, la Chambre des notaires offrait à Montréal des cours de base en médiation familiale, donnés par Françoise Lafortune et Pierrette Brisson-Amyot.

En mars 1987, le Barreau du Québec à Montréal a lancé son propre service de formation en médiation familiale, les cours étant dispensés tant par des avocats que des travailleurs sociaux.

Au printemps 1988, à la demande du Montreal Counselling and Mediation Centre, Daniel Camozzi, travailleur social, Me André Murray et Lucile Laverdure, travailleuse sociale, donnaient deux fins de semaine de formation de base en médiation familiale.

Les services de médiation auprès de la Cour supérieure, à Montréal et à Québec, ont toujours été de véritables lieux de formation continue pour leurs propres médiateurs.

Dans le secteur privé, depuis le milieu des années 80, des médiateurs accrédités de l'AMFQ offrent aussi des formations à divers niveaux dans différentes villes du Québec.

À quelques reprises lors de ses assemblées annuelles, l'AMFQ organisait des journées d'étude données par des professionnels de différentes disciplines soit fiscalistes, avocats, notaires, psychologues ou travailleurs sociaux.

Le SMF à Montréal, devenu programme permanent en 1984, devint alors un lieu de stage pour des étudiants universitaires en sciences humaines au niveau de la maîtrise. De plus, à maintes reprises depuis 1987, des stages ont été offerts à des professionnels avocats, notaires, psychologues, travailleurs sociaux, désireux de parfaire leur formation en médiation familiale. Le SMF à Québec a aussi offert des stages à quelques professionnels à la fin des années 80.

La législation

Les couples négocient des ententes en médiation familiale à l'ombre des lois; d'où l'importance des lois et règlements en vigueur dans un pays donné. En ce qui concerne le Québec, durant les années 80, plus précisément en 1985, la nouvelle Loi fédérale sur le divorce, entrée en vigueur le 1er juin 1986 [1], faisait référence pour la première fois à la médiation au paragraphe 9(2), qui se lit comme suit :

Il incombe également à l'avocat de discuter avec son client de l'opportunité de négocier les points qui peuvent faire l'objet d'une ordonnance alimentaire ou d'une ordonnance de garde et de le renseigner sur les services de médiation qu'il connaît et qui sont susceptibles d'aider les époux dans cette négociation.

Aussi en 1986, suite à la modification des *Règles de pratique de la Cour supérieure du Québec en matière familiale* [2], la règle 22.4 (maintenant la règle 22.5) prévoit :

Le Tribunal peut, s'il est d'avis que le litige est susceptible d'un règlement, ajourner la cause et, si les parties y consentent, les référer au Service de médiation pour une période déterminée.

Le principe de la médiation familiale étant reconnu par les législateurs tant fédéraux que provinciaux, les clients qui négocient des ententes ainsi que les médiateurs qui pratiquent ce mode de résolution de conflits y trouvaient un appui.

---

1. S.C. 1986, c. 4, entrée en vigueur le 1er juin 1986.
2. Modifications aux *Règles de pratique de la Cour supérieure du Québec en matière familiale* (1986), 118 *G.O.* II, 822.

Autres réalisations

La participation active des médiateurs du Québec, tant aux conférences de l'Association and Conciliation Courts, et de Médiation familiale Canada, à travers le Canada, a permis de faire connaître les réalisations du Québec en matière de médiation familiale.

À l'automne 1988, notamment, avait lieu à Québec la troisième Conférence annuelle de Médiation familiale Canada, tenue conjointement avec l'Association de médiation familiale du Québec. Deux cent vingt personnes provenant des États-Unis, de France, de Suisse, de Belgique et d'Australie ont participé à cette conférence dont le thème était « Médiation sans frontières ».

Les réalisations du Québec dans le domaine de la médiation familiale se sont propagées en Europe grâce aux médiateurs québécois qui sont allés donner des formations et des conférences sur ce continent. « Le Québec devient donc [...] un trait d'union français qui permet d'échanger Europe-Amérique en matière de médiation familiale », écrivait Linda Bérubé dans un article paru dans le *Bulletin d'information de l'AMFQ*[1].

Beaucoup d'énergie a été dépensée par un nombre incalculable de personnes pour implanter solidement la médiation familiale au Québec. Les réalisations mentionnées dans ce chapitre ne sont certes pas exhaustives puisqu'il est difficile de connaître, sans une recherche approfondie, ce qui s'est fait au Québec, dans le secteur privé, en matière de médiation familiale depuis le début des années 80.

Bien qu'ayant quitté le marché du travail à la fin des années 80, nous nous intéressons toujours à l'évolution de la médiation familiale et nous espérons, avec ceux et celles qui voient la médiation comme étant une méthode privilégiée de résolution de conflits, que les développements attendus deviendront réalité durant la prochaine décennie.

---

1. Linda BÉRUBÉ, « Médiation sans frontière : Mission accomplie », dans *Bulletin d'information de l'AMFQ*, vol. III, n° 1, décembre 1988.

PERSPECTIVES DES ANNÉES 90

En guise de perspectives des années 90, quelques questions...

La législation témoigne de son espoir en la médiation familiale comme mode de résolution de conflits ; la loi suppose, de plus, l'existence de services de médiation ; ces derniers sont encore très peu nombreux. Le secteur public ne compte que deux services de médiation auprès des Cours supérieures, soit à Montréal et Québec, et un service de médiation au CLSC de Châteauguay. À quand l'extension des services publics de médiation au reste du Québec ?

Au cours de la dernière année, un organisme qui s'intéresse au développement d'approches multidisciplinaires, l'Institut de recherche en intervention systémique, a ouvert un nouveau service de médiation à Québec. Ce service est coordonné par Linda Bérubé, travailleuse sociale. Comment les nouveaux services privés de ce genre pourront-ils se développer au Québec dans le contexte actuel ?

Qu'advient-il de la possibilité, dont on entend parler depuis longtemps, qu'une entrevue préliminaire en médiation familiale devienne un prérequis pour les couples avec enfants mineurs qui font appel aux services de la cour dans la situation d'un divorce contesté ou des mesures accessoires contestées ?

La volonté politique semble acquise à la médiation familiale. Des initiatives de certains ministères en font foi : d'une part, l'AMFQ a reçu récemment une subvention de 20 000 $ du ministère de la Justice du Québec ; d'autre part, le ministre de la Santé et des Services sociaux, dans sa réforme, veut étendre les services de médiation familiale. Qui fera quoi et quand ? Faudrait-il un médiateur pour aider le ministère de la Justice et le ministère de la Santé et des Services sociaux à préciser les enjeux et à régler les différends, si différends il y a ?

On apprend qu'à la Chambre des notaires du Québec, un Comité de médiation familiale est en voie de formation dans le domaine du droit préventif. Quelle place prendront les notaires en médiation familiale durant la présente décennie ?

La médiation comme mode de résolution de conflits a suscité l'intérêt ces années-ci dans des domaines autres que la médiation familiale en situation de divorce. Par exemple, certains professionnels de la protection de la jeunesse et de la Commission des normes du travail ont reçu une formation en médiation pour répondre aux besoins de leurs clients respectifs. Dans quel autre secteur la médiation sera-t-elle sollicitée ?

Depuis quelque temps déjà, on constatait un certain essoufflement chez les membres de l'AMFQ et chez les médiateurs tant du secteur public que du secteur privé. Puisque beaucoup de pionniers ont consacré des heures et des heures de travail durant les années 80 à implanter et développer la médiation familiale, une relève dans certains domaines était essentielle. Le 6 février 1990, suite à la signature d'un protocole d'entente entre trois corporations, soit le Barreau du Québec, la Corporation professionnelle des psychologues du Québec et la Corporation professionnelle des travailleurs sociaux du Québec, un comité interprofessionnel s'est formé composé de deux psychologues, deux travailleuses sociales, deux avocats et une représentante de l'AMFQ. Ce comité se penchera, à titre d'exemple, sur la formation des médiateurs, la promotion de la médiation, sa déontologie et son évolution. Ce comité interprofessionnel saura-t-il affiner les travaux de tous ceux et celles qui étaient là dès la première heure ?

L'AMFQ souhaiterait établir un secrétariat permanent pour assurer un meilleur appui à ses membres. Le comité d'admission sera appelé bientôt à accréditer des membres superviseurs de l'AMFQ, dès que les critères d'accréditation soumis à l'exécutif auront été acceptés. Et quoi encore ?

Il reste du pain sur la planche pour ceux et celles qui, malgré la récession et les nombreux défis, continuent de s'intéresser à la médiation comme moyen privilégié de résolution de conflits.

II

UNE APPROCHE MULTIDISCIPLINAIRE

Le cadre juridique au Québec

Suzanne Clairmont *

Au Canada, la loi constitutionnelle de 1967 accorde au parlement fédéral une juridiction exclusive en matière de mariage et de divorce (art. 91 par. 27). La première loi fédérale imposant une législation uniforme applicable à tous les Canadiens en matière de divorce date de 1968. Avant 1968, la possibilité et les modalités d'obtenir un divorce variaient d'une province à l'autre [1]. Certaines provinces de « common law » ayant pour origine des lois d'Angleterre accordaient aux tribunaux le droit de prononcer un divorce, alors que dans d'autres provinces — Terre-Neuve, Québec et Ontario — les tribunaux n'avaient pas de pouvoir. Les résidants de ces provinces qui désiraient obtenir un divorce devaient en faire la demande dans un « projet de loi privé », présenté par un député devant le parlement canadien.

La loi sur le divorce de 1968 prévoyait comme motif du divorce une faute matrimoniale ou une rupture définitive du mariage. La faute matrimoniale obligeait l'un des époux à subir le blâme pour l'échec du mariage pour les motifs suivants : adultère, sodomie, bestialité, voie de faits, homosexualité, cruauté physique ou mentale. La rupture définitive du mariage était la seule cause qui ne comportait aucun blâme. La cessation de vie commune pendant une période de cinq ans permettait à un époux de demander le divorce, même

* Avocate.

1. Il importe de savoir que, dans les provinces du Canada, le mariage et le divorce sont régis par deux lois : — la loi fédérale (Parlement du Canada) et la loi provinciale (Assemblée législative de la province) qui détermine les modalités.

s'il était à l'origine de la séparation, alors que l'époux qui n'était pas à l'origine de la séparation pouvait en faire la demande après trois ans de cessation de vie commune.

Le tribunal qui entendait une demande de divorce pouvait rendre des ordonnances relatives à la garde et aux « aliments » pour les enfants de l'ex-conjoint. En rendant ces ordonnances, le tribunal devait tenir compte de la faute et de la conduite des époux. Enfin, il devait refuser de prononcer un jugement de divorce fondé uniquement sur le consentement des époux à demander le divorce.

La loi sur le divorce de 1968 a été abrogée le 1er juin 1986, lors de l'entrée en vigueur de la loi de 1985 sur le divorce, encore actuellement en vigueur.

Le tribunal compétent peut, sur demande d'un des époux (ou des deux), lui (ou leur) accorder le divorce pour cause d'échec du mariage. La loi précise que l'échec du mariage n'est établi que dans les cas suivants : les époux ont vécu séparément au moins un an avant le prononcé de la décision sur l'action en divorce et vivaient séparément à la date d'introduction de l'instance ; depuis la célébration du mariage, l'époux contre qui le divorce est demandé a commis l'adultère ou a traité l'autre époux avec une cruauté physique ou mentale qui rend intolérable le maintien de la cohabitation. Le divorce ne peut être demandé que pour cause d'échec du mariage et l'époux devra faire la preuve qu'un des énoncés prévus par la loi existe pour prouver cet échec.

Quoique la nouvelle loi permette aux époux de faire une demande conjointe de divorce en présentant un projet d'entente quant aux mesures accessoires, le divorce par consentement mutuel n'existe pas au Canada. Les époux qui soumettent une demande conjointe devront invoquer l'échec du mariage et faire la preuve qu'ils ont vécu séparément pendant un an avant l'introduction de l'instance. Les autres motifs de divorce prévus par l'ancienne loi ne figurent pas dans le nouveau libellé des motifs de divorce mais on reconnaît que ces motifs peuvent à peu près tous se retrouver comme des éléments pour prouver la cruauté physique ou mentale (par exemple, l'adultère n'est plus un motif mais peut être utilisé comme un argument fondé sur la jurisprudence).

Autres changements d'importance dans la nouvelle loi : l'accent mis sur la faute ou l'inconduite d'une des parties n'existe plus comme tel et n'est plus pris en considération pour diminuer ou bonifier les mesures accessoires. Une fois la décision de divorcer prise, l'époux, ou les époux, feront une demande au tribunal, lui demandant de prononcer le divorce. Le tribunal se prononcera également sur certaines mesures accessoires au divorce, à savoir la garde des enfants, l'exercice de l'autorité parentale, la responsabilité financière par rapport aux enfants, l'obligation alimentaire entre les conjoints, le partage de leurs intérêts financiers et le partage du patrimoine familial. Le divorce ne modifie aucunement les obligations des parents envers leurs enfants, et le tribunal devra, sur demande d'un ou des époux, rendre les ordonnances relatives à la garde, à l'accès et au partage de la responsabilité financière par rapport aux enfants.

Le tribunal peut également, à la demande de l'un des époux, rendre une ordonnance enjoignant à l'autre de lui verser sous forme de capital ou de pension alimentaire ce qu'il estime raisonnable à titre alimentaire pour l'entretien de l'autre époux. La loi précise de plus que la durée de l'ordonnance rendue par le tribunal sera assujettie aux modalités que le tribunal estime justes et appropriées en tenant compte des ressources, des besoins et, d'une façon générale, de la situation de chacun des époux, des enfants à charge, y compris la durée de la cohabitation des époux, les fonctions qu'ils ont remplies durant les années de mariage. La loi ajoute que le tribunal doit prendre en considération les avantages ou les inconvénients économiques qui sont la conséquence du mariage et de son échec, qu'il doit répartir entre eux les charges relatives au soin des enfants, qu'il doit remédier à toutes les difficultés d'ordre économique que l'échec du mariage leur cause, et qu'il doit, enfin, dans la mesure du possible, favoriser l'égalité économique des époux dans un délai raisonnable.

La loi sur le divorce exige de l'avocat qui accepte de représenter un époux dans une action en divorce de discuter avec lui des possibilités de réconciliation et de le renseigner sur les services de consultation et d'orientation matrimoniale qu'il connaît et qui sont susceptibles d'aider les époux à se réconcilier. L'avocat doit de plus discuter avec son client de l'opportunité de négocier les points qui peuvent faire l'objet d'une ordonnance alimentaire ou d'une ordonnance de garde et le renseigner sur les services de médiation qu'il connaît et qui sont susceptibles d'aider les époux dans cette négociation.

En prononçant un jugement de divorce et en mettant fin au mariage des parties, le tribunal va dissoudre le régime matrimonial ayant existé entre les époux. Depuis le 1er juillet 1989, le mariage impose la création d'un patrimoine familial, quel que soit le régime matrimonial. Le Code civil du Québec énumère les biens qui font partie du patrimoine familial, à savoir : résidences principale et secondaire, meubles qui garnissent et ornent ces résidences, véhicules automobiles ayant servi aux déplacements de la famille ainsi que droits accumulés durant le mariage au titre d'un régime de retraite par l'un ou l'autre des époux. Entrent également dans ce patrimoine les gains inscrits durant le mariage au nom de chaque époux en application de la loi sur le régime des rentes du Québec.

Le tribunal, en prononçant un jugement de divorce, devra également se prononcer sur les modalités du partage de la valeur des biens ayant fait partie du patrimoine familial des époux durant leur vie commune.

Déjudiciariser le conflit familial

Robert Lesage *

INTRODUCTION

Dans le bouillonnement des réactions que suscite la médiation en matière familiale, le rôle des tribunaux est remis en question. Certains concluent *a priori* que le processus contradictoire suivi par les cours de justice est inadéquat et qu'une formule alternative de règlement des conflits familiaux s'impose. Notre collaboration au présent ouvrage ne vise pas à faire l'apologie du système judiciaire, mais à définir l'interface entre le contentieux et le non-contentieux. Le lecteur comprendra que nous n'exprimons ici que nos vues personnelles, même si nous les croyons partagées par nombre de nos collègues de la Cour supérieure.

L'intervention des tribunaux est, par définition, contraignante. D'autre part, il est de l'essence de la médiation que les parties elles-mêmes en arrivent à s'entendre, en tirant profit de l'intervention d'un tiers. Ces deux formules de règlement des conflits paraissent incompatibles.

On s'entend que la médiation familiale est celle qui porte sur les questions *accessoires* à la rupture de la famille et, par extension, du lien matrimonial. La médiation familiale n'a pas pour objet la réconciliation des parties, même si tel peut être le dénouement heureux du conflit entre les parties. Ainsi, tous les aspects fautifs de la relation sont-ils écartés de la médiation, car ils n'ont aucune incidence sur les mesures accessoires à la séparation ou au divorce. Déjà, on peut percevoir que si les mesures accessoires sont disso-

---

* Juge à la Cour supérieure du Québec.

ciées de la question de la rupture de la famille, leur traitement peut être différent de celui de la rupture elle-même.

À notre avis, la médiation en matière familiale n'est pas née de l'insatisfaction des justiciables à l'endroit du processus contradictoire propre au système judiciaire, mais d'une évolution sociale qui porte le conflit familial au-delà du champ patrimonial et du statut de la personne. De plus, notre société moins paternaliste et moins moraliste invite les citoyens à discuter les services qu'on leur offre, qu'ils soient juridiques ou non juridiques, et à prendre eux-mêmes les décisions qui les concernent.

La Cour supérieure du Québec a compétence, comme on le sait, pour entendre en première instance les litiges d'ordre familial, à l'exclusion des affaires de protection de la jeunesse et de délinquance juvénile. Le divorce, la séparation de corps, la garde d'enfant et les recours alimentaires sont du ressort de la Cour supérieure. Ces affaires occupent un temps considérable de la Cour. Or, environ 90 % des causes familiales sont finalement décidées selon une convention totale ou partielle entre les intéressés. Il y a de quoi s'interroger sur le rôle du tribunal.

LE CONTENTIEUX IMPOSÉ

La finalité du processus judiciaire, en matière familiale, est double, savoir :

1. Déterminer et officialiser le statut matrimonial des parties.

2. Forcer les parties à respecter leurs obligations l'une envers l'autre ou entre parents et enfants, qu'il s'agisse de garde, d'accès, de pension alimentaire ou de partage des biens ; c'est ce que l'on considère généralement comme les mesures accessoires, même si le partage du patrimoine n'est pas, techniquement parlant, une mesure accessoire.

Ceux qui n'ont pas intérêt à faire statuer sur leur statut matrimonial ou à obtenir une ordonnance exécutoire ne sont pas tenus de faire appel aux tribunaux et peuvent régler eux-mêmes leurs difficultés, avec ou sans l'intermédiaire d'un médiateur. On peut penser aux parents non mariés qui cessent de cohabiter. Contrairement à l'opinion répandue, particulièrement chez ceux qui bénéficient des allocations de sécurité du revenu et ceux qui les avisent, les parents ne sont pas tenus de s'adresser à la Cour pour se déléguer en exclusivité la garde de leurs enfants (art. 649 C.c.Q.). Il ne faut pas oublier que toute ordonnance de garde exclusive limite l'autorité parentale du parent non gardien, ce qui ne s'impose pas, dans l'intérêt de l'enfant, dans tous les cas de séparation des parents.

En matière de divorce, l'échec du mariage est établi par une séparation d'un an avant le prononcé du jugement de divorce. L'échec du mariage peut aussi être établi par la preuve de l'adultère ou de la cruauté physique ou mentale. Dans la grande majorité des cas, les parties peuvent laisser écouler le délai d'un an sans intenter de procédures, même si la pratique, jusqu'ici, suggère l'institution immédiate de procédures. Il n'apparaît surtout pas recommandable d'instituer des procédures de divorce ou de séparation de corps, alors que les parties vivent encore ensemble. Par contre, les services d'un médiateur peuvent s'avérer très utiles avant l'institution des procédures et, même, la séparation des parties.

La *Loi sur le divorce* (art. 2 et 4) permet aux époux qui ne désirent qu'officialiser leur divorce de l'obtenir sans faire statuer sur les conséquences accessoires de ce divorce. Le recours en mesures accessoires demeure ouvert, par action ultérieure, sans même qu'il ne soit réservé par le jugement de divorce. Cette façon de procéder est peu usitée au Québec. Pourtant, et cela dit avec respect pour les opinions judiciaires au contraire, les faits relatifs à la question de fond, soit la rupture du lien matrimonial, requièrent une preuve fort limitée en regard de celle qu'un débat concernant la pension alimentaire ou la garde des enfants peut exiger.

On aurait souvent intérêt à traiter séparément les questions accessoires. En effet, les questions alimentaires et de garde des enfants, avec le partage des biens, contiennent généralement les seuls éléments contentieux. C'est sur ces éléments que la négociation doit porter, quitte à déboucher, à défaut d'entente, sur un procès contradictoire.

La pratique québécoise de soumettre globalement aux tribunaux tous les aspects de la séparation n'est pas seulement sociologique.

Elle est suggérée par le Code civil du Québec qui régit, entre autres, la séparation de corps et les conséquences financières de la rupture du régime matrimonial.

En mariage, les époux sont tenus de faire vie commune (art. 441 C.c.Q.). Ils doivent, techniquement, prendre des procédures pour se libérer de cette obligation impérative, même si le demandeur — entendre surtout demanderesse — n'est pas tenu, comme autrefois, de demander l'autorisation de résider ailleurs pendant l'instance, ce que l'on voit encore fréquemment. Des procédures en divorce ou en séparation de corps sont aussi requises pour mettre fin au mandat présumé entre époux pour les besoins courants de la famille (art. 446 C.c.Q.), à moins que l'époux qui serait obligé contre son gré n'en avise d'avance le créancier.

Ces procédures sont assujetties à des conditions quant à la preuve de l'échec du mariage ou de la volonté de ne plus faire vie commune. Sauf pour obtenir des mesures provisoires en cas de mésentente, les gens mariés ne sont pas tenus de prendre des procédures dès qu'une séparation de fait se produit. Les gens non mariés encore moins. Les parties peuvent s'entendre hors cour et faire appel, au besoin, à un médiateur.

Cependant, la judiciarisation des conséquences d'une rupture du mariage est presque inévitable pour les gens mariés, parce que la législation québécoise ne permet pas de rompre le lien matrimonial sans disposer en justice des droits patrimoniaux qui s'ouvrent et exige des procédures pour libérer les époux de l'obligation de cohabiter.

Ainsi, l'article 459 C.c.Q., devenu l'article 462.14 C.c.Q., autorise le tribunal à ordonner le paiement d'une prestation en compensation de l'apport d'un conjoint en biens ou en services « au moment où il prononce la séparation de corps, le divorce ou la nullité du mariage ». La Cour d'appel a déjà décidé que ce recours ne pouvait être reporté *(Droit de la famille — 443,* [1988] R.J.Q. 323).

Récemment (L.Q. 1990, c. 18, art. 7), le législateur a amendé l'article 817 C.p.c., qui se lit maintenant comme suit :

817. Au moment où le tribunal prononce la séparation de corps, la nullité du mariage ou le divorce, il statue sur les demandes acces-

soires, notamment celles qui concernent la garde, l'entretien et l'éducation des enfants ainsi que les aliments dus au conjoint ou aux enfants ; il statue, au même moment ou *ultérieurement, si les circonstances le justifient,* sur les questions relatives au patrimoine familial et aux autres droits patrimoniaux résultant du mariage (nos italiques).

Il semble que cette nouvelle disposition couvre également la prestation compensatoire, qui est d'ordre patrimonial et que l'arrêt précité de la Cour d'appel ne fait plus autorité. D'autre part, cet article établit, en principe, que les demandes concernant tant les mesures accessoires que le partage du patrimoine doivent être formulées dans la demande de séparation de corps ou de divorce, sauf la possibilité d'obtenir que ces recours soient réservés.

À cet égard, l'article 462.10 C.c.Q., au chapitre du partage du patrimoine familial, prévoit que les ex-époux, après divorce ou séparation, peuvent renoncer, par acte notarié, à leurs droits dans le patrimoine familial. Cela suppose que le jugement de divorce ne liquide pas nécessairement les droits dans le partage du patrimoine familial et que la négociation sur ce point peut se poursuivre après jugement. Cependant, l'époux prudent aura déjà saisi le tribunal de la question.

Somme toute, la procédure contentieuse sera mise en branle, au Québec, dans la plupart des cas de rupture de la famille, tout autant pour faire officialiser une situation légale que pour faire reconnaître des droits qui autrement seraient perdus et cela, même en l'absence de conflit réel entre les parties. À l'heure où l'on fait le bilan de la « Justice » et où l'on se penche sur la rationalisation des ressources judiciaires, est-il vraiment requis de rendre inévitable un recours aux tribunaux avant même que les parties n'aient eu l'occasion de rechercher un arrangement ? Nous laissons à d'autres le soin de répondre à cette question, tout en notant que le rôle primaire des tribunaux est de trancher des litiges.

LA FAVEUR DE LA MÉDIATION

Le mouvement vers la médiation s'est manifesté au Canada après l'ajout, dans la nouvelle *Loi sur le divorce* (1985), d'une disposition obligeant l'avocat d'un client, qu'il soit demandeur ou défendeur dans une action en divorce, de renseigner ce dernier sur les services de médiation qu'il connaît et qui sont susceptibles d'aider les époux dans la négociation des points qui peuvent faire l'objet d'une ordonnance alimentaire ou de garde. En même temps, le gouvernement fédéral a favorisé la formation d'associations de médiateurs. Depuis, les gouvernements, tant fédéral que provinciaux, continuent d'étudier le phénomène et témoignent d'un intérêt officiel envers les méthodes de médiation.

Sauf au Manitoba, les services de médiation ne sont cependant pas généralisés. Par ailleurs, à Montréal, il existe un service de médiation structuré et unique au Canada, en ce qu'il offre la médiation globale, portant à la fois sur la garde, la pension alimentaire et le partage des biens.

Le législateur provincial envisage de modifier le Code de procédure civile pour reconnaître au tribunal le droit de suspendre une instance et d'ordonner aux parties de recourir à la médiation sous certaines conditions. Déjà, en 1986, les juges de la Cour supérieure du Québec, en assemblée, avaient adopté une résolution unanime priant « le gouvernement provincial d'établir des services de médiation rattachés à la Cour supérieure, dans tous les districts judiciaires de la province ».

Une règle de procédure (règle 22.4 en matière familiale), adoptée par la Cour, autorise le tribunal à ajourner la cause et à référer les parties qui y consentent au Service de médiation pour une période déterminée. Les juges de la Cour supérieure s'apprêtent à adopter un amendement pour permettre qu'une entrevue avec un médiateur soit ordonnée, même en l'absence du consentement des parties et que l'instruction soit suspendue à cette fin. L'article 815.2 du Code de procédure civile, qui devrait être amendé, autorise actuellement une suspension de 30 jours.

À chaque fois que les juges de la Cour supérieure ont été consultés collectivement sur l'opportunité de la médiation extrajudiciaire en matière familiale, ils se sont déclarés favorables. L'appui du juge en chef Gold à cette approche est bien connu. La conviction des juges dans l'utilité de la médiation est forte de leur expérience dans la solution des conflits familiaux.

Depuis plus de 10 ans, par le biais de protocoles d'entente avec les centres de services sociaux, les districts judiciaires de Québec et de Montréal ont bénéficié d'un service d'expertise rattaché au tribunal. Avec le temps, ces services se sont généralisés dans la province. L'intervention des experts du comportement est de plus en plus perçue par les juges comme une nécessité dans les conflits parents-enfant. L'expérience a fait prendre conscience des limites de l'intervention judiciaire, en même temps que des limites de l'expertise, tout en apprivoisant un processus de collaboration et de respect entre experts et juristes.

Dès que l'on sort du domaine financier et patrimonial, le juge — il y a des exceptions à toute règle — n'exerce pas l'autorité de sa formation. Il ne s'agit pas de faire reproche au bon et sage juge d'antan. Le lien matrimonial n'est plus la question primordiale. La société évolue et les juges aussi. Le bon père de famille est au musée du sexisme.

De nouveaux problèmes de relations interpersonnelles appellent des solutions spécifiques autrefois inconnues, notamment pour disposer des modalités de la garde et de ses incidents. Le mérite d'un problème exige souvent une solution non juridique. Est-ce au juge de décider que l'enfant fera sa valise à chaque fois que l'hébergement alterne ? Le point est peut-être crucial dans un cas donné. Et comment aborder, sans analyse psychologique, les conflits d'éducation religieuse ?

Les services de médiation sont encore très peu utilisés par rapport au nombre de causes. La disponibilité des services gratuits est trop limitée. Quant aux services privés rémunérés, ils ne sont pas accessibles à tous.

Présentement, le recours à l'expertise psychosociale apporte au juge l'éclairage dont il a besoin lorsqu'il doit prendre une décision dans un conflit parents-enfant. Cependant, combien de fois pouvons-nous constater que les parties ont davantage besoin de conseils pour en arriver elles-mêmes à régler leurs problèmes, que d'une solution imposée.

La magistrature n'est pas indifférente à un processus qui tend à diminuer le stress psychologique de l'intervention judiciaire, facteur très important dans les conflits familiaux. La confidentialité de la médiation, même à l'égard du juge, apporte un élément de première valeur dans la solution respectueuse d'un problème personnel. Le huis clos en matière de divorce ne paraît pas assuré par le Code de procédure civile, car il enfreint la règle que la justice doit être rendue en public.

L'expertise, pas plus que la meilleure décision, ne peut assurer une solution complète et définitive. Les relations doivent se poursuivre entre parents et enfants. Les parents doivent apprendre à résoudre leurs problèmes en étrangers, sans recourir constamment aux tribunaux.

LES SERVICES DE MÉDIATION

La Cour supérieure n'est pas une cour familiale. Les dossiers sont ouverts lorsque des procédures sont intentées et sont fermés lorsque le jugement au fond est prononcé. Il n'y a pas de prise en charge de la clientèle, comme devant la Chambre de la jeunesse de la Cour du Québec.

Actuellement, des services publics de médiation sont dispensés à Montréal et à Québec par les experts rattachés au Service d'expertise psychosociale de la Cour supérieure. La médiation et l'expertise sont deux services distincts, car la confidentialité des dossiers de médiation doit être préservée. Une généralisation des services de médiation à l'échelle du Québec pourrait permettre à la Cour d'intégrer la médiation dans le cheminement normal d'un dossier. La chose se pratique au Manitoba, où les parties sont référées en médiation avant toute décision sur la garde ou l'accès.

Bien sûr, on ne peut forcer personne à négocier contre son gré. Cependant, il y a lieu de croire que l'obligation de rencontrer un médiateur peut désamorcer les appréhensions de beaucoup de conjoints et leur faire réaliser leur intérêt à régler leurs conflits dans le respect de chacun et du « faisable ».

Pour des raisons constitutionnelles, l'on sait qu'il est difficile, sans la collaboration des deux niveaux de gouvernement, d'établir une cour proprement familiale. Une telle cour devrait normalement être dotée d'un service de médiation ouvert au public. Il ne nous appartient pas de suggérer un modèle de service public de médiation. Des médiateurs peuvent être accrédités en dehors des services rattachés au tribunal.

Un phénomène constaté autant à Montréal qu'à Québec, c'est qu'une partie de la clientèle s'adresse au Service en quête d'informations, sans référence. Dès qu'un article paraît dans un média ou un magazine, de nombreuses demandes d'information sont logées dans les services de médiation. Il est inévitable qu'un tel service soit invité à donner de l'information avant même que des procédures ne soient intentées. La chose paraît socialement souhaitable. Plusieurs personnes recherchent le moyen de légaliser elles-mêmes leur séparation ou leur divorce.

LA QUALITÉ DES MÉDIATEURS

Les opposants les plus farouches à la médiation s'en prennent inévitablement à la qualité et à la compétence des médiateurs. La médiation n'est pas une profession. Elle appelle un résultat. Dans plusieurs juridictions étrangères, les médiateurs agissent à temps partiel. Une formation spécifique est nécessaire.

Mais il n'y a pas que la formation. On imagine mal que des époux ayant vécu une union prolongée et étant en pleine possession de leurs moyens soient référés à un jeune médiateur sans expérience. L'autorité morale du médiateur a autant de valeur que sa propre formation.

On doit aussi se méfier de la fonctionnarisation de la tâche, dans un système où le médiateur pourrait perdre intérêt. Ce n'est pas l'expérience vécue au Québec, ni de façon générale, ailleurs. En réalité, ce danger guette autant les juges que les médiateurs. Pour l'éviter, il est suggéré de favoriser la polyvalence des intervenants et de ne pas les exposer trop longtemps à la pression que leur tâche comporte.

L'objet de la médiation est en lui-même tout un débat. La *Loi sur le divorce* ne mentionne que la médiation concernant la garde et l'accès. Les règles de la Cour supérieure aussi. Pourtant, le litige n'arrivera à terme que si une solution est apportée sur tous les points. La médiation globale suppose des connaissances autant légales qu'en sciences humaines. La disponibilité de médiateurs possédant ces connaissances est souhaitable, car ce type de médiation affiche un taux de succès plus élevé et le besoin existe.

Les tribunaux ne sont pas dépourvus de moyens lorsqu'il s'agit de trancher les questions financières et patrimoniales. Néanmoins, une forme d'arbitrage, sinon de médiation, devrait être dispensée par des officiers de la Cour sur ces questions, afin de permettre aux parties de colliger les éléments pertinents, de prendre conscience des projections financières et d'élaborer un scénario équitable.

LA JONCTION DU CONTENTIEUX ET DU NON-CONTENTIEUX

La médiation ne peut résoudre tous les litiges, ni éliminer le rôle que doit jouer la Cour dans l'officialisation du statut matrimonial ou parental. La médiation ne convient qu'aux parties qui ont une maturité suffisante pour faire face à leurs difficultés et tenter elles-mêmes de les résoudre. De plus, il est reconnu qu'il faut éviter de mettre en marche une médiation lorsque l'une des parties exerce une domination sur l'autre. C'est particulièrement le cas des couples où il y a eu agression physique.

Il faut aussi reconnaître que la médiation ne débouche pas toujours sur un résultat positif. D'après les études déjà faites, et notamment le rapport Richardson *(La médiation des divorces rattachée aux tribunaux dans quatre villes canadiennes : un aperçu des résultats de recherche,* ministère des Approvisionnements et Services Canada, 1988, p. 27), dans environ 2/3 des cas, les parties en arrivent à un règlement total ou partiel. Si on en juge par l'expérience australienne, la médiation peut augmenter d'environ 5 % le pourcentage des dossiers qui se ferment selon une convention. Son principal intérêt n'est pas statistique. Il réside surtout dans la satisfaction des intéressés et dans une meilleure stabilité de la solution convenue.

La médiation ne dispense pas des avis juridiques. Au contraire, les parties devraient soumettre à leur conseiller juridique toute entente élaborée à l'aide d'un médiateur. Suivant l'expérience des juridictions étrangères, le Barreau s'est montré favorable à la médiation, sous réserve de laisser ouvert le recours aux tribunaux. Les avocats, comme les juges, sont conscients que les problèmes soulevés dans les relations parents-enfant ne trouvent pas de solution exclusivement juridique ni aucune solution vraiment exécutoire sous la contrainte judiciaire.

La médiation sera une étape éventuelle dans les procès en matière familiale. En cas d'échec ou de règlement partiel, le juge devra encore intervenir. On se demande actuellement si le juge doit lui-même agir comme médiateur. Dans certaines juridictions canadiennes, ce rôle est joué par le juge à l'occasion d'une conférence préparatoire, ce qui est peu fréquent au Québec. Ici, il arrive plutôt que l'audience soit suspendue et que le juge invite les avocats à considérer certains aspects et à en faire part à leur client respectif.

Dans ces autres juridictions, particulièrement au Manitoba, la conférence préparatoire est une étape obligatoire. Le juge qui préside la conférence préparatoire ne sera pas le juge du procès. Il cherchera à obtenir un accord des parties. Cette approche peut apporter des résultats valables, comme dans tout autre procès. Cependant, il ne nous paraît pas que cette formule puisse être généralisée dans le contexte d'une cour qui n'est pas une cour familiale.

Le juge peut difficilement être un super-médiateur, quand, pour l'être, il doit sortir de son rôle d'arbitre. La médiation non seulement requiert du médiateur des aptitudes et une formation particulières, mais oblige à adopter un rythme personnel aux parties et des attitudes qui conviennent mal à l'exécution de la fonction judiciaire. À la différence des autres types de litiges habituellement soumis aux tribunaux, les affaires familiales doivent tenir compte de données subjectives qui ne répondent pas au jugement cartésien.

Toutes les conventions sur lesquelles les conflits familiaux se terminent ne sont pas le résultat d'une médiation. Les statistiques le prouvent. Ce n'est pas parce qu'un avocat convainc son client de signer une convention qu'on peut parler de médiation. L'intervention du juge, dans le même sens, ne peut être davantage qualifiée de médiation. La démarche est assortie d'une contrainte qui emporte la raison. Il ne faut pas confondre le résultat avec le processus.

Une véritable médiation permet un tamisage des affaires contentieuses et cherche à éviter la confrontation. Advenant un échec, le processus contradictoire assorti d'une expertise psychosociale paraît encore celui qui donnera le plus de satisfaction.

La médiation familiale en matière de séparation et de divorce : une nouvelle pratique à l'intersection de la relation d'aide et du droit ?

Linda Bérubé *

INTRODUCTION

En 1986, dans le *Recueil de droit de la famille,* paraissait un article de Me André Murray intitulé « La médiation familiale, une progression rapide » [1]. Cet article posait en conclusion les questions suivantes :

— Quels professionnels sont les mieux préparés à pratiquer la médiation ?

— S'agit-il d'une profession distincte ou d'une nouvelle façon de faire de la thérapie ou encore de pratiquer le droit ?

Nous tenterons de répondre à ces questions en précisant ce qui caractérise la médiation en matière de divorce et de séparation et ce qui la distingue de la pratique de la relation d'aide ou du droit. Nous étudierons les apports des diverses pratiques et nous proposerons des perspectives quant à la manière dont la médiation pourrait continuer de se développer, comme pratique distincte, afin de répondre à l'ensemble des besoins des familles et des conjoints en situation de rupture.

---

* Travailleuse sociale.

1. André MURRAY, « La médiation familiale, une progression rapide », *Recueil de droit de la famille,* 1986, p. 311-325.

LES PARAMETRES QUI INFLUENCENT LES PRATIQUES SPÉCIFIQUES DE LA MÉDIATION

Le *Petit Robert* définit ainsi la médiation : « Entremise destinée à mettre d'accord, à concilier ou à réconcilier des personnes, des partis ». Cette définition générique peut s'appliquer à une gamme très étendue de situations.

La médiation, quel que soit son champ d'application, a pour but de permettre à des parties ayant des intérêts divergents de parvenir à un accord ; elle se déroule sous les auspices d'un médiateur déterminé, dans un contexte donné, auprès de personnes qui ont des questions précises à négocier. Une pratique de médiation comporte donc quatre grands paramètres : les enjeux, le contexte, les personnes en conflit et le médiateur (voir tableau 1).

LA PRATIQUE DE LA MÉDIATION EN MATIERE DE DIVORCE ET DE SÉPARATION

Les enjeux

Le champ d'application de la médiation en matière de divorce et de séparation est celui de la rupture du couple et de la réorganisation de la famille. Les enjeux à négocier ont généralement trait au partage des biens, aux responsabilités parentales, à l'indépendance économique des conjoints, et aux coûts financiers reliés aux besoins des enfants.

Le cadre de référence à partir duquel le médiateur conçoit le divorce et la séparation déterminera largement la manière dont la médiation sera menée. Traditionnellement, la rupture du couple a surtout été traitée comme événement juridique obéissant aux postulats suivants :

Les postulats du divorce événement juridique :

— Le divorce, comme le mariage, est un événement juridique dans lequel l'État a un intérêt et sur lequel, par conséquent, il a un droit de contrôle.

Tableau 1

LE PROCESSUS DE MÉDIATION ET LES PARAMÈTRES QUI INFLUENCENT LES PRATIQUES SPÉCIFIQUES DE MÉDIATION

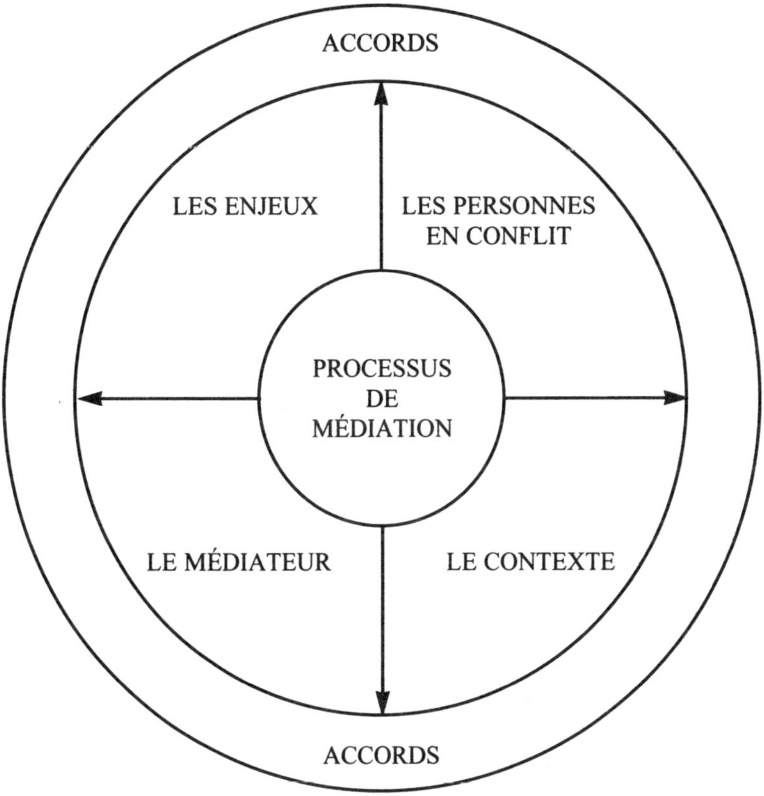

NATURE GÉNÉRALE DE TOUTE PRATIQUE DE MÉDIATION :
Le processus de médiation vise à parvenir à des accords

LES PARAMÈTRES QUI DONNENT À UNE PRATIQUE DE MÉDIATION UN CARACTÈRE SPÉCIFIQUE :
La personne du médiateur
Les personnes ayant des intérêts divergents
Les questions traitées
Le contexte social et organisationnel dans lequel se déroule la médiation

— L'échec du mariage est dû à l'inconduite de l'une des deux parties.

— Les droits et devoirs respectifs des parties découlant du mariage, c'est la loi qui les définit.

— Les parties ont des intérêts contraires et conflictuels.

— Les intérêts de chacune des parties doivent être protégés et il appartient à la loi de le faire [1].

Un auteur américain, J. D. Marlow, a remis en question le bien-fondé du recours aux postulats fondamentaux du droit pour aider à résoudre au mieux les problèmes concrets et humains du divorce. Il a proposé une autre vision du divorce comme événement personnel, définissant de nouveaux postulats plus proches de la perspective clinique de la relation d'aide :

Les postulats du divorce événement personnel :

— Le divorce est d'abord et avant tout un événement personnel important dans la vie d'un couple et de sa famille, et ensuite seulement un événement juridique.

— Le couple en train de divorcer, ainsi que les membres de sa famille immédiate sont en état de crise. La structure même de leur existence est menacée.

— Il n'y a pas de réponses juridiques aux questions personnelles ; les couples en train de se séparer ou de divorcer ne devraient pas être encouragés à croire qu'il y en a ou qu'il pourrait y en avoir.

— La définition de ce qui est bon ou non pour la vie des parties en présence doit en dernier ressort leur appartenir.

— Le plus souvent, le couple, surtout lorsqu'il a des enfants, continuera d'avoir des relations après son divorce.

— Les couples en train de se séparer ont autant d'intérêts communs que d'intérêts contraires.

1. J. D. Marlow, *La médiation dans le divorce : les thérapeutes y sont sur leur terrain. Dialogue, recherches cliniques et sociologiques sur le couple et la famille,* AFCCC, 1989, p. 62.

— Le divorce n'est pas l'occasion de redresser les torts, réels ou imaginaires, subis par les parties durant le mariage [1].

Nous suggérons de considérer le divorce comme un événement qui comporte une dimension conjugale et familiale et qui, dans sa résolution, ne peut faire abstraction des dimensions juridiques et financières.

Le contexte

Les contextes social et organisationnel exercent une grande influence sur la nature d'une pratique de médiation.

Le contexte social

Le contexte social affecte la pratique de la médiation, puisque la manière dont les personnes vont choisir de régler leurs conflits est largement tributaire des valeurs. Différentes influences perceptibles dans notre société expliquent l'avènement de la médiation.

L'évolution des familles et les politiques sociales

Au cours des vingt dernières années, la structure familiale a connu, dans nos sociétés occidentales, des transformations profondes qui ont amené des besoins nouveaux :

Les unions à long terme sont en voie d'extinction. Les relations amoureuses ne sont pas systématiquement liées au mariage. Le nombre accru de femmes qui travaillent à l'extérieur du foyer a modifié les bases économiques et sociales traditionnelles de la famille [2].

Les politiques sociales se sont développées en conséquence. Le Conseil de la famille du Québec énonce les principes suivants comme devant s'appliquer à toute intervention touchant le vécu familial :

1. Encourager et renforcer la stabilité des familles.
2. Soutenir les familles dans leurs responsabilités.
3. Reconnaître la force et la continuité des liens familiaux.

---

1. J. D. Marlow, *op.* cit.
2. Barreau canadien, *Solutions de rechange au règlement des conflits : une perspective canadienne,* 1989, p. 24-25.

4. Considérer la famille comme partenaire compétent.
5. Accorder la priorité aux familles vulnérables [1].

L'évolution des modes de résolution de conflits

Les changements sociaux ont nécessité la création de solutions de rechange au règlement des conflits. Dans les domaines des affaires, des relations de travail, de l'environnement, des questions autochtones, on reconnaît une tendance à rechercher, par le biais de la médiation, des ententes plutôt que de recourir au verdict d'un tribunal.

La *Loi sur le divorce* oblige les avocats à informer leurs clients de l'existence de la médiation. Elle donne ainsi une sanction sociale à la médiation, la rendant crédible comme manière de résoudre les litiges dans notre société.

L'évolution de la législation en matière familiale

L'évolution sociale s'est traduite par des modifications importantes des lois canadiennes en matière familiale :

Les dispositions d'égalité des sexes dans la Charte des droits et libertés, les réformes en profondeur du droit de la famille et une imposante littérature féministe sur les relations au sein de la famille ont modifié les responsabilités des membres de la famille ainsi que leurs perspectives sur les droits de la famille [2].

Les modifications de la législation canadienne en matière de droit familial, en donnant des droits égaux aux conjoints, ont créé un contexte tel qu'il devenait impératif de développer des approches permettant de résoudre les litiges susceptibles de survenir entre les conjoints.

Les limites des tribunaux dans la résolution des conflits familiaux

Les juges qui interviennent dans le domaine familial s'accordent à reconnaître les limites du tribunal en matière de problèmes fami-

---

1. Conseil de la famille, Québec, Avis *sur les services de médiation familiale,* mars 1989.
2. Barreau canadien, *op. cit.*

liaux : « L'ordonnance du tribunal n'a pas de vertu particulière dans ces problèmes humains, pour canaliser les émotions, l'agressivité et la frustration. Ce sont les parents en conflit qui, finalement, doivent assumer leurs difficultés. Le juge ne peut faire qu'un bout du chemin en restreignant les choix [1]. »

La médiation à l'ombre de la loi

Bien que la médiation soit reconnue comme une manière de négocier sur une base privée à partir de critères personnels, elle ne peut ignorer les lois qui régissent les questions négociées. À titre d'exemple, au Québec, la nouvelle Loi relative au partage du patrimoine familial a modifié la dynamique de partage des biens, indiquant clairement, tel que le précisaient Mnookin et Kornhauser dans leur désormais célèbre article « Bargaining in the Shadow of the Law » [2], que les règles et procédures juridiques employées par le cadre judiciaire affectent le processus et les résultats des négociations hors cour puisque les parties sont conscientes de la manière dont pourrait se résoudre leur litige s'ils ne parvenaient pas à s'entendre.

L'évolution des politiques sociales et les législations récentes traduisent une volonté de notre société de responsabiliser les personnes en situation de conflit et de favoriser des modes de règlement qui leur permettent de trouver des solutions adaptées à leur situation.

Le contexte organisationnel

La manière dont les personnes sont référées, ainsi que le type d'organisation dans lequel se déroule la médiation, exercent également une influence sur cette pratique.

On comprendra en effet que le client référé par un juge en médiation présentera des caractéristiques différentes de celui qui est référé par un psychothérapeute. De même, un client qui consulte un avocat aura peut-être des attentes différentes de celui qui consulte un

1. Robert LESAGE, « L'enfant dans les instances mues en Cour supérieure », dans Andrée Ruffo et autres, *Les enfants devant la justice,* Cowansville, Éd. Yvon Blais, 1990.
2. R. H. MNOOKIN, « Bargaining in the Shadow of the Law : The Case of Divorce », *Yale Law Journal,* 1979, p. 950-977.

notaire. Une médiation ayant lieu dans un service public gratuit comporte aussi, sans doute, ses façons de faire qui peuvent différer d'une médiation qui se fait chez un médiateur de la pratique privée.

Le contexte organisationnel, quelle qu'en soit la nature, est une composante qu'il ne faut pas négliger lorsqu'on analyse une pratique de médiation.

Les clients

Au moment de la séparation, les besoins des conjoints relèvent du paradoxe. Ils ont besoin, d'une part, de négocier sur une base personnelle et privée la fin de leur relation et les conséquences qu'elle engendre et ils ont besoin, d'autre part, de se référer à des règles objectives extérieures à eux ainsi que de recevoir la sanction du tribunal pour leur permettre de concrétiser leur rupture.

Une étude réalisée à l'Université de Lyon en France note deux types d'attentes envers les avocats chez les personnes qui divorcent d'un commun accord :

Les attentes d'un rôle juridique : informer sur le droit, conduire la procédure, rédiger les textes, représenter, défendre les intérêts et les points de vue des sujets ou des couples.

Les attentes d'un rôle humain et pédagogique : être attentif, compréhensif, écoutant, soutenant, prévenir sur l'avenir, ne pas envenimer les choses [1].

On peut supposer que les personnes qui recourent à la médiation ont sensiblement les mêmes besoins. Elles recherchent un lieu de parole où élaborer leur nouvelle réalité et une information juridique leur permettant d'évaluer les accords auxquels elles sont parvenues.

Le médiateur

La personne du médiateur constitue un facteur déterminant dans la définition d'une pratique de médiation. La profession d'origine du médiateur est l'un des premiers éléments à considérer. Selon qu'il est

1. M. Colin, A. Donval et H. Lasserre, *Les divorçants, leur crise et le droit*, Institut des sciences de la famille, Université de Lyon, 1991, p. 104.

issu de la pratique du droit ou de la relation d'aide, le médiateur aura une vision du divorce en fonction de son expérience. Les compétences professionnelles propres à chaque discipline seront mises en valeur et donneront à la démarche de médiation une coloration bien spécifique. Ces différences, loin d'être nuisibles, peuvent constituer des atouts et permettent à chaque médiateur de bâtir à partir de ses acquis pour développer une pratique de médiation qui lui corresponde :

Il n'y a pas une seule manière de pratiquer la médiation. Ce qui importe c'est d'être guidé — et non pas contrôlé — par la définition et par la technique. Le praticien doit se donner le droit de développer un modèle et un style qui lui conviennent, en accord avec ses propres forces, ses valeurs et sa capacité à évoluer et à changer [1].

Parmi les quatre paramètres que nous avons retenus pour analyser la pratique de la médiation en matière de séparation et de divorce, les deux plus importants relativement à l'évolution d'une pratique de la médiation sont sans doute les facteurs humains reliés aux personnes du médiateur et des conjoints. Nous analyserons ici, de façon plus détaillée, l'influence des professionnels qui font de la médiation sur le développement de cette pratique.

L'INFLUENCE DES PRATIQUES DU DROIT ET DE LA RELATION D'AIDE SUR LE DÉVELOPPEMENT DE LA MÉDIATION EN MATIERE DE DIVORCE ET DE SÉPARATION

Qui sont les médiateurs? Quelles sont les caractéristiques de leurs professions d'origine et comment celles-ci se comparent-elles à la médiation ? Quels en sont les apports respectifs ?

Les professionnels qui pratiquent la médiation en matière de divorce

La médiation des litiges liés au droit de la famille à l'extérieur du cadre judiciaire a gagné beaucoup de terrain au Canada. [...] Toute

1. Lois GOLD, « Reflections on the Transition from Therapist to Mediator », *Mediation Quarterly,* n° 9, 1985, p. 18.

une gamme de professionnels se sont mis de la partie pour offrir des services de médiation dans le domaine du droit familial : travailleurs sociaux, psychologues, psychiatres, conseillers familiaux et autres professionnels dans ce domaine. [...] Les avocats canadiens ont également mis la main à la pâte[1].

Actuellement, au Québec, la médiation en matière de divorce et de séparation est surtout pratiquée par les travailleurs sociaux, les avocats, les psychologues et les notaires, donc par des professionnels du droit et de la relation d'aide. Peu d'entre eux font une pratique exclusive de la médiation, la conciliant avec leur pratique d'avocat, de notaire ou encore de thérapeute ou de consultant.

La médiation est néanmoins considérée par la plupart comme une pratique distincte de leur pratique régulière avec ses objectifs particuliers et ses méthodes d'intervention propres. Sans être une profession, la médiation n'est pas une nouvelle façon de faire de la thérapie ou du droit, mais bien une nouvelle pratique qui répond à des règles précises et qui, bien que faisant appel aux connaissances et expériences des professionnels qui l'exercent, modifie de façon substantielle la manière de mettre à profit ces compétences et exige le développement de compétences complémentaires à la pratique habituelle des professionnels.

Une comparaison des pratiques du droit, de la relation d'aide et de la médiation

Les pratiques de la relation d'aide, du droit et de la médiation comportent des buts, un cadre de référence, des activités, des rôles, des contenus et des modes d'évaluation qui leur sont propres. Le tableau qui suit reprend les grandes caractéristiques des pratiques du droit et de la relation d'aide et la manière dont la médiation s'en distingue.

11. Barreau canadien, *op. cit.*

	Pratique de la relation d'aide	Pratique de la médiation	Pratique du droit
But	Mieux-être, croissance	Accord mutuel	Obtention meilleur règlement
Contexte	Niveau privé de décision	Niveau privé de décision	Niveau public de décision
Rôle	Aider	Diriger processus	Conseiller, défendre
Cadre de référence	Besoins des personnes, autodétermination	Autodétermination besoins, droits	Droits
Activités	Écouter, intervenir sur dynamiques, émotions, etc.	Écouter, informer, diriger négociation, fermer les accords	Conseiller, négocier, plaider
Objet de l'intervention	La relation	Le contenu, la relation	Le contenu, les faits
Évaluation des résultats	Opinion subjective des clients	Projet d'accord	Jugement

Les compétences introduites par les juristes et les thérapeutes dans la pratique de la médiation

La pratique de la médiation importe des connaissances et des habiletés des professions du droit et de la relation d'aide. Le tableau qui suit illustre les atouts que les juristes et les thérapeutes ont introduits dans la pratique de la médiation.

	Juristes	Thérapeutes
Savoir	Connaissance de la loi Connaissance de la jurisprudence Connaissance des options en matière de pensions alimentaires et de partage des biens	Connaissance des comportements humains Connaissance des dynamiques interactionnelles Connaissance de la psychologie des adultes et des enfants
Savoir être	Capacité d'être méthodique et efficace Capacité d'inspirer confiance, de sécuriser	Capacité d'écoute Croyance en la capacité d'autodétermination des personnes Faire ressortir les besoins

Savoir faire	Informer et conseiller sur les aspects juridiques Représenter, plaider, défendre	Favoriser la communication Tenir compte de l'ensemble des éléments du système : (ex. les enfants)
	Négocier Trouver des options variées Entreprendre des procédures Rédiger des conventions	Intervenir en présence d'émotions Conduire démarche de solution de problème à partir des besoins des clients

Les pièges qui guettent les professionnels dans leur pratique de la médiation

Les bagages des différents professionnels sont sans contredit d'une grande richesse pour le développement de la médiation. Par contre, une longue expérience dans un type de pratique va certainement influencer la façon d'intervenir et peut même comporter certains obstacles à une bonne pratique de la médiation.

Les thérapeutes sont habitués à intervenir à partir des besoins exprimés par leurs clients et leur pratique habituelle est de les aider à changer des comportements, des attitudes, des perceptions, dans une recherche de mieux-être. Ils peuvent, selon leur approche particulière, intervenir au niveau intrapsychique ou au niveau des interactions, mais, d'une façon ou d'une autre, ils vont partir des besoins des clients. Par ailleurs, la relation thérapeutique étant confidentielle, elle ne nécessite pas de référence à des règles externes et ne se préoccupe généralement pas des décisions concrètes que les personnes vont prendre dans leur vie. En médiation, les thérapeutes doivent tenir compte des dynamiques et des émotions sans s'y arrêter, mais uniquement dans le but de les empêcher d'interférer dans la tâche de la négociation.

Les thérapeutes doivent apprendre à tenir compte du cadre juridique ainsi qu'à travailler au niveau des décisions concrètes des clients, que ce soit au niveau financier ou autre. À défaut de travailler ces aspects, le médiateur issu de la thérapie pratiquera une médiation qui ne peut répondre à sa raison d'être, c'est-à-dire aider des parties à parvenir à des accords sur des questions précises en toute connaissance de cause.

De leur côté, les juristes sont habitués à conseiller leurs clients et à recueillir des informations dans le but de préparer « leur cause ». Ils négocient habituellement « sur position » avec pour cadre de référence principal l'éventuelle décision que pourrait rendre le tribunal dans une situation donnée :

Le rôle du médiateur est très différent de celui, traditionnel, de l'avocat. En tant qu'avocats, nous sommes exercés à donner des avis, à porter le meilleur jugement sur ce qui est bon ou mauvais, sur la vérité et sur la justice. En ce qui concerne la médiation, donner des avis et juger font partie des rares choses qui peuvent mettre le médiateur en mauvaise posture. Le rôle du médiateur est de faciliter les choses, pas de décider [1].

Bien que le contenu discuté soit le même que dans leur pratique traditionnelle, les juristes doivent aussi modifier substantiellement leur position face aux clients lorsqu'ils agissent comme médiateur. S'ils n'effectuent pas ce changement majeur de position, leur pratique de la médiation risque d'être teintée de leur façon habituelle de faire et, au lieu d'aider les parties à trouver leurs propres solutions, ils risquent de « jouer au juge » et de les diriger vers une entente qui correspondrait aux critères d'une décision du tribunal.

Non seulement tous les professionnels qui veulent pratiquer la médiation doivent-ils compléter leurs savoirs, mais en raison de la nature intrinsèque de la médiation, ces mêmes professionnels doivent faire une utilisation différente de leurs propres connaissances et habiletés.

LES RAPPORTS ENTRE LES PROFESSIONNELS DU DROIT ET DE LA RELATION D'AIDE QUI S'INTÉRESSENT À LA MÉDIATION AU QUÉBEC

Le divorce a toujours été une occasion où les professionnels du droit et de la relation d'aide se sont côtoyés. La relation est parfois coopérative, comme lorsqu'un avocat réfère un client en thérapie ou

---

1. James MELAMED, « Attorneys and Mediation : From Threat to Opportunity », *Mediation Quarterly,* n° 23, 1989, p. 17.

qu'un thérapeute réfère un client à un conseiller juridique pour obtenir des informations ou des conseils avant de prendre une décision au sujet du divorce. La relation peut cependant être adversaire ; c'est le cas lorsqu'un expert psychosocial qui, n'ayant rencontré qu'un seul parent à titre de client, est prêt à témoigner de la supériorité de ce parent pour obtenir la garde d'un enfant ; c'est le cas également lorsqu'un avocat ignore la composante psychologique d'un divorce et augmente le stress de son client en utilisant des tactiques adversaires déloyales.

Avec l'augmentation du taux des divorces, les avocats et les thérapeutes ne peuvent plus s'ignorer. Leurs attitudes sont ou bien coopératives ou bien antagonistes :

> Ceux qui sont consciencieux coopèrent. Mais l'esprit de compétition demeure, particulièrement dans les situations où les deux disciplines interfèrent, où chacune d'elles a la possibilité d'être utile [1].

Les rapports entre les professionnels du droit et ceux des sciences humaines n'ont pas toujours été sans heurt depuis que la médiation existe au Québec. Une fois estompées les premières craintes de perdre leur clientèle, un bon nombre d'avocats ont tout bonnement ignoré l'existence de la médiation et poursuivi leur pratique traditionnelle. D'autres ont choisi de suivre une formation de base en médiation ; la plupart n'ont pas pratiqué, mais tous sont mieux informés sur cette pratique et, du dire de plusieurs, la connaissance des principes de la médiation, et plus particulièrement de la négociation raisonnée, les a amenés à transformer leur propre pratique du droit. Enfin, il y a les avocats et les notaires qui ont persisté et qui continuent de s'intéresser à la médiation et à la pratiquer. Nous nous intéresserons particulièrement à eux dans les lignes qui suivent.

La première forme de collaboration interprofessionnelle a été le modèle adopté au Service de médiation à la famille de Montréal. L'avocat y agissait alors et y agit toujours à titre de conseiller juridique. Il intervient auprès des professionnels travailleurs sociaux à titre de consultant ainsi qu'auprès des clients pour leur communiquer de l'information juridique.

---

1. J. Steingberg, « Through an Interdisciplinary Mirror : Attorney-Therapist Similarities », *Journal of Divorce,* 1985, vol. 8, p. 9.

Un autre type d'échange professionnel s'est opéré par le biais des formations à la médiation familiale offertes par le Barreau et la Chambre des notaires à leurs membres. Ces formations données notamment par deux travailleuses sociales, Madame Françoise Lafortune et Madame Pierrette Brisson-Amyot, ont été un des principaux facteurs ayant contribué à donner une crédibilité à la médiation auprès des professionnels du droit et ayant favorisé un rapprochement des divers groupes professionnels.

Les stages offerts aux Services de médiation de Montréal et de Québec ont aussi été l'occasion d'échanges fructueux entre professionnels, notamment grâce aux expériences de comédiation qu'ils ont permis. Le fait, pour des professionnels de disciplines différentes, de travailler ensemble a constitué un enrichissement inestimable et une occasion unique de développer des liens durables.

Au niveau provincial, c'est sans doute l'Association de médiation familiale du Québec (AMFQ), mise sur pied à l'initiative des professionnels des Services de médiation de Montréal et de Québec, qui a le plus contribué à promouvoir et à maintenir la collaboration interprofessionnelle initiée à d'autres niveaux. L'AMFQ compte actuellement environ 200 membres d'appartenances diverses. Les représentants des quatre principales disciplines siègent au conseil d'administration et la présidence a été assumée jusqu'à maintenant par des travailleurs sociaux et des avocats. L'Association a adopté à l'unanimité un code de déontologie qui régit la pratique de ses membres et elle procède à l'accréditation des médiateurs selon des critères adoptés par l'assemblée générale. En 1988, l'AMFQ organisait, en collaboration avec Médiation familiale Canada, un congrès international qui avait pour thème « Médiation sans frontières » et qui visait notamment à rapprocher les médiateurs de différentes disciplines. Des professionnels de l'AMFQ se réunissent régulièrement à Québec, Montréal et Ottawa pour échanger et apprendre ensemble à développer leur pratique.

Un autre effort de coopération qui mérite d'être souligné est la formation d'un comité interprofessionnel qui réunit, avec la participation d'un représentant de l'AMFQ, le Barreau, la Corporation professionnelle des psychologues et la Corporation professionnelle des travailleurs sociaux. Ce comité vise à favoriser l'échange entre les corporations sur le sujet de la médiation.

Le seul fait que les échanges entre les médiateurs provenant du droit et du domaine de la relation d'aide se soient maintenus au cours des dix dernières années est un indicateur de la reconnaissance par chacun du besoin commun qu'il a de l'autre pour poursuivre le développement de sa pratique.

LES RÉALITÉS COMMUNES QUE VIVENT LES PROFESSIONNELS PRATIQUANT LA MÉDIATION QUELLE QUE SOIT LEUR DISCIPLINE D'ORIGINE

La médiation a ses principes et ses règles particulières et le rôle du médiateur se distingue nettement du rôle d'avocat ou de thérapeute. Il est donc naturel que les professionnels issus de différentes disciplines éprouvent des préoccupations communes lorsqu'ils pratiquent la médiation. Voici quelques réalités partagées par l'ensemble des médiateurs :

— Tous les médiateurs sont soucieux du bien-être de leurs clients qui recourent à la médiation et souhaitent leur offrir le meilleur service possible.

— Tous les médiateurs fonctionnent dans un rôle qui n'est pas leur rôle habituel. Ils doivent tous se familiariser avec les étapes du processus de médiation en plus d'intégrer les principes et les modalités de la négociation raisonnée. Les connaissances théoriques et pratiques concernant les jeux de pouvoir et les conflits sont à acquérir pour la plupart des intervenants, de même que la capacité de développer et d'évaluer des options concrètes sur différents sujets :

Juristes et professionnels de la santé mentale doivent aborder la question de l'intégration de leurs formations à la médiation, même si les spécificités demeurent [1].

1. L. GOLD, *op. cit.*

— Tous les médiateurs ont besoin des apports complémentaires des autres disciplines qui pratiquent la médiation.

— Tous les médiateurs participent par leur pratique, leurs échanges et leurs écrits à définir la pratique de la médiation en matière de divorce.

LA MÉDIATION EN MATIERE DE DIVORCE : UNE NOUVELLE PRATIQUE QUI INTEGRE, AU PROFIT DES FAMILLES, LES RICHESSES DU DROIT ET DE LA RELATION D'AIDE

La séparation et le divorce sont des phénomènes croissants dans notre société. Ils exigent la résolution de questions juridiques et humaines et le médiateur qui néglige l'un ou l'autre aspect le fait au risque de rendre un mauvais service à son client. La meilleure solution juridique sera sabotée si les aspects émotifs sont ignorés ; de la même façon, les meilleures interventions thérapeutiques n'auront pas d'effet si les aspects juridiques ne sont pas l'objet d'une intervention compétente :

Évidemment, le meilleur médiateur n'est ni homme de loi, ni thérapeute, mais un mélange des deux. Les meilleurs praticiens offrent un mélange heureux de ce qu'il y a de meilleur dans chaque profession. [...] C'est parce que ces qualités complémentaires peuvent être développées aussi bien par des praticiens engagés à titre individuel que par des équipes de professionnels, que l'on peut espérer une humanisation du divorce [1].

La médiation demande à tous les professionnels qui l'exercent de modifier de façon substantielle leur rôle habituel et de se positionner à titre de tiers impartial dont le rôle est d'accompagner les parties dans une négociation à la recherche d'accords mutuellement acceptables sur des questions précises. La médiation exige une croyance en des principes d'autodétermination des personnes, de coopération, de recherche de solutions. Elle exige de chacun sans exception, de travailler à complémenter sa pratique de nouveaux

1. J. STEINGBERG, *op. cit.*

savoirs et de nouvelles habiletés. La médiation exige aussi que nous la fassions connaître comme moyen qui s'offre aux conjoints pour résoudre leurs litiges.

La médiation se définit comme pratique au fur et à mesure des actions, des collaborations, des combats, des pensées, des échanges des acteurs qui gravitent autour de cette nouvelle pratique. Autant par ceux qui s'y consacrent activement que par ceux qui la combattent ou y demeurent indifférents.

CONCLUSION

Les enjeux du divorce, les besoins des conjoints et le contexte sociojuridique militent en faveur de la médiation. Par ailleurs, cette nouvelle pratique comporte de grandes exigences et les appuis susceptibles d'en favoriser le développement sont minimes. Comment les divers professionnels vont-ils relever le défi de faire vraiment percer la médiation au niveau du grand public ?

Les médiateurs vont-ils unir leurs forces pour développer une pratique qui intègre les réalités juridiques et psychosociales pour répondre aux besoins ou vont-ils réduire la médiation à une simple technique ajoutée à leur pratique courante ?

Déjà, en 1984, John Lande écrivait :

La médiation est un concept nouveau qui supplante la vieille idéologie du plaidoyer contradictoire. Comme les révolutions ne peuvent pas se faire toutes seules, c'est nous qui, dans notre milieu pas encore structuré, devons prendre la responsabilité de développer le prochain concept du consensus, en accord avec les valeurs et les convictions du concept que nous sommes en train d'élaborer.

De même que la médiation a besoin de l'active participation des parties, le développement du mouvement pour la médiation a besoin de l'active participation de tous ses membres pour affronter les défis, établir les priorités et définir les responsabilités [1].

---

1. John LANDE, « Mediation Paradigms and Professional Identities », *Mediation Quarterly*, n° 4, 1984, p. 42.

Les professionnels qui s'intéressent à la médiation ont établi jusqu'à maintenant une collaboration de bon aloi à travers diverses instances officielles. Cette contribution leur assure une présence sur l'échiquier du marché de la médiation. Une faible proportion de ces professionnels ont pris le risque de partager les interrogations, les problèmes et les découvertes de leur pratique par le biais de rencontres de supervision ou par une pratique de la comédiation. Malheureusement, ces expériences d'une richesse immense sont des faits isolés et les résultats demeurent généralement au niveau individuel. L'action commune constitue pourtant la seule façon de développer une pratique de la médiation qui intègre véritablement les connaissances et habiletés des diverses disciplines dans un paradigme nouveau.

Dans le contexte des mutations qui s'opèrent dans nos systèmes humains, une vision synthétique des réalités est essentielle pour que la pratique de la médiation réponde adéquatement aux besoins.

Les professionnels ont aujourd'hui le choix de consacrer leurs énergies à revendiquer le champ de la médiation en matière de divorce et de séparation pour préserver leurs propres pratiques ou de s'appliquer à trouver ensemble des ressources et des manières de créer les nouvelles formes d'intervention susceptibles d'intégrer les richesses de chacune des disciplines au profit des familles en transition.

BIBLIOGRAPHIE

Barreau canadien, *Solutions de rechange au règlement des conflits : une perspective canadienne,* 1989.

COLIN, M., DONVAL, A., et LASSERRE, H., *Les divorçants, leur crise et le droit,* Institut des sciences de la famille, Université de Lyon, 1991.

Conseil de la famille, Québec, *Avis sur les services de médiation familiale,* mars 1989.

GOLD, Lois, « Reflections on the Transition from Therapist to Mediator », *Mediation Quarterly,* nº 9, 1985.

LANDE, John, « Mediation Paradigms and Professional Identities », *Mediation Quarterly,* nº 4, 1984.

LESAGE, Robert, « L'enfant dans les instances mues en Cour supérieure », dans Andrée Ruffo et autres, *Les enfants devant la justice,* Cowansville, Éd. Yvon Blais, 1990.

MARLOW, J. D., *La médiation dans le divorce : les thérapeutes y sont sur leur terrain. Dialogue, recherches cliniques et sociologiques sur le couple et la famille,* AFCCC, 1989.

MELAMED, James, « Attorneys and Mediation : From Threat to Opportunity », *Mediation Quarterly,* nº 23, 1989.

MNOOKIN, R. H., « Bargaining in the Shadow of the Law : The Case of Divorce », *Yale Law Journal,* 1979.

MURRAY, André, « La médiation familiale, une progression rapide », *Recueil de droit de la famille,* 1986.

STEINGBERG, J., « Through an Interdisciplinary Mirror : Attorney Therapist Similarities », *Journal of Divorce,* 1985.

L'avocat et la médiation

Suzanne Clairmont *

La *Loi sur le divorce* [L.R.C. (1985), c. 3 (2e suppl.)], entrée en vigueur le 1er juin 1986, vient donner un appui législatif à la médiation déjà connue comme un mode alternatif de résolution des conflits matrimoniaux.

À l'article 9(1) de la Loi, le législateur a précisé qu'il est du devoir de l'avocat qui accepte de représenter un époux dans une action en divorce, de discuter avec son client des possibilités de réconciliation et de le renseigner sur les services de consultation ou d'orientation matrimoniales.

Il ajoute au paragraphe (2) du même article qu'il incombe également à l'avocat de discuter avec son client de l'opportunité de négocier les points qui peuvent faire l'objet d'une ordonnance alimentaire ou d'une ordonnance de garde et de le renseigner sur les services de médiation qu'il connaît et qui sont susceptibles d'aider les époux dans cette négociation.

Pour souligner l'importance que le législateur accorde à cette obligation, il a imposé à l'avocat de signer une déclaration attestant qu'il s'est conformé à cette obligation dans toute procédure introductive d'instance qu'il présente pour son client.

Quoique déjà répandue et pratiquée par nos confrères américains depuis les années 70 (Coogler, 1978), la médiation familiale apparaît pour la première fois au Québec en 1981, avec la création du

* Avocate.

Service de conciliation à la famille (Murray, 1986). Ce projet pilote deviendra le Service de médiation au printemps 1984.

Ce n'est qu'en 1986 que le Barreau du Québec met sur pied un programme de formation à la médiation pour ses membres. Quelque 25 avocats sont alors initiés à ce nouveau processus de solution de conflits familiaux. Depuis, quelque 150 avocats ont été formés à la médiation.

Le 9 mars 1987, le Barreau inaugurait son service de médiation familiale pour, d'une part, faire connaître la médiation et les avocats-médiateurs au public, et aux avocats pratiquant en droit matrimonial, et d'autre part, pour poursuivre la formation des avocats-médiateurs.

Quelques mois plus tard, soit le 21 mai 1987, entrait en vigueur le *Règlement modifiant le Règlement sur la publicité des avocats* (R.R.Q. 1981, c. B-1, r. 11). L'article 2.05 du Règlement définit les champs de pratique et prévoit la médiation parmi les champs de concentration de sa pratique que l'avocat est autorisé à annoncer.

Depuis déjà quelques mois, les *Règles de pratique de la Cour supérieure du Québec en matières familiales* avaient été modifiées de façon à permettre au tribunal de référer les parties au service de médiation avec leur consentement [(1986) 118 *G.O.* II, 822]. Telle que libellée cette règle ne permet la médiation que pour les parties habitant les districts judiciaires offrant des services de médiation, soit Montréal ou Québec.

Actuellement, les avocats en droit de la famille ne peuvent ignorer le projet de modification de la règle 22.5 des Règles de pratique de la Cour supérieure du Québec qui serait libellée de façon à permettre au juge d'ajourner la cause conformément à l'article 815.2 du Code de procédure civile et de référer les parties à la médiation.

Progressivement, la médiation s'implante dans la pratique quotidienne de l'avocat exerçant en droit familial.

Nous verrons que certains avocats ont choisi d'exercer à titre d'avocat-médiateur et que d'autres reçoivent le mandat d'agir à titre de conseiller suite au choix de leurs clients impliqués dans le processus de médiation.

L'AVOCAT-MÉDIATEUR

Suite à leur formation, l'intérêt des avocats à pratiquer la médiation a soulevé quelques questions d'ordre déontologique. Le Barreau du Québec a donc mandaté un groupe interne de travail, lui demandant d'examiner la médiation en relation avec le Code de déontologie des avocats (R.R.Q. 1981, c. B-1, r. 1). Le Comité s'est interrogé sur la notion de médiation et sur le rôle de l'avocat-médiateur (Barreau du Québec, 1986). Le Comité s'est attardé plus particulièrement à la problématique de l'avocat-médiateur qui agit avec deux clients et sur les articles du Code de déontologie qui réfère toujours l'avocat à son client, ce qui pourrait impliquer que l'avocat ne pourrait représenter qu'un seul client.

Interrogations déontologiques

La profession d'avocat est régie par la *Loi sur le Barreau* et les avocats sont soumis à un Code de déontologie.

La section 3 (les articles 3.01.01 à 3.01.05) du Code traite plus particulièrement des droits et obligations de l'avocat. Tous les articles de la section font toujours référence aux relations avocat-client impliquant la notion d'un seul client.

L'article 3.05.04 interdit à l'avocat de représenter des intérêts opposés et lui impose l'obligation d'éviter des situations où il serait en conflit d'intérêts. Le Comité s'est alors interrogé à savoir comment l'avocat-médiateur pourrait entreprendre une médiation avec deux clients sans risquer de se mettre en conflit d'intérêts.

Plusieurs autres questions d'ordre déontologique ont également été soulevées. Comment l'avocat-médiateur pouvait-il répondre, par exemple, à l'exigence de l'article 3.01.01 qui l'oblige à tenir compte de la limite de ses connaissances et de ses aptitudes avant d'accepter un mandat ? Le Barreau définit certes les normes de compétences de ses membres exerçant comme avocat. Le Barreau devrait-il alors définir les normes de compétence de ses membres pratiquant la médiation ?

Un autre problème d'ordre déontologique qui est soulevé est la pratique de la comédiation. En effet, ce modèle de pratique peut soulever un problème quant à l'article 3.05.03 si l'avocat-médiateur agit avec un comédiateur qui n'est pas membre du Barreau. L'article 3.05.14 interdit à l'avocat de partager ses honoraires avec une personne qui n'est pas membre du Barreau, ou même de renoncer à ses honoraires en sa faveur.

Cependant, la médiation familiale ayant été reconnue par règlement (R.R.Q. 1981, c. B-1, r. 11) comme un champ de concentration qu'un avocat est autorisé à annoncer, la préoccupation du Comité n'est plus une question de déontologie quant à l'avocat-médiateur, mais plutôt une question de définition du rôle de l'avocat-médiateur, qui choisit la pratique de ce nouveau champ d'exercice.

Le Syndic du Barreau précise que, comme avocat, membre du Barreau, l'avocat-médiateur est toujours régi par le Code des professions, par la *Loi sur le Barreau* et le Code de déontologie des avocats.

Formation de l'avocat-médiateur

La pratique de la médiation n'est pas du tout la pratique du droit matrimonial. Bien au contraire, la pratique de la médiation exige une modification complète de la façon de penser de l'avocat (Chalke, 1988). Plusieurs auteurs (Ryan, 1986 et Berg, 1983) reconnaissent que l'avocat, et plus particulièrement l'avocat exerçant en droit matrimonial, possède déjà, par sa formation, plusieurs connaissances et habiletés essentielles à la pratique de la médiation. L'avocat possède certainement des connaissances légales et fiscales, ainsi qu'une habileté à la négociation. De plus, l'avocat ayant l'expérience de la représentation d'un client devant le tribunal pourra très certainement identifier l'inégalité entre les parties engagées dans un processus de médiation.

L'avocat qui désire exercer comme avocat-médiateur doit se former aux techniques particulières à la médiation. Malgré sa grande expertise en droit matrimonial, il devra parfaire ses connaissances humaines et psychologiques et surtout relationnelles. Apprendre à gérer la colère, l'agressivité, la peur et la peine des clients. Apprendre à écouter et à reformuler les options du client. Idéalement, l'avocat qui débute sa pratique en médiation devrait chercher à être supervisé par un superviseur ou médiateur accrédité. Certains avocats-médiateurs ont choisi de poursuivre leur formation avec un superviseur en se joignant à un groupe multidisciplinaire, d'autres ont choisi la comédiation avec un confrère ou un professionnel de la santé mentale.

Mandat de l'avocat-médiateur

La première tâche qui incombe à l'avocat-médiateur lorsqu'il rencontre ses clients, c'est de bien définir son rôle d'avocat-médiateur. En effet, il doit informer ses clients qu'il n'agit qu'à titre de médiateur, non pas comme avocat pour l'une ou l'autre des parties. L'avocat-médiateur doit porter une attention particulière à sa façon de définir son rôle auprès de ses clients, considérant qu'au moment où les parties se présentent pour débuter une médiation, elles sont souvent perturbées par le conflit qu'elles vivent et pourraient facilement se méprendre quant au rôle qu'exercera l'avocat-médiateur. Il doit aviser ses clients, avant d'entreprendre sa médiation, qu'il agit à titre de médiateur tout en étant avocat. Sa formation d'avocat lui permettra de préciser l'état du droit ou de la jurisprudence sur un point, mais toujours à titre d'information légale. Il devra les aviser qu'en aucun temps il ne pourra donner de conseils juridiques à l'un ou à l'autre. Il devra même ajouter et expliquer à ses clients le rôle que pourra jouer un avocat-conseiller pour chacun dans le processus de la médiation.

Avant d'entreprendre la médiation ou au cours de la médiation, lorsque, suite aux informations fournies, des questions surgiront de part et d'autre, l'avocat-médiateur invitera les parties à consulter chacun leur avocat et à chercher les conseils nécessaires.

Il est essentiel qu'avant de commencer le processus de médiation, l'avocat-médiateur vérifie auprès des deux parties la bonne compréhension de son rôle. Le véhicule idéal pour ce type d'informations est le formulaire de mandat qui décrit ce que fera et ne fera pas le médiateur au cours du processus de médiation (Shaposnick, 1986).

Ce formulaire de mandat peut également contenir la recommandation, voire même l'obligation des parties d'aller consulter un conseiller juridique indépendant. Il est également suggéré dans ce formulaire de mandat de préciser que les parties s'engagent à produire et à divulguer toutes les informations nécessaires pour la bonne marche des négociations. Il est également recommandé de préciser que les discussions se feront dans un climat de coopération où chacun respectera l'autre et travaillera à trouver des solutions qui ne seront pas élaborées au détriment de l'autre et que toute discussion au sujet de la garde et des droits d'accès devront avoir pour objectif le meilleur intérêt des enfants. Enfin, il est recommandé aux parties de s'engager à « geler » leur actif et leur passif pendant le processus de médiation, ou jusqu'à ce qu'une décision dans le cours de la médiation soit prise sur l'actif concerné.

Le médiateur-avocat a également avantage à inclure dans le consentement ou mandat de médiation une clause à l'effet que les parties acceptent que le médiateur ne puisse être appelé par aucune d'elles à témoigner en cour dans toute procédure judiciaire advenant un échec de la médiation.

L'article 815. 3 du Code de procédure civile énonce clairement que rien de ce qui a été dit ou écrit au cours d'une entrevue de conciliation n'est recevable en preuve dans une procédure judiciaire. La confidentialité des entrevues de médiation n'est pas clairement protégée pour autant. Encore une fois, il est important de s'assurer que les parties ont bien compris les conséquences de s'engager à ne pas convoquer un médiateur par *subpoena* pour témoigner.

Le médiateur ne jouirait pas de la protection accordée aux intervenants nommés par le tribunal pour réconcilier les parties en vertu du paragraphe 10(4) de la *Loi sur le divorce.* Cependant, les avocats qui agissent comme médiateur peuvent invoquer le secret professionnel puisqu'ils exercent comme avocat-médiateur.

En terminant, le formulaire de mandat peut suggérer aux parties de partager les honoraires du médiateur.

L'objectif des parties, qui ont choisi la médiation comme moyen de régler les conséquences de leur séparation, est d'arriver à une entente satisfaisante et équitable. La dernière étape du processus de médiation est la rédaction du projet d'entente. La responsabilité de cette étape appartient au médiateur qui, au cours des différentes rencontres, a noté les options des parties sur les différents points en litige.

L'avocat-médiateur a déjà l'habitude de la rédaction des consentements à jugement dans sa pratique d'avocat. Il devra toutefois constater qu'un projet d'entente de médiation, quoique ayant plusieurs similitudes, diffère d'un consentement à jugement. Le libellé, quant à la garde ou à l'accès aux enfants, ou encore quant à l'usage de la résidence familiale durant l'instance de la médiation, peut être sensiblement le même. Cependant, l'avocat-médiateur devra être très attentif dans la rédaction pour que le projet d'entente soit à l'image des parties et du processus qu'ils ont choisi, plutôt que semblable à une ordonnance ou à un jugement.

Il est possible et même recommandé à l'avocat de préciser à la fin de l'entente que les parties n'ont reçu que de l'information juridique du médiateur et que, pour la bonne compréhension de leurs droits, elles ont été invitées à consulter des procureurs indépendants. Le médiateur peut ajouter le nom des procureurs des parties ou l'intention des parties de consulter un procureur indépendant.

La représentation par l'avocat-médiateur

La dernière responsabilité de l'avocat-médiateur, suite à son mandat, est de bien informer ses clients qu'une entente de médiation n'est pas un jugement et, par conséquent, qu'elle n'est pas exécutoire. Il doit leur rappeler que l'entente repose sur leur bonne volonté et que la prochaine étape est de la faire entériner par le tribunal selon la procédure choisie pour mettre fin à leur union. L'avocat-médiateur peut informer les parties des différentes procédures possibles dans leur situation.

Il se doit de leur réitérer qu'il ne peut représenter ni l'un, ni l'autre, dans quelque procédure intentée par l'une ou l'autre des parties fondée sur une question ou un point traité en médiation.

Cependant, depuis 1982 (article 527 du Code civil du Québec), il est possible pour les époux de présenter une demande de séparation de corps conjointement, sur projet d'accord. La *Loi sur le divorce* (article 8[1]) permet également les déclarations conjointes par les époux qui soumettent un projet d'entente qui règle les conséquences de leur séparation. Depuis l'entrée en vigueur de ces dispositions, plusieurs couples ont opté pour des demandes conjointes devant le tribunal.

L'avocat-médiateur peut-il agir à titre d'avocat pour les deux parties suite à une médiation réussie ? Plusieurs diront que les clients le réclament, alléguant que la procédure conjointe est la suite logique d'une médiation réussie.

Incontestablement, si la médiation échoue, l'avocat ne peut agir pour une des parties dans toutes procédures subséquentes. Il est tout aussi évident que, si la médiation a réussi et qu'une des parties choisit d'entreprendre des procédures, l'avocat-médiateur ne pourra la représenter.

La réponse n'est pas du tout aussi claire lorsqu'il s'agit de l'avocat-médiateur dont le mandat de médiation est terminé, suite à une entente, et que les deux parties lui demandent d'agir comme avocat dans la procédure conjointe faisant suite à leur médiation. Les réponses et les opinions sont partagées puisqu'il ne semblerait pas contraire aux dispositions du Code de déontologie d'agir conjointement.

Certains avocats adoptent l'opinion qu'idéalement l'avocat-médiateur ne devrait pas représenter les parties, mais plutôt les référer à un confrère (Ouellette, 1991).

Certains avocats agissent devant la cour comme avocats, après avoir agi comme médiateurs, suite aux demandes des clients.

La prudence est de rigueur dans cette dernière option. L'avocat-médiateur doit clairement expliquer son rôle, dès le début de la médiation, et bien préciser la différence des deux mandats. Il agira d'abord à titre de médiateur dans le cadre de la médiation. Suite à une médiation terminée et réussie, il pourrait être possible d'envisager un autre mandat à titre d'avocat pour une demande conjointe.

Reconnaissant que très souvent, et de plus en plus, les clients qui choisissent la médiation optent pour une procédure conjointe afin d'éviter toute forme d'adversité pour le meilleur intérêt de leurs enfants, on ne saurait leur reprocher cette demande, mais plutôt recommander la prudence à l'avocat qui accepte ce mandat.

L'AVOCAT-COLLABORATEUR

Tous les avocats en droit de la famille ne choisiront pas de devenir médiateur, évidemment. Ils sont cependant tous appelés à jouer un rôle important dans ce mode de résolution de conflits, soit à titre d'avocat référant des parties en médiation, soit à titre de conseiller des parties impliquées en médiation, soit comme procureur des parties, après avoir réussi une médiation.

L'avocat référant

Très souvent, la première réaction d'un conjoint vivant une situation de crise matrimoniale sera de faire appel à un avocat pour lui confier son problème. Le client est à la recherche d'un avocat qui peut s'occuper de défendre sa cause et, sauf quelques exceptions, le client n'arrive pas chez l'avocat pour parler de médiation. On doit cependant reconnaître certains changements depuis les dernières années, au fur et à mesure que la médiation devient plus connue du public comme mode de résolution des conflits familiaux.

Lors de sa première rencontre avec le client, rappelons-nous que l'avocat a l'obligation de vérifier les points qui pourraient être négociés et d'informer son client des services de médiation existants (article 9[2] L.D.).

Pour informer le client des services de médiation existants, l'avocat doit avoir une connaissance suffisante de la médiation pour bien l'expliquer à son client. Il doit soulever qu'en médiation les parties éviteront d'utiliser le système accusatoire pour plutôt chercher à négocier une entente satisfaisante selon leur propre système d'équité. Il doit soulever également que la médiation peut permettre de réduire les coûts et les délais. Il doit, enfin, bien définir son rôle comme avocat ou conseiller si les parties optent pour la médiation.

Suite à ses explications et à la lueur de la discussion, l'avocat devrait être en mesure d'évaluer la capacité de son client à entreprendre une médiation. Il peut également, à cette étape, évaluer l'intérêt et les risques pour son client à utiliser ce processus.

Un autre facteur important à considérer est l'élément temps. L'avocat doit examiner si c'est le meilleur temps pour entreprendre une telle démarche, considérant la nature du conflit, l'état psychologique des parties et les enjeux.

Avant de fournir une liste de médiateurs susceptibles de répondre aux besoins et aux moyens de son client, l'avocat révisera avec lui ses droits et obligations, selon les points à être négociés en médiation.

Le mandat de l'avocat référant n'est pas du tout terminé une fois le client référé en médiation. L'avocat doit encore discuter avec son client de sa disponibilité et des modalités de son rôle comme conseiller une fois la médiation engagée. Il doit enfin lui rappeler qu'advenant la nécessité, ou l'échec de la médiation, il sera toujours possible d'entreprendre des procédures judiciaires.

L'avocat-conseiller

Le rôle de l'avocat-conseiller des parties engagées en médiation est très important et sa perception de la médiation peut influencer l'issue de la médiation.

Le rôle de conseiller n'est pas nouveau pour l'avocat qu'on nomme souvent conseiller juridique. Ce qui est nouveau, c'est sa position de conseiller juridique «en retrait» dans un processus contrôlé par le client «à l'avant». Loin d'être moins important, ce rôle est différent. En effet, l'avocat exerçant en droit matrimonial a l'habitude de la représentation, puisque quotidiennement il négocie ou plaide les intérêts de son client devant le tribunal. Il peut donc trouver difficile de ne pas être impliqué directement dans la négociation. Il doit donc s'adapter à son nouveau rôle de conseiller pendant le processus, pour bien comprendre l'entente finale et être en mesure de bien conseiller son client.

Le mandat doit donc être redéfini par le client qui a choisi ce processus pour parvenir à une entente et par l'avocat-conseiller qui respecte le choix de son client, en reconnaissant que la médiation est plus que la négociation d'une entente. La médiation est l'implication directe du client dans la négociation et dans la recherche d'une solution à l'amiable.

L'avocat-conseiller doit premièrement vérifier que le client a une connaissance et une compréhension de ses droits et de ses obligations. Il doit ensuite vérifier les points qui ont fait, ou font, l'objet de discussion en médiation. Selon les sujets, l'avocat-conseiller doit vérifier que les données, les chiffres ou documents ont été fournis par les deux parties, à l'intérieur du processus de médiation.

Le client peut alors expliquer à son avocat-conseiller les différentes options qui ont été soulevées et demander des conseils légaux sur chacune des options. Très souvent l'avocat-conseiller envisagera à cette étape l'hypothèse de la décision du tribunal ou l'état de la jurisprudence sur les points en litige.

L'avocat-conseiller peut jouer un rôle très actif dans la résolution d'une impasse. En effet, il arrive que les parties, après avoir envisagé toutes les options, se positionnent temporairement.

Le rôle de l'avocat-conseiller est des plus important à cette étape du processus de la médiation. Il peut soutenir son client dans cette démarche difficile, réviser ses droits et obligations. Il peut informer son client des risques, des coûts, des délais et des contraintes à aller devant le tribunal. À la lumière de cette discussion, il peut lui conseiller d'autres options.

Malheureusement, malgré l'habileté du médiateur à régler les impasses, l'avocat-conseiller qui n'a pas une bonne connaissance du processus de la médiation pourrait provoquer l'échec de la médiation. L'avocat-conseil peut soulever les points réussis pour résoudre les impasses et ne pas compromettre toute possibilité d'entente. L'avocat-conseiller doit comprendre l'importance pour son client de réussir la médiation, malgré souvent un sentiment d'échec.

L'avocat-procureur

Le mandat du médiateur se termine ordinairement avec la rédaction et la remise du projet aux parties. Le projet d'entente doit contenir les décisions et les points sur lesquels les parties se sont entendues. Les parties ont déjà été informées par le médiateur, au début de la médiation, que ce document n'a aucune valeur légale et qu'elles devront consulter un procureur, faire vérifier leur entente et entreprendre les procédures judiciaires nécessaires.

Les procureurs des parties devront, dans un premier temps, réviser le projet d'entente. Si le procureur est l'avocat référant, ou l'avocat qui a agi comme conseiller pendant le processus de médiation, sa tâche sera facilitée par sa connaissance des parties, de leurs démarches et des options envisagées avant le projet définitif. Le procureur vérifiera, à la lumière de ses connaissances, la légalité de l'entente. Il doit également s'assurer que les droits de son client sont respectés. Advenant que son client renonce à certains droits, le procureur vérifiera la bonne compréhension d'une telle renonciation et discutera avec son client du motif.

Le procureur doit chercher à comprendre comment son client perçoit une entente équitable. Il doit également vérifier sa viabilité. Une fois les vérifications terminées, le procureur traduira, dans un consentement à jugement, les modalités du projet de médiation et conseillera son client quant aux procédures à entreprendre pour faire entériner son entente.

CONCLUSION

Comme nous avons pu le constater, les avocats qui exercent en droit matrimonial ne peuvent ignorer le développement de la médiation.

Quelques-uns, qui ont choisi de s'intéresser à ce champ de pratique depuis quelques années, possèdent maintenant une expertise intéressante comme médiateur. Les autres font le constat que la médiation s'insère de plus en plus dans leur pratique.

En effet, certains clients arrivent régulièrement chez l'avocat avec une demande d'information sur la médiation, d'autres viennent chercher un mandat de conseiller ou de procureur parce qu'ils ont déjà choisi la médiation.

À la veille du Sommet de la justice, la médiation est à l'ordre du jour des discussions préparatoires de plusieurs groupes de travail.

On ne peut plus douter qu'au lendemain de ce Sommet, la médiation sera d'une façon ou d'une autre une étape intégrée au règlement des conflits familiaux.

Il serait alors souhaitable que tous les avocats reçoivent une formation de base en médiation. Le but n'est pas de faire de tous les avocats des médiateurs, mais bien d'excellents collaborateurs avec leurs confrères médiateurs, ou avec les autres professionnels médiateurs, pour aider les parties à parvenir à une entente satisfaisante, viable et équitable pour elles-mêmes et leurs enfants.

BIBLIOGRAPHIE

Barreau du Québec, « Médiation et éthique professionnelle », Service de médiation familiale, *La médiation familiale, Guide du médiateur avocat,* 1986.

BERG, Adriane G., « The Attorney as Divorce Mediator », *Mediation Quarterly,* nº 2, décembre 1983.

CHALKE, Douglas R., « Mediation of Family Disputes : BC Practice in 1988 », 3rd Annual Canadian Conference on Family Mediation, 1988.

COOGLER, D. J., *Structured Mediation in Divorce Settlement,* Lexington Books, 1978.

FILION, Lorraine, « Rapport du programme de formation en médiation familiale », Recueil de conférences prononcées lors du Colloque sur le programme en médiation familiale, 1985.

HAYNES, John M., *Divorce Mediation. A Practical Guide for Therapists and Counsellors,* New York : Springer Publishing Co., 1982.

Journal Barreau, « Le Service de médiation du Barreau se concrétise », vol. 18, nº 15, 1986.

Journal Barreau, « Les avocats doivent se préparer à faire de la médiation », vol. 18, nº 3, 1987.

Journal Barreau, « Nouveau défi pour les avocats », vol. 18, nº 5, 1987.

Journal Barreau, « Le Barreau commence l'année avec un nouveau service », vol. 18, nº 3, 1987.

MURRAY, André, « La médiation familiale : une progression rapide », [1986] *R.D.F.* 311 à 325.

OUELLETTE, Monique, *Droit de la Famille,* Montréal, Thémis, 1991.

RUTHERFORD, Mark C., « Lawyers and Divorce Mediation : Designing the Role of "Outside Counsel" », *Mediation Quarterly,* 1986.

RYAN, Judith P., « The Lawyer as Mediator : A New Role for

Lawyers in the Practice of Nonadversarial Divorce », *Canadian Family Law Quarterly,* 1986-1987.

SHAPOSNICK, Philip, « L'Avocat-médiateur : considérations déontologiques et pratiques », Service de médiation familiale, *La médiation familiale, Guide du médiateur avocat,* 1986.

Le notaire et la médiation familiale

François Crête *

La médiation familiale étant un processus pour permettre aux couples en instance de séparation de régler leurs conflits, le notaire, comme d'autres professionnels, a été appelé à devenir médiateur.

Le notaire, répondant aux besoins juridiques de ses clients, a préparé des conventions qui prévoyaient les modalités de la séparation des couples en instance de divorce.

Le notaire, étant plus ou moins formé à résoudre ce genre de dossier, a dû innover pour répondre aux besoins de sa clientèle dans ce domaine. Il lui a fallu également se perfectionner, suivre des cours, apprendre à mieux gérer les conflits que soulevaient les couples en instance de séparation.

Souvent les gens ignorent sa compétence dans ce domaine et le rattachent à certains champs d'activité plus traditionnels. Le notaire, de par sa formation, traitait déjà des dossiers où il avait à faire de la médiation ou de la conciliation entre les parties impliquées.

Au départ, les couples en instance de séparation ont probablement fait appel au notaire pour les aider à résoudre leurs conflits, non pas surtout en tant que médiateur mais en tant que conseiller juridique neutre et impartial, et en tant que spécialiste en partage des biens. Plusieurs personnes l'ont consulté également lors de leur séparation afin de les aider à prendre des décisions justes et équitables qui respecteraient la loi, leur régime matrimonial et leur contrat de mariage. De plus, les couples en instance de séparation

* Notaire.

ont requis ses services dans le but de les aider à rédiger un projet d'entente qui refléterait bien leur volonté.

Le notaire a probablement été appelé à jouer tantôt le rôle de médiateur et tantôt le rôle de notaire traditionnel qu'on lui connaissait, et il a dû apporter certains changements dans sa façon d'aborder les couples qui viennent le voir comme médiateur, en laissant les conjoints négocier eux-mêmes tout en leur donnant l'information et le support nécessaires pour qu'ils en arrivent à des décisions justes et équitables.

Nous savons tous que la médiation fait appel à des compétences psychologiques et juridiques, l'un ne va pas sans l'autre. C'est pourquoi le notaire offrant des services de médiation, comme d'autres professionnels, devra avoir une approche différente, plus humaine, plus à l'écoute de ce que vivent les couples en instance de séparation.

Il faut vraiment distinguer le rôle du médiateur de celui de juriste car le médiateur est différent d'un juriste. En plus d'avoir les connaissances juridiques, il doit avoir toutes les connaissances nécessaires pour aider les couples à s'exprimer, à négocier et à prendre les décisions qui seront justes et équitables pour eux.

Il faut se rappeler qu'il y a quelques années, le législateur québécois déjudiciarisait le recours en séparation de corps en permettant aux couples concernés la présentation d'une requête conjointe en séparation de corps ou en divorce accompagnée d'un projet d'accord sur le partage des biens et des responsabilités de chacun, la pension alimentaire, etc.

Depuis, un couple peut mettre fin à son union à l'amiable en rédigeant lui-même un projet d'accord en séparation de corps ou en divorce ainsi qu'une requête conjointe pour obtenir un jugement. Dans la région de Montréal, les couples n'ont même plus à comparaître devant le juge sauf si ce dernier le demande. Cette procédure est relativement simple et les frais sont raisonnables, vu l'entente des parties.

Le divorce sur simple présentation d'un projet d'accord n'est plus un procès. Il n'y a pas de litige car les conjoints s'entendent pour mettre fin à leur union. Dès lors, quoi de plus naturel pour un couple si tel est son vœu, que de faire appel à un médiateur pour l'aider dans cette démarche.

Le notaire est tenu d'observer, dans l'exercice de sa profession, les règles de probité et d'impartialité les plus scrupuleuses. Il doit chercher à établir une relation de confiance mutuelle avec ses clients.

Il doit agir comme conseiller désintéressé, franc et honnête et s'acquitter de ses devoirs professionnels avec intégrité. Le code de déontologie adopté par l'Association de médiation familiale exige que les médiateurs respectent également ces règles de neutralité et d'impartialité.

Si le bien de ses clients l'exige, il doit, sur autorisation de ces derniers, consulter un confrère ou une consœur ou un membre d'une autre corporation professionnelle, ou une autre personne compétente, ou les diriger vers l'une de ces personnes. C'est pour cela qu'en médiation familiale le notaire, se sentant moins à l'aise dans certains éléments du dossier, ne devrait pas hésiter à offrir au couple une comédiation avec un autre médiateur, ou recourir aux services d'un spécialiste.

Le notaire doit également faire connaître aux parties la nature de l'acte découlant du mandat qui lui est confié et ses conséquences juridiques normalement prévisibles. Il doit aussi les informer des implications fiscales actuelles d'un tel acte et, suivant les circonstances, les référer à une personne compétente en cette matière.

Il doit s'assurer d'obtenir toutes les informations essentielles à la préparation d'un acte ou d'une convention et informer ses clients des formalités nécessaires à la validité et à l'efficacité d'un tel acte ou d'une telle convention.

En plus des avis et des conseils qu'il est appelé à fournir, il doit donner à ses clients les explications nécessaires à la compréhension du dossier.

Le notaire a souvent été perçu par les gens comme une sorte de «juge de paix», et nous insistons sur les mots «juge de paix» car ils ont une signification très profonde. C'est la même chose pour le médiateur. Son rôle sera de diminuer les tensions existant dans le couple qui est sous le choc de la séparation, de les aider à communiquer afin d'éviter que les conflits ne prennent des proportions trop grandes, de les aider à négocier pour en arriver à des solutions satisfaisantes pour leur apporter une paix intérieure.

Le notaire, de par ses fonctions, est appelé à jouer le rôle de conciliateur privé dans plusieurs dossiers qu'il traite, en suggérant des solutions justes et équitables pour toutes les parties concernées. De plus, ce rôle de conciliateur privé apporte aux parties une paix, en comparaison du stress créé par les procédures introduites devant les tribunaux.

Il faudrait que les gens prennent conscience qu'ils peuvent travailler à régler eux-mêmes leurs conflits à travers la médiation. Au lieu de transporter leurs conflits entre les mains de la justice, il faudrait d'abord se demander s'il y a d'autres moyens de les régler.

Le gouvernement désire déjudiciariser les conflits existant dans les couples en instance de séparation en leur proposant des méthodes de résolution de leurs conflits. La médiation devrait être le premier processus proposé aux couples.

Au cas d'échec de la médiation, il serait intéressant d'offrir des services d'arbitrage en matière familiale et les tribunaux ne devraient intervenir qu'au cas seulement où la décision rendue par les arbitres ne satisferait pas les couples et que ces derniers voudraient faire appel en dernier recours aux tribunaux.

La *Loi sur le divorce* oblige les procureurs à informer leurs clients des services de médiation qu'ils connaissent avant d'entreprendre des procédures de divorce. Cette obligation n'est pas une mesure efficace. Les règles de procédure devraient être modifiées pour permettre au juge, dans certains cas, de demander aux couples qu'ils tentent une médiation avant le début du procès.

Serait-il préférable de tout simplement tenter de communiquer avec l'autre partie concernée par le conflit, pour négocier une entente satisfaisante pour les deux parties dans les circonstances ? Souvent les gens hésitent à entreprendre cette démarche parce qu'ils ne se sentent pas à l'aise pour défendre leurs intérêts, ils n'ont pas confiance en leurs capacités de négociateur. Alors, pourquoi ne pas requérir l'aide d'un arbitre, d'un conciliateur ou d'un médiateur ?

On prévoit de plus en plus dans les contrats commerciaux des clauses d'arbitrage où, en cas de conflits entre les parties, ces dernières s'en remettent à la décision d'un arbitre ou de plusieurs arbitres choisis par les parties.

Est-ce qu'il serait souhaitable que, dans les contrats de mariage, nous prévoyions une clause à l'effet qu'en cas de séparation des conjoints ces derniers devront tenter une médiation pour régler leurs conflits et qu'en cas d'échec ils devront se soumettre à un arbitrage ?

Les gens recherchent chez le notaire un professionnel compétent qui va les aider à régler leurs conflits et pas seulement lors de leur séparation de corps. En effet, dans sa pratique quotidienne, le notaire est appelé à faire de la médiation ou de la conciliation pour permettre à ses clients d'éviter que des conflits prennent des proportions trop grandes et dégénèrent en procès.

Au niveau du partage des biens, le notaire médiateur a une très grande expertise en la matière. Il est déjà habitué à préparer des actes de partage de communauté de biens ou de société d'acquêts suite à un jugement de divorce ou de séparation de corps ou lors d'un changement de régime matrimonial où le couple marié en communauté de biens ou en société d'acquêts désire mettre fin à ce régime pour adopter un nouveau régime de séparation de biens. Également au niveau du règlement des successions, le notaire est appelé parfois à procéder au partage des biens du défunt entre les légataires ou les héritiers.

Ici, en médiation familiale, il faut tenir compte de la Loi 146 [1] qui oblige les conjoints à partager également leur patrimoine familial lors de la séparation ou du divorce.

En premier lieu, le médiateur devra s'assurer que chacun des conjoints lui dévoilera la valeur réelle de tous ses biens. Chacun devra faire l'état de son actif et de son passif pour déterminer la juste valeur marchande de ses biens.

Il faudra vérifier si les conjoints ont renoncé avant le 31 décembre 1990 à l'application des articles 462.1 à 462.13 du Code civil du Québec quant au partage du patrimoine familial des époux. De plus, il faudra déterminer le régime matrimonial qui s'applique aux époux et tenir compte également des dispositions contenues dans leur contrat de mariage.

En principe, les conjoints doivent partager également leur patrimoine familial qui se compose de la valeur de la résidence princi-

1. L.Q. 1989, c. 55.

pale et de la résidence secondaire de la famille, des meubles affectés à l'usage du ménage qui les garnissent ou les ornent, des véhicules automobiles utilisés pour les déplacements de la famille et des droits accumulés durant le mariage au titre de régime de retraite ou Régime des rentes du Québec ou de programmes équivalents [1].

Il faut bien noter ici que le patrimoine familial est formé de certains biens des époux sans égard à celui des deux qui détient un droit de propriété sur ces biens [2]. Donc, ce qui est partageable entre les conjoints, ce n'est pas nécessairement les biens eux-mêmes, mais la valeur de ces biens. Après avoir évalué la valeur du patrimoine familial, on établit la part de chacun en tenant compte du droit de propriété de chacun des conjoints sur ces biens. Un des conjoints peut alors devoir à l'autre une certaine valeur qu'il peut payer par le transfert de certains biens à l'autre ou en argent comptant.

Il faut ici préciser que les conjoints ne sont pas obligés de partager également. Ils peuvent convenir librement de partager la valeur de leur patrimoine familial d'une autre façon. S'il n'y a pas d'entente entre les conjoints, le juge sera porté à appliquer la loi et à exiger un partage égal. Malgré tout, il se peut que, pour des raisons très valables de justice et d'équité, le juge impose un partage inégal.

Ensuite, il faudra tenir compte du régime matrimonial des époux pour procéder au partage des autres biens. Si les conjoints étaient mariés sous le régime de la communauté de biens ou de la société d'acquêts, le notaire médiateur, et il est le seul à pouvoir l'offrir, pourra suggérer aux conjoints d'effectuer un changement de régime matrimonial pour adopter celui de la séparation de biens, s'ils ne veulent pas immédiatement poursuivre leur dossier jusqu'au divorce. Le notaire devra alors procéder à un partage de la communauté de biens ou de la société d'acquêts et faire signer un nouveau contrat de mariage aux conjoints pour adopter le régime de la séparation de biens. Cela permettra à chacun des conjoints d'avoir la libre disposition de tous ses biens et de ne pas être responsable des dettes de son conjoint. Cependant, si le couple n'obtient pas de jugement de divorce ou de séparation de corps, la Loi 146 sur le

1. Art. 462.2 du Code civil du Québec.
2. Art. 462.1 du Code civil du Québec.

partage du patrimoine familial pourra s'appliquer advenant le décès de l'un des conjoints.

Pour les couples qui ont signé un contrat de mariage, le médiateur devra procéder à l'analyse des donations entre vifs et des donations à cause de mort, en apprécier l'application dans le cadre de la séparation et voir à en obtenir quittance s'il y a lieu.

Le médiateur devra également tenir compte de l'impact fiscal des ententes prises par les conjoints au niveau de la pension alimentaire. Il faudra tenir compte des conditions exigées par la loi si l'on désire que la pension soit imposable pour le conjoint qui la reçoit et déductible pour le conjoint qui la verse. Il faudra de plus faire le calcul pour prévoir l'augmentation de l'impôt sur le revenu du conjoint qui reçoit la pension afin de déterminer le montant de la pension nette que ce conjoint peut utiliser pour les besoins de la famille, et il faudra également tenir compte de la diminution de l'impôt sur le revenu du conjoint qui verse la pension pour en déterminer le coût réel pour lui.

S'il y a paiement d'un montant forfaitaire ou d'une somme globale qui pourrait être versé en plusieurs paiements périodiques, il faudra vérifier si ce paiement est imposable et/ou déductible. Il faudra examiner si un des conjoints est en droit d'obtenir une prestation compensatoire.

Si les conjoints décident de transférer entre eux certains biens, il faudra tenir compte du gain en capital et de la récupération d'amortissement qui pourrait s'appliquer. Il faudra vérifier également s'il est possible ou avantageux d'effectuer les roulements d'impôts entre les conjoints ou d'effectuer les transferts de biens à la juste valeur marchande.

De plus, comme les conjoints ne peuvent bénéficier que d'une résidence principale dont les profits réalisés lors de la vente ne sont pas imposables, il faudra préciser, dans certains cas, lequel des deux conjoints peut bénéficier de cette exemption.

Le médiateur ne devrait pas hésiter, lorsque la situation financière des conjoints l'exige, à recourir à un fiscaliste pour pouvoir bien conseiller chacun des conjoints sur les conséquences fiscales des décisions mises de l'avant.

Il faudra examiner les fonds de pension, de retraite, les régimes enregistrés d'épargne-retraite et en obtenir la valeur nette après impôt pour bien calculer la valeur du patrimoine familial, et voir, selon les cas, au transfert des droits de l'un des conjoints à l'autre. De plus, il faudra vérifier si les conjoints désirent, après que le jugement de divorce sera obtenu, procéder au partage des gains inscrits au Régime des rentes du Québec ou s'ils désirent y renoncer.

Après que les conjoints aient fixé les conditions de leur séparation, le médiateur pourra procéder à la rédaction de leur projet d'entente qui sera joint ultérieurement à la demande en séparation de corps ou de divorce, si elle a lieu.

Ce ne sont pas tous les couples qui sont en mesure de passer à travers une médiation, mais après que le choc de la séparation soit passé, si les conjoints ont la volonté de s'entraider pour mieux vivre leur séparation, éviter des frais élevés, voire exorbitants, éliminer le stress vécu à travers la séparation et éviter qu'un jugement-surprise soit rendu qui ne satisfasse aucun des conjoints, chacun aura intérêt à tenter une médiation afin d'en arriver à une entente qu'ils auront élaborée ensemble et qui ne contiendra aucune surprise puisque tout aura été discuté et négocié au préalable.

Nous avons tous le droit de vivre en paix, c'est à chacun de prendre les moyens en conséquence.

Autres moyens de résolution de conflits

Richard J. McConomy *

Tout bon médiateur doit reconnaître les limites de ce moyen pour régler les conflits. La médiation n'est pas une panacée, c'est-à-dire un moyen de régler tout conflit.

Le but de ce chapitre est de souligner que la médiation n'est qu'un moyen de résolution de conflits, il en existe d'autres.

Parfois, le médiateur doit accepter que le succès de son intervention soit partiel et que vouloir « réussir une médiation à tout prix » risque de ne pas rendre service à ses clients, bien au contraire. Le bon médiateur doit reconnaître ses limites ainsi que les situations qui demandent une intervention autre que la médiation.

De plus en plus, nos tribunaux sont appelés à intervenir dans des situations conflictuelles de toutes sortes. Comme société, nous demandons à nos institutions de répondre de façon efficace à des questions fort complexes, mais sans les munir des armes nécessaires pour une telle lutte. De plus, nous, les avocats, juges et autres, devons faire face à la réalité que trop souvent nos systèmes ne répondent pas à l'appel. En somme, nos institutions ne peuvent pas fournir une performance à la hauteur de nos attentes. Nous déclarons dans tous nos systèmes politiques que *la paix* doit demeurer un idéal recherché par tous les peuples et tous les systèmes au point de vue international. Certains parmi nous voient là un paradoxe. Le dicton qui veut que la « charité bien ordonnée commence par soi-même » doit avoir son application quant à la paix. La paix doit

---

* Avocat.

rayonner à partir de l'individu pour se répandre dans notre société et rejoindre les instances les plus hautes où, autour des tables de négociations internationales, les principes de justice et d'équité doivent trouver leur application ultime.

Alors, par où commencer ?

En Amérique, les mouvements favorisant les approches non traditionnelles pour traiter des conflits et des différends se sont multipliés depuis ces dernières années. Les Barreaux américain et canadien ont tous les deux étudié les alternatives au procès traditionnel et les options pour créer un système communément appelé le A.D.R. *(Alternate Dispute Resolution) ;* mais comme les mots réussissent peu souvent à livrer leur message, la littérature semble vouloir dédire la définition, et nous nous expliquons :

1) Alternate : ces moyens de résolution de conflits, bien qu'ils soient là pour remplacer le procès traditionnel avec enquête, ne doivent pas le remplacer complètement car il y a toujours des circonstances dans lesquelles le procès est le meilleur moyen. En plus, la possibilité ou même la menace de faire un procès est essentielle pour rendre possible l'alternative qui, en certaines instances, est préférable au procès. Le paradoxe semble être que le procès doit exister pour que les alternatives aient une chance de réussir.

2) Dispute : nous parlons souvent de conflit comme décrivant les problèmes auxquels nous faisons face. Mais, nuance, la littérature semble voir une distinction géniale entre un conflit et un différend *(dispute).* Un conflit est un problème à l'intérieur d'un individu ou d'une institution, mais un différend semble confronter deux individus ou deux institutions.

3) Resolution : ce mot est trop optimiste. Souvent il est préférable de se contenter de gérer un problème, ou bien de réaliser que la solution d'un problème peut être une affaire de temps et qu'un changement dans les circonstances entourant le problème est nécessaire avant que le problème ne disparaisse ou ne se règle de lui-même.

LES AUTRES MOYENS DE RÉSOLUTION DE CONFLITS (ALTERNATE DISPUTE RESOLUTION)

Le mouvement en faveur du *« Alternate Dispute Resolution »* en Amérique représente une tentative de décrire les options face à un conflit, qui sont des alternatives à une action en justice menant à un jugement pour trancher des conflits. Le mouvement a ses racines dans une frustration à l'égard du système judiciaire qui, trop souvent, répond mal à la demande de citoyens pour un mode de règlement de conflits.

À L'INTÉRIEUR DU SYSTÈME JUDICIAIRE

Poser la médiation comme l'opposé d'un procès devant les tribunaux est facile, mais trompeur. Un procès, si absolument nécessaire, peut être amélioré ou simplifié par les « actes de médiation » exigés ou posés durant le processus judiciaire.

Divulgation

Les règles exigeant la divulgation de la preuve avant le procès démontrent une similarité avec le processus de médiation. L'appareil judiciaire reconnaissant la faiblesse d'un système de *« trial by ambush » ou* « procès par surprise » a su innover pour exiger que, de part et d'autre, une divulgation complète des données de base soit faite avant le procès. Le meilleur exemple est l'état des revenus et dépenses de chaque partie (document requis par les *Règles de pratique de la Cour supérieure du Québec en matière familiale),* qui doit faire partie intégrante du dossier, sinon la cause ne peut être portée au rôle. La divulgation de toute expertise psychosociale démontre également cette préoccupation favorisant la divulgation.

Conférence préparatoire

Un deuxième exemple « d'acte de médiation » dans le processus judiciaire est l'intervention d'un officier de justice, un juge ou un quasi-juge, qui détient le mandat, non pas de trancher la cause, mais plutôt celui de tenter d'aider les parties à en venir à une entente. En France, cette étape est la rencontre pour fins de conciliation tenue par les juges aux affaires matrimoniales. Ce système, tout comme le système en Amérique de « conférence préparatoire », a comme but d'aider les parties à en venir à des ententes.

Le système français est beaucoup plus « musclé » puisque le juge aux affaires matrimoniales peut trancher à défaut d'une entente. Les puristes de la médiation critiquent cette forme de médiation étant donné que tout aspect volontaire semble perdre sa place dans ce processus. Mais récemment au Canada, dans la province d'Alberta, un système de médiation/arbitrage a été créé dans lequel le médiateur, s'il y a échec, devient un arbitre et fournit la décision.

Alors, nous pouvons conclure que, même à l'intérieur du système judiciaire, il peut exister des moyens de résolution de conflits qui réduisent les coûts exorbitants des procès et raccourcissent les délais pour ceux qui vivent un conflit, mais qui ont l'esprit ouvert à un règlement de leurs différends. Nous pouvons même dire que certaines de ces méthodes sont draconiennes parce que, de l'insuccès de ces moyens, peuvent résulter une attente beaucoup plus longue et des coûts évidemment plus élevés. Le risque est de créer des dénis de justice, défauts d'accès au procès et décision, quand les moyens alternatifs sont tellement omniprésents que le justiciable se sent forcé de régler, vu les délais et les coûts des étapes intermédiaires.

À L'EXTÉRIEUR DU SYSTÈME JUDICIAIRE

Le médiateur doit également savoir qu'il existe des moyens de règlement de conflits à l'extérieur de l'appareil judiciaire qui, dans certaines circonstances, peuvent être des moyens plus appropriés que la médiation.

La médiation

Avant de faire des comparaisons avec les autres méthodes de résolution de conflits, il serait utile de se rappeler la définition de la médiation. Me André Murray, dans un article publié en 1986 dans le *Recueil de droit de la famille,* écrivait (p. 319) :

La médiation peut être définie comme étant une intervention dans un conflit ou une négociation par une tierce personne acceptable, impartiale et neutre, sans pouvoir décisionnel, dans le but d'aider les parties à développer elles-mêmes une entente viable, satisfaisante et capable de répondre aux besoins de tous les membres d'une même famille, et particulièrement à ceux des enfants.

Cette définition de Me Murray peut être scindée en deux parties. La première partie décrit les qualités de l'intervenant :

— acceptable ;

— impartial et neutre ;

— sans pouvoir décisionnel.

La deuxième partie de cette définition concerne le mandat : celui d'aider les parties à développer elles-mêmes une entente.

Une deuxième définition de la médiation est donnée par Joan Kelly, psychologue et médiatrice américaine :

La médiation est un processus de coopération en vue de la résolution d'un conflit, dans lequel un tiers impartial est sollicité par les protagonistes pour les aider à trouver un règlement à l'amiable satisfaisant[1].

Enfin, une autre définition de la médiation a été donnée par Jean-François Six :

Une définition générale de la médiation doit prendre en compte qu'il y a quatre sortes de médiations, les deux premières étant destinées à faire naître ou renaître un lien, les deux autres étant destinées à parer à un conflit :

— la médiation créatrice : celle qui a pour but de susciter entre des personnes ou des groupes des liens qui n'existaient pas entre eux auparavant, liens qui seront bénéfiques aux uns et aux autres ;

1. Joan B. KELLY, « The Mediation Process and Role : Comparisons to Therapy », *Group Analysis,* vol. 21, 1988, p. 21-35, tel que cité et traduit par Laura Cardia Vonèche et Benoît Bastard dans un document intitulé *Le divorce autrement; la médiation familiale.*

— la médiation rénovatrice : celle qui permet d'améliorer entre des personnes ou des groupes des liens qui existaient entre eux, mais qui étaient distendus ou devenus indifférents ;

— la médiation préventive : celle qui devance un conflit en gestation entre des personnes ou des groupes et réussit à éviter qu'il n'éclate ;

— la médiation curative : celle qui répond à un conflit existant en aidant les personnes ou les groupes qui y sont engagés à trouver, eux-mêmes, par eux-mêmes, une solution [1].

D'autres moyens de résolution de conflits répondent à certains des critères ci-haut mentionnés et diffèrent quant à d'autres.

L'arbitrage

Le principal moyen dans cette catégorie est l'arbitrage.

Contrairement au médiateur, l'arbitre doit décider, c'est-à-dire trancher. Les règles de procédure dans plusieurs juridictions contiennent des moyens par lesquels une décision d'un arbitre peut avoir l'effet d'un jugement de cour. Au Québec, les pouvoirs et devoirs de l'arbitre sont spécialement décrits aux articles 1926.1 à 1926.6 du Code civil du Bas-Canada :

Art. 1926.1 : La convention d'arbitrage est un contrat par lequel les parties s'engagent à soumettre un différend né ou éventuel à la décision d'un ou de plusieurs arbitres, à l'exclusion des tribunaux.

Art. 1926.2 : Ne peut être soumis à l'arbitrage le différend portant sur l'état et la capacité des personnes, sur les matières familiales [2] ou sur les questions qui concernent l'ordre public.

Toutefois il ne peut être fait obstacle à la convention d'arbitrage au motif que les règles applicables pour trancher le différend présentent un caractère d'ordre public.

---

1. Jean-François Six, *Le temps des médiateurs,* Paris, Seuil, 1990.

2. Cette limite peut être interprétée comme excluant les contrats d'arbitrage antérieurs au conflit, mais permettant quand même l'arbitrage des causes matrimoniales sur contrat de référence en arbitrage. Cette question, à notre connaissance, n'a pas encore été tranchée par les tribunaux.

Art. 1926.3 : La convention d'arbitrage doit être constatée par écrit ; elle est réputée l'être si elle est consignée dans un échange de communications qui en atteste l'existence ou dans un échange de procédures où son existence est alléguée par une partie et non contestée par l'autre.

Art. 1926.4 : Est sans effet la stipulation qui confère à une partie une situation privilégiée quant à la désignation des arbitres.

Art. 1926.5 : Une convention d'arbitrage contenue dans un contrat est considérée comme une convention distincte des autres clauses de ce contrat et la constatation de la nullité du contrat par les arbitres n'entraîne pas de plein droit la nullité de la convention d'arbitrage.

Art. 1926.6 : Sous réserve des dispositions de la loi auxquelles on ne peut déroger, la procédure d'arbitrage est réglée par le contrat ou, à défaut, par le Code de procédure civile.

Les contrats commerciaux contiennent souvent une clause par laquelle les parties choisissent la loi qui doit s'appliquer en cas de dispute et s'engagent à épuiser l'option d'arbitrage avant d'intenter une action en justice. Les parties peuvent se lier en excluant les tribunaux et en rendant l'arbitrage obligatoire, ou bien elles peuvent se réserver le droit de ne pas accepter le résultat de l'arbitrage. Plusieurs formules existent pour garantir l'impartialité de l'arbitre.

Il y a des associations d'arbitres qui fournissent des listes d'arbitres accrédités, et sur le plan domestique, et sur le plan international.

Dans certains contextes ou contrats, les parties peuvent nommer chacune un arbitre ; les deux arbitres choisis nommeront par la suite une troisième personne par entente. Cela est une façon de structurer l'arbitrage pour que la décision finale soit prise par deux personnes non impartiales et une troisième choisie par les deux premières pour son impartialité.

L'arbitrage est similaire à la médiation en ce que l'intervenant est acceptable et impartial. L'arbitrage diffère de la médiation parce que le ou les arbitres ont un pouvoir décisionnel et leur mandant est de décider et non pas d'aider les parties à en venir à une entente.

L'expertise

Une autre forme de moyen alternatif est la référence, soit par le juge ou par les parties, à une tierce personne détenant une expertise dans la matière. Un exemple est le service d'expertise psychosociale offert dans un palais de justice à Montréal ou ailleurs. Ce service permet une évaluation qui ne lie ni les parties, ni le juge, mais garantit une enquête sociale indépendante menée par un expert reconnu. Les conclusions de l'expertise sont réévaluées par le juge, prenant en considération les éléments de preuve devant lui. L'expert ne remplace pas le juge mais complète l'enquête. Les parties, en principe, peuvent présenter les résultats d'une contre-expertise, protégeant ainsi leur droit à faire leur propre preuve.

L'article 414 du Code de procédure civile prévoit expressément la nomination d'un arbitre par le tribunal :

Art. 414 : Après contestation liée, le tribunal peut, même de sa propre initiative, s'il est d'avis que les fins de la justice peuvent être ainsi mieux servies :

1. ordonner une expertise par personne qualifiée, qu'il désigne, pour l'examen, la contestation et l'appréciation des faits relatifs au litige ;

2. confier à un expert-comptable ou praticien l'établissement ou la vérification de comptes ou de chiffres, lorsqu'il s'agit de matières qui comportent une reddition ou un règlement de comptes, qui exigent des calculs ou qui se rapportent à un partage de biens.

Par ailleurs, l'article 23.2 des *Règles de pratique de la Cour supérieure du Québec en matière familiale* prévoit ce qui suit :

Art. 23.2 : Le juge ne rend une ordonnance d'expertise psychosociale que du consentement des parties.

Le consentement, rédigé autant que faire se peut selon la formule VI et signé par les parties et leurs procureurs, est déposé au dossier.

La référence à un expert peut donc se faire de plusieurs façons et dans diverses circonstances. Le juge ou les parties doivent toujours prendre le temps de bien identifier le but de l'expertise et les données de base sur lesquelles les parties semblent être d'accord.

La référence à un expert ne doit jamais servir à un refus de juger par un magistrat. Aussi, si les parties désirent un arbitre/expert, ce mandat n'en est pas un d'expertise, mais plutôt d'une prise de décision. L'expert doit savoir à quelles questions il doit répondre. Un mandat par écrit, amplement détaillé, doit être donné en conformité avec les intérêts de tous ainsi que le poids qui sera donné aux résultats d'une telle expertise.

La référence à un expert diffère de la médiation en ce que la tierce personne est choisie selon ses capacités personnelles et son opinion est recherchée. Nous rappelons qu'en médiation ce n'est pas l'expertise de l'intervenant qui est recherchée, mais plutôt sa capacité d'aider les parties à développer une entente. L'expert doit rencontrer les critères d'acceptabilité et d'impartialité à moins que le système n'autorise un juge ou quelqu'un d'autre à nommer l'expert sans l'accord des parties.

LES INTERVENTIONS MIXTES

Dans la dynamique de règlement des conflits, les interventions mixtes peuvent être préconisées. Une fois les barrières interdisciplinaires abolies, rien n'empêche dans un même conflit, dépendant de sa complexité, que tous les moyens soient appliqués, en prenant le meilleur de chacun, dépendant du stade ou du moment de l'intervention et de la nature du conflit. Rien n'empêche qu'un juge ordonne une médiation sur un élément d'une cause, quitte à revenir devant le tribunal s'il y a échec. Rien n'empêche non plus qu'une médiation ait comme but de mieux structurer les questions à soumettre au tribunal.

Rien n'empêche qu'une expertise soit commandée pour déterminer si un procès est nécessaire pour trancher une question purement technique dépassant l'expertise des parties elles-mêmes.

En conclusion, le mouvement vers les modes alternatifs de règlement des conflits est né d'une frustration à l'égard du système judiciaire. Le mouvement a eu comme effet de décloisonner les professions et les domaines d'expertise. Les médiateurs ne sont pas exclusivement des experts en santé mentale ou des travailleurs sociaux. Les juristes n'ont pas l'exclusivité non plus. Les magistrats sont obligés de reconnaître que leur efficacité peut être améliorée par le recours à ces autres moyens.

III

PLACE DE L'ENFANT ET MÉDIATION

Les enfants du divorce : nouveau défi pour les parents, la société et la médiation

Francine Guilbault *

INTRODUCTION

Les grands bouleversements sociaux des cinquante dernières années ont modifié profondément la structure de la famille et nos conditions de vie collective. Le divorce fait maintenant presque universellement partie de l'horizon du mariage. Il est reconnu que 50 % des nouveaux couples connaîtront une rupture de vie de couple, alors que cette proportion n'était que de 9 % la première année d'application de la *Loi sur le divorce* au Canada (1968). L'institution familiale des années 80 revêt ainsi une diversité de formes : bi-parentale, monoparentale et reconstituée ou recomposée. Phénomène très difficile à étudier statistiquement, les familles monoparentales augmentent à une vitesse vertigineuse puisqu'elles ont vu une hausse de 50 % en 10 ans comparativement à 14 % pour les familles bi-parentales pour la même période (Statistique Canada, 1988). Or, la fin d'une vie de couple intense et personnelle est d'abord et avant tout un problème privé qui affecte tous les membres de la famille, parents et enfants. Le propos de cette réflexion écrite portera sur les impacts d'une séparation/divorce chez les enfants et sur les nombreux défis que la transformation familiale pose à notre société actuelle.

Dans un premier temps, nous rappellerons les effets psychologiques que le divorce amène chez les enfants et qui constituent un réel défi pour les parents. Nous aborderons, par la suite, les conséquences économiques dont on ne parle que peu souvent et qui

---

* Travailleuse sociale.

constituent, selon nous, des clés explicatives importantes de la détresse de plusieurs enfants du divorce : cet aspect propose un défi de taille à toute la société. Nous amorcerons, en troisième lieu, une réflexion sur les besoins des enfants du divorce pour tenter de dégager quelques facteurs qui faciliteront une meilleure adaptation pour ces enfants qui, dans presque tous les cas, subissent la décision de rupture de leurs parents.

Enfin, nous appuyant sur une recherche écrite dans le cadre de la maîtrise en service social (1987)[1] et sur notre expérience clinique auprès des femmes chefs de famille et des couples en voie de rupture, nous envisagerons la médiation comme un excellent outil de prévention en vue de favoriser une réorganisation familiale future (monoparentale ou recomposée). Nous en verrons les avantages et les limites afin d'y déceler aussi les défis que ce nouveau champ de pratique a à relever. Nous ne retiendrons pas la médiation comme « une alternative au système adversaire » car la définir ainsi lui donne un caractère comparatif inutile et lui fixe trop de controverses et de limites. Nous préférons envisager une redéfinition de la médiation qui va bien au-delà de l'aide apportée à un couple à délier ses liens. Il y a plus selon nous : l'emphase sera mise à envisager le caractère *d'étape* de ce long processus d'une histoire familiale à restructurer. Nous croyons donc à une interprétation du divorce qui met l'éclairage sur une rupture-croissance et non plus sur une rupture-fin en soi.

LES CONSÉQUENCES PSYCHOLOGIQUES

Amorcer une réflexion sur les enfants du divorce porte à nous demander, dans un premier temps, s'ils sont nombreux.

Quelques chiffres

Aux *États-Unis* en 1981 : 1,2 million de divorces qui impliquent 1,5 million d'enfants.

1. Francine GUILBAULT et Andrée ANGERS-NGUYEN, *La médiation : étape de restructuration de vie,* Université de Montréal, août 1987.

Au *Canada* en 1984 :	70 436 divorces ont été accordés impliquant 83 000 enfants («Couples in crisis II», p. 1).
Au *Québec* :	40 000 enfants sont chaque année directement impliqués dans le divorce de leurs parents (Vidéo «Les enfants divorcent-ils ?»).

Ces chiffres nous surprennent ? Ils ne livrent pourtant qu'une partie de la vérité car les statistiques sont très limitatives. En effet, elles ne dénombrent que les divorces et laissent dans l'ombre une réalité sociale de plus en plus fréquente : les séparations de fait et les séparations des parents qui vivaient en union libre. Ainsi, en dépit de l'ampleur de ces chiffres, la véritable réalité des enfants du divorce n'est que partiellement recensée. Au-delà de ces chiffres, de moins en moins témoins exacts de nos réalités sociales fluctuantes et qui restent surtout utiles à certains dirigeants épris de données quantitatives, les enfants du divorce auront à traverser une série de bouleversements que nous tenterons d'illustrer sous un angle plus qualitatif.

Selon Wallerstein et Kelly (1983), cette expérience a pour effet de diminuer les sentiments de sécurité et de protection que procurait la famille avec deux parents (quand tel était le cas) et peut amener une période de crise intense. Nous définirons le divorce comme une période transitoire de crise, c'est-à-dire une forme de déstabilisation, point de départ d'un changement majeur de situation. Comme la rupture constitue une première étape dans un long processus de transformations familiales et sociales, elle exigera une demande d'adaptation intense et répétitive aux enfants qui devront s'adapter à un nouvel environnement familial que sera la famille monoparentale ou parfois la famille recomposée très rapidement. La durée et l'intensité de la vie en famille monoparentale sont très variables (Cloutier). En moyenne, après cinq ans les enfants auront à évoluer au sein d'une famille recomposée car 75 % des hommes divorcés et 66 % des femmes divorcées se remarient (Statistique Canada, 1990).

Avant d'illustrer les réactions de ces enfants au divorce de leurs parents, il importe de rappeler qu'il n'existe pas une règle générale qui caractériserait tous les enfants mais plutôt des manifestations semblables qui varient selon l'âge, le sexe, le tempérament de l'enfant et les conditions de la rupture. Globalement, les enfants de tout âge vivent de profonds sentiments d'insécurité suscités par les nombreuses pertes et, trop souvent hélas, l'absence d'information. Nous inspirant du vidéo «Les enfants divorcent-ils?» et d'un texte publié dans *Le bulletin de liaison* [1], nous illustrerons les différentes réactions des enfants au divorce de leurs parents.

Régression

Des recherches démontrent que «plus les enfants sont jeunes, plus la durée de la privation est longue, plus grands sont les risques» (dans Marcotte, 1987, p. 7). La rupture des parents exige de l'enfant une adaptation soudaine et une redéfinition complète de son monde qui occasionne un ralentissement de son développement et une période de régression. On a constaté que les jeunes enfants de 3 à 5 ans tentent de nier la séparation en adoptant des comportements du stade antérieur: «pipi» au lit, difficulté du langage, cauchemars plus fréquents.

Agressivité

Suite à la séparation, les enfants deviennent plus instables ou agressifs à la maison ou avec leurs copains à la garderie. À tout âge ils manifestent de la colère, cherchant parfois à trouver un coupable. Cette colère peut être interprétée comme l'extériorisation d'un sentiment de rejet et d'impuissance. Les enfants, en effet, ne choisissent pas cette séparation: ils subissent la décision de leurs parents et, à ce titre, se sentent mis à l'écart. La colère, suite au choc de l'annonce d'une rupture, est une réaction normale et on peut la considérer comme constructive.

Tristesse

Tout comme pour la colère, la grande tristesse qu'ils manifestent est aussi à normaliser. Cette tristesse n'est pas souvent verbalisée:

---

1. Francine GUILBAULT, «Les enfants du divorce», *Bulletin de liaison,* vol. 14, n° 1 F.A.F.M.Q.

les enfants et les adolescents la vivent souvent seuls. Ils expriment une profonde déception qui perturbe l'image qu'ils ont d'eux-mêmes et de la relation à l'autre.

Culpabilité

Les enfants du divorce, tout comme leurs parents, sont envahis de questions et d'inquiétudes de toutes sortes. Ils s'interrogent sur leur comportement, leurs gestes antérieurs et se sentent responsables des disputes des parents ou de leur décision de se séparer. Faute de comprendre le « pourquoi » de cette rupture, ils concluent que c'est de leur faute surtout jusqu'à l'âge de 8-9 ans.

La peur d'être abandonné(e)

La garde des enfants est confiée à la mère dans 85 % des cas et traditionnellement le père se voit octroyer des droits de « visite » et de « sortie » une fin de semaine sur deux. Quoi qu'il en soit, l'enfant croit souvent avoir perdu son père (dans la plupart des cas) car il ne le voit pas aussi souvent qu'auparavant. En conséquence, il a souvent peur de perdre sa mère. Cette inquiétude est d'autant plus présente que souvent sa mère, suite au divorce, sera obligée de retourner aux études ou au travail et sera elle aussi moins présente à l'enfant.

Tentative de réconciliation

Selon une étude menée auprès de 60 familles sur une période de 10 ans, Wallerstein et Kelly (1983) ont démontré que même après 10 ans les enfants veulent réconcilier leurs parents. Ils inventeront plusieurs stratégies pour réussir cette réconciliation car ils trouvent cette étape de séparation insécurisante et menaçante.

Indifférence ?

À l'adolescence, on remarque une attitude apparente de « je-m'enfoutisme ». L'adolescent veut s'éloigner de son milieu familial pour intensifier les relations avec ses amis et acquérir de plus en plus son indépendance. Le divorce de ses parents peut augmenter des sentiments d'inquiétude propices à cet âge mais, règle générale, les adolescents auront tendance à se replier davantage et à manifester une certaine indifférence. Ils veulent prendre du recul pour se défendre de la douleur de voir la dissolution de leur famille. En conséquence, ayant été témoins des difficultés parentales qui aboutissent à une séparation, ils mettront en question le bien-fondé du mariage et la parentalité. Ici, il est prudent de ne pas généraliser ces données car aucune étude comparative n'a été faite entre un groupe d'adolescents d'une famille bi-parentale et ceux d'une famille monoparentale. Il est ainsi difficile de distinguer les réactions propres au divorce de celles reliées à la «crise» de l'adolescence en général.

Toutes les réactions mentionnées sont des réponses normales à un événement bouleversant : il est bon de rappeler aux parents qui nous consultent qu'elles sont l'expression saine de la blessure qu'ils connaissent eux-mêmes lors de la rupture d'une vie de couple. Cependant, si ces réactions persistent après un an et s'aggravent, on recommande aux parents d'aller chercher une aide psychosociale. Les effets du divorce et des transformations familiales qui en découlent occasionnent une crise certaine chargée d'une dose plus ou moins grande de stress psychologique. Les études qui ont effectué un suivi dans le temps illustrent une pluralité de réactions à long terme. Rappelons «que certains enfants maintiennent de façon durable des problèmes d'ajustement» (Cloutier). D'autres études rapportent qu'après un an, les deux tiers (213) des enfants retrouvent leur rythme antérieur de croissance, la proportion étant plus élevée chez les plus âgés que chez les plus jeunes (Poirier dans Marcotte, 1987).

LES CONSÉQUENCES ÉCONOMIQUES

Quand on envisage de traiter de l'impact du divorce chez les enfants, on met encore souvent l'emphase sur les répercussions psychologiques, laissant dans l'ombre les sérieuses modifications sur le plan économique. Il est de première importance, selon nous, d'envisager les impacts du divorce chez les enfants de ces deux points de vue indissociables, soit l'aspect psychologique *et* l'aspect socio-économique. En effet, les difficultés psychologiques seront exacerbées par la profonde insécurité financière où se retrouvent les enfants et les femmes suite au divorce. Un travail de recherche en service social avec Claire Ste-Marie[1] nous a permis d'approfondir, via la recherche, ce que nous avions constaté dans nos pratiques respectives, soit l'ampleur du phénomène de la pauvreté des femmes suite au divorce.

TABLEAU 1[2]

Tendances des taux de pauvreté, couples et parents seuls 1980 à 1983

(Extrait du C.N.B.E.S., *Profil de la pauvreté* 85, p. 25)

	Parents seuls Femmes		Parents seuls Hommes		Couples	
1980	48,5 %	236 900	19,0 %	14 900	8,8 %	291 300
1981	42,8 %	230 400	13,8 %	12 300	8,9 %	308 000
1982	47,0 %	265 900	19,6 %	19 100	10,6 %	364 100
1983	49,1 %	274 400	21,2 %	18 500	11,1 %	389 000

Ce tableau du C.N.B.E.S. illustre que :

5 familles dirigées par une femme seule sur 10 sont pauvres comparé à
2 familles dirigées par un homme seul sur 10
et
1 famille sur 10 comportant deux parents.

Afin de rafraîchir nos données statistiques, nous avons consulté le récent rapport du Conseil national de bien-être social, *La femme et la pauvreté, dix ans plus tard,* pour constater que la situation continue à se détériorer. Parmi tous les groupes étudiés, c'est celui des familles monoparentales dont le chef est une femme qui est plus sujet à la pauvreté : 57 % de ces familles monoparentales vivent sous le seuil de pauvreté et non plus 50 % comme dans le tableau 1 (C.N.B.E.S., p. 2). Le risque de se retrouver dans la pauvreté est beau-

1. Francine GUILBAULT et Claire STE-MARIE, *Les familles monoparentales : aspect socio-économique,* Université de Montréal, février 1986.
2. Reproduit dans F. GUILBAULT et A. ANGERS-NGUYEN, *op. cit.*

coup plus grand pour les femmes que pour les hommes. S'inspirant des données d'une étude du ministère de la Justice (Richardson et autres), le rapport révèle qu'en 1986 :

— 9 % des hommes divorcés et 30 % des hommes séparés n'ayant pas la garde de leurs enfants avaient des revenus inférieurs au seuil de la pauvreté.

— Dans le cas des femmes qui avaient la garde dans la grande majorité des cas, 58 % des femmes divorcées et 71 % des femmes séparées, étaient démunies (C.N.B.E.S., p. 81).

Or, illustrer la pauvreté des femmes suite au divorce revient à démontrer aussi celle de leurs enfants. Retenons que « deux couples sur trois demandant un divorce ou une séparation ont des enfants à charge » (CNBES, p. 87). N'oublions pas non plus une donnée majeure, qu'il faut répéter bien haut, c'est que dans 85 % des cas ce sont les femmes qui ont la responsabilité des enfants après le divorce. Rappelons brièvement quelques données impressionnantes du dernier rapport du Conseil national de bien-être social intitulé *Les femmes et la pauvreté, dix ans plus tard.*

Les pensions alimentaires

Les pensions alimentaires reçues par les mères chefs de famille en 1986 se situent en moyenne à 18 % du revenu des maris. Les conséquences de ces faibles pensions alimentaires se résument ainsi selon Weitzman : « Après le divorce, le niveau de vie du mari est invariablement supérieur à celui de son ex-épouse et de leurs enfants. » Les réductions les plus importantes ont lieu dans les familles dont les revenus étaient les plus élevés. Me Louise Dulude a illustré dans son étude *Pour le meilleur et pour le pire* que :

Dans les familles dont les revenus se situaient entre 30 000 $ et 39 000 $ avant le divorce, les femmes doivent se contenter (après le divorce) de moins de 40 % des revenus familiaux antérieurs pour elle et les enfants tandis que les maris se maintiennent à 78 %.

TABLEAU 2 [1]

Revenus médians après le divorce, couples mariés pendant dix ans

(Extrait de *Pour le meilleur et pour le pire,* p. 48)

Revenu annuel de la famille avant le divorce	Revenu médian après le divorce, en dollars et en pourcentage du revenu familial antérieur au divorce		Revenu médian après le divorce, *par personne*, en dollars et en pourcentage du revenu familial *par personne* antérieur au divorce	
	Épouse	Mari	Épouse	Mari
Moins de 20 000 $	9 067 $ (71 %)	11 440 $ (74 %)	7 025 $ (129 %)	11 440 $ (176 %)
De 20 000 $ à 29 000 $	13 000 $ (56 %)	18 050 $ (78 %)	8 917 $ (87 %)	16 050 $ (165 %)
De 30 000 $ à 39 000 $	15 000 $ (39 %)	27 000 $ (78 %)	13 050 $ (77 %)	27 000 $ (176 %)
40 000 $ et plus	18 000 $ (29 %)	45 718 $ (75 %)	12 000 $ (48 %)	45 718 $ (201 %)

Enfin l'étude de Richardson révèle que « si les femmes divorcées et séparées et leurs enfants avaient dû se contenter de la pension alimentaire pour vivre, 97 % d'entre elles auraient été démunies » (C.N.B.E.S., 1990, p. 85).

Ces données concernent les femmes qui reçoivent effectivement une pension alimentaire, mais les faits réels sont plus dérangeants encore car :

— Parmi les mères ayant des enfants à charge, 58 % seulement avaient obtenu une ordonnance de pension alimentaire. Les 42 % qui restent ont dû se débrouiller seules pour subvenir à leurs besoins et à ceux de leurs enfants.

De celles à qui on avait promis, même par jugement, une aide financière :

1. Reproduit dans F. GUILBAULT et A. ANGERS-NGUYEN, *op. cit.*

— 63 % touchaient leur pension alimentaire de façon intégrale
14 % ne la touchaient que partiellement
23 % ne la touchaient pas du tout
et 83 % des ex-conjoints défaillants étaient des employés rémunérés.

— La moitié des pensions alimentaires ne dépassaient pas 260 $ par mois, la moyenne étant de 368 $. Seulement un tiers (1/3) des pensions étaient indexées au coût de la vie.

— Près de 50 % des femmes bénéficiant d'une pension alimentaire avaient un revenu total inférieur à 10 000 $. La plupart de celles qui n'avaient pas d'emploi vivaient de l'aide sociale.

Enfin, au moment de la recherche en 1986 :

— Seules 28 % des femmes avaient formé un nouveau couple (union légale ou libre) contre 70 % des hommes. (C.N.B.E.S., p. 85-86)

L'aide gouvernementale ?

Où les femmes se retrouvent-elles avec leurs enfants dans une situation économique aussi désolante suite à une séparation ? Inévitablement elles sont contraintes à demander l'aide gouvernementale et portent l'étiquette inqualifiable de « bénéficiaire » du bien-être social. Au Québec, 60 % des familles recevant de l'aide sociale ont une femme à leur tête, comparé à 20 % des familles vivant en couple (Le Bourdais, 1981 dans Guilbault et Ste-Marie, 1986). Or, pour un parent seul avec un enfant, « les prestations vont de 59 % à 84 % du seuil de la pauvreté » (C.N.B.E.S., 1990).

Les impacts de cette pauvreté

Les conséquences sont nombreuses pour les femmes et les enfants et devraient donner lieu, selon nous, à des recherches plus approfondies. Les enfants du divorce sont marqués par cette pauvreté et auront beaucoup de difficultés à s'adapter à l'instabilité économique et à la précarité alarmante de leurs mères dont l'avenir est très incertain.

Les différences flagrantes entre les niveaux de vie des ex-conjoints devient matière à conflit et à frustration pour les parents et pour les enfants. La différence se poursuivant à travers les années, un sentiment d'agressivité et de révolte s'installe détériorant les relations parentales et les enfants en font souvent les frais. Témoins de cette disparité, les enfants du divorce sont en mesure de comparer les niveaux de vie. Ils reprocheront souvent à leur mère (parent-gardien) ses restrictions budgétaires et rechercheront chez leur père (non gardien) des récompenses financières compensatoires de cette disparité. Cette quête sera d'autant plus sujette à être entendue que certains pères compensent à leur tour pour leur manque de présence par des largesses financières auprès des enfants.

Les enfants du divorce auront des difficultés à s'adapter à l'instabilité économique de leur mère car elle donne lieu à de multiples bouleversements. Conséquemment à la baisse de revenus de leurs mères, ils auront à changer de maison car, même si la Loi 146 accorde aux femmes le partage de la moitié de la résidence familiale, elles n'arrivent pas à acheter la part de leur ex-conjoint. En consultation, elles se désolent d'avoir à envisager pour elles et leurs enfants de si nombreux changements, souhaitant assurer une stabilité de lieu dont elles sont incapables financièrement. Alors souvent les enfants auront à faire des pertes en chaîne, c'est-à-dire changer de maison, de quartier, d'école, de réseaux d'amis, d'environnement. La Loi 146 aura tenté de leur accorder une part équitable de la propriété : dans notre pratique clinique en banlieue, elles passeront très souvent avec leurs enfants d'une maison avec terrain-piscine à un logement restreint en banlieue ou en ville. Des données canadiennes révèlent que « si les deux tiers (2/3) des familles bi-parentales sont propriétaires de leur maison, plus des trois quarts (3/4) des familles monoparentales dirigées par une femme sont locataires ». De plus, elles sont victimes de discrimination et doivent déménager souvent avec leurs enfants. Une étude coordonnée par Guylaine Girard et intitulée *Des mères seules, seules, seules* illustre les multiples difficultés que les mères monoparentales et leurs enfants éprouvent dans des quartiers du Centre-Sud de Montréal.

Cette baisse de revenus a des impacts très grands sur le comportement des enfants en général. Les recherches démontrent que c'est la discorde parentale *et* la pauvreté à laquelle sont réduits les enfants du divorce qui occasionnent des problèmes scolaires et de sérieux comportements délinquants. Certains auteurs ont énoncé l'idée, qu'en moyenne, les enfants de foyers désunis ont de moins bons résultats scolaires que ceux qui vivent avec leurs deux parents. Il faut être prudent dans cet énoncé car les recherches anglaises et américaines révèlent que :

Si les enfants du divorce ont de moins bonnes notes que ceux vivant avec leurs deux parents c'est parce qu'ils vivent dans de moins bonnes conditions économiques. Lorsque les conditions matérielles sont égales, la différence de performance entre les élèves vivant avec un seul parent et leurs camarades vivant avec deux parents est beaucoup moins grande (dans *La Presse,* André Pratte, 15/07/87, p. A-6).

Enfin une étude de la région 06 C tire deux conclusions importantes pour l'intervention auprès des femmes et des enfants du divorce :

— Lorsqu'on retrouve dans un district de C.L.S.C. une forte concentration de familles monoparentales et de propriétés de moins de 20 000 $, la conjugaison de ces deux variables a une incidence directe sur le volume des signalements à la D.P.J. des enfants de 0-9 ans.

— Seulement le haut taux de « monoparentalité » ressort comme étant étroitement associé aux signalements des enfants de 10 à 17 ans (D.S.P.C.S.S. Richelieu, p. 88).

Ainsi la pauvreté, l'état de précarité auquel est vouée la famille monoparentale à dominante féminine est un indicateur clé d'une gamme de problèmes familiaux associée à d'autres variables à risque. Elle explique une partie importante des demandes de service et elle devient un prédicteur de cette demande. On ne saurait envisager une intervention psychosociale auprès des jeunes et des enfants sans tenir compte de cet aspect crucial relié à la problématique des ruptures d'union.

LES BESOINS DES ENFANTS DU DIVORCE : COMMENT Y RÉPONDRE

Plusieurs auteurs véhiculent l'idée que ce n'est pas le divorce en soi qui perturbe les enfants mais la façon dont il se fait. Plusieurs des réactions psychologiques des enfants du divorce ne sont que l'expression de leurs besoins non verbalisés. Pour les parents, reconnaître et répondre à ces besoins restent des tâches difficiles étant donné qu'eux-mêmes traversent une période de crise souvent intense qui amène tristesse, culpabilité et grande confusion. Les parents ont de nombreuses interrogations et préoccupations concernant un avenir souvent incertain. Une de leurs principales préoccupations est celle concernant leurs enfants. Connaître les besoins des enfants du divorce facilitera leur adaptation à cette période de crise. Quels sont donc ces besoins et comment y répondre ?

Besoin d'être tenus en dehors du conflit du couple

Parmi les facteurs qui facilitent l'adaptation des enfants au divorce vient en tête de liste, dans plusieurs études, le degré de capacité des parents à résoudre ou à mettre de côté leurs conflits de couple dans leurs liens avec leurs enfants. Il est reconnu que les conflits qui perdurent et s'éternisent ont des effets plus dévastateurs que la rupture elle-même. Malheureusement, cinq ans après la rupture, 30 % des enfants vivent encore dans un climat conflictuel (Wallerstein et Kelly). La crise ou les difficultés reliées à la séparation du couple doivent se vivre entre les deux adultes concernés. Il est préférable de ne pas impliquer l'enfant dans les querelles sur l'argent, les visites, l'éducation, les vacances, etc. Ils ne doivent pas être utilisés comme le porte-parole ou le bouc-émissaire des ressentiments de l'adulte envers son ex-conjoint ou ex-conjointe. Autant que possible il est préférable de laisser l'enfant poursuivre ses activités habituelles (activités scolaires, jeux et loisirs) et de l'éloigner des discussions orageuses.

Besoin d'être informés

Il est souhaitable que l'enfant soit préparé à la séparation et non pas informé après les faits. De plus, il est recommandé que cette annonce soit faite en présence des deux parents. Si tel est le cas, le problème sera défini comme ayant des causes communes au père et à la mère et le blâme ne sera pas rejeté sur un seul des parents. Les enfants du divorce sont surpris, inquiets et confus... comme leurs parents... et davantage. Il est essentiel de les informer. Il s'agit d'être franc et honnête sans les accabler de détails qu'ils ne pourront comprendre. Les explications devront être ajustées selon l'âge des enfants. Il est bon d'encourager l'enfant à poser des questions aussi souvent qu'il le désire en ce qui concerne cette décision qui l'inquiète. Comme nous l'avons vu, la séparation entraînera des changements et des difficultés financières. Il ne s'agit pas d'inquiéter l'enfant mais d'éclaircir la situation nouvelle et d'en parler ouvertement en invitant l'enfant à collaborer à sa façon. En tout temps, les enfants doivent pouvoir poser des questions et parler de ce qui se passe quand ils en ressentent le besoin. Enfin, lors de cette période d'informations, les *enfants ont besoin d'entendre et de ré-entendre qu'ils ne sont pas responsables de cette séparation.*

Besoin d'être rassurés sur l'amour de chacun des parents

Les enfants qui expérimentent la séparation des parents ont peur d'être abandonnés, avons-nous mentionné déjà. Ils ont besoin d'entendre qu'ils ont encore deux parents qui les aiment même si dorénavant ils habiteront deux endroits différents. Les enfants font partie intégrante du processus de la séparation et rappellent constamment, par leur existence, qu'entre les parents il ne peut y avoir qu'un divorce conjugal et jamais de divorce parental.

Besoin d'aimer librement chacun des parents

Les enfants, dans la plupart des cas, sont confiés à leur mère. Ceux qui avaient un contact étroit avec leur père avant le divorce réagissent fortement à sa perte soudaine totale ou partielle. Sauf dans les cas où la relation père-enfant était néfaste, le maintien des contacts avec le père est souhaitable et important. Les enfants ne veulent pas et ne doivent pas choisir un parent seulement et ne jamais être placés dans une situation à prendre parti pour un parent. Utilisés ainsi comme intermédiaires, ils manifestent de la frustration, de la colère et de la culpabilité qui, par effet de cercle vicieux, exacerbent les conflits entre les parents (Guilbault et Nguyen, p. 128).

Quand ces besoins immédiats seront satisfaits, les enfants auront d'autres besoins à satisfaire qui nécessitent une plus longue période de temps soit :

Besoin de reconnaître la permanence du divorce

Pour aider l'enfant à assumer les nombreuses pertes qu'occasionne le divorce, il appartient au parent d'affirmer et de réaffirmer la permanence du divorce. Il est préférable pour l'enfant et le parent de profiter pleinement du présent, le passé n'étant plus à refaire et l'avenir très souvent incertain.

Besoin de sentir que les parents sont capables de se parler

Avec le temps et avec le support d'une aide professionnelle si nécessaire (médiation), les parents auront accepté ou assumé le choc de la rupture. Ils ne s'aiment plus ou ne vivent plus ensemble *mais ils restent parents pour la vie.* Alors il est nécessaire et fondamental de se PARLER en tant que parent de l'éducation, de l'orientation, des besoins des enfants. Il s'agira pour les parents de mettre en commun leurs inquiétudes et leurs espoirs en ce qui concerne leurs enfants.

LA MÉDIATION : PRATIQUE DE PRÉVENTION POUR MIEUX TRAVERSER LE DIVORCE ET RÉORGANISER LA VIE FAMILIALE FUTURE

Comme nous l'avons vu, les réactions et les besoins des enfants sont variés suite au divorce de leurs parents. Le défi est de taille pour les parents et il est recommandé d'aller chercher une aide extérieure professionnelle. Il est fondamental, selon nous, d'offrir aux couples qui envisagent une rupture des services psychosociaux d'aide à la prise de décision et ce, le plus tôt possible. Notre équipe de travail au CLSC a mis sur pied un tel service afin d'évaluer la viabilité de la relation du couple et d'analyser avec les conjoints les alternatives afin de prendre une décision ferme et éclairée. De plus, avec Claire Ste-Marie, nous avons initié un groupe de rencontres pour les couples « J'me sépare ? J'me sépare pas ? ». Cette période très troublante est, selon nous, un moment très important qui influencera la procédure et l'adaptation future des adultes et des enfants. Quand la décision de séparation est prise, la médiation constitue, selon nous, la pratique la plus adéquate actuellement pour faciliter aux parents et aux enfants cette étape de crise transitoire. C'est pourquoi nous croyons que *la médiation peut être envisagée comme une pratique de prévention car,* rappelons-le, *le divorce n'est qu'une première phase dans la série de transformations familiales et sociales qui suivront.* La transformation du conflit opéré par la médiation aboutit à un « recadrage » du divorce en terme de restructuration plutôt qu'en terme de fin de la famille bi-parentale. Se basant sur la conviction profonde que la séparation représente la fin du couple mais non la fin de la famille, la médiation met tout en œuvre pour respecter les réactions et les besoins des enfants du divorce tels qu'illustrés précédemment.

Ses avantages

La médiation encourage la collaboration et non plus la compétition entre les ex-conjoints en faisant de ceux-ci les acteurs décisionnels principaux du règlement de leur séparation. Elle réduit les sentiments d'anxiété et de colère en maintenant entre eux une communication claire et directe. Elle offre un lieu où installer un dialogue qui éclaircira les positions et les attentes de chacun. Elle peut ainsi constituer un modèle en vue des nombreuses renégociations que la vie familiale future ne tardera pas à apporter. Elle fait prendre conscience aux deux conjoints de l'importance de s'impliquer ensemble au bien-être des enfants et de maintenir dans le futur cette collaboration parentale nécessaire à une meilleure adaptation pour tous et chacun. Selon l'étude pancanadienne du ministère de la Justice, 64 % des couples ayant bénéficié des services de médiation ont dit avoir réussi à s'entendre partiellement ou complètement (Richardson et autres, 1986). La médiation a le grand mérite de fonder son intervention sur la dignité, l'estime de soi et de l'autre et non pas sur un combat qui aboutit trop souvent à une détérioration et à un résultat final perdant-perdant dans le système adversaire.

Après une réflexion approfondie et quelques années de pratique en tant que thérapeute et médiatrice dans la problématique du divorce, nous croyons que la médiation est la voie par excellence offerte aux couples en voie de rupture pour les aider à traverser cette épreuve de vie et à s'investir positivement dans la réorganisation de leur vie individuelle et familiale.

Ses limites

Nous reconnaissons que l'adaptation des enfants au divorce de leurs parents relève de trois facteurs importants et interreliés : la capacité des parents de régler leurs conflits, le degré d'implication des pères et le partage équitable des ressources financières. Nous tenterons d'envisager comment la médiation peut répondre à ces trois facteurs.

En ce qui concerne la *capacité parentale de régler les conflits,* la médiation est très recommandée car, contrairement au système adversaire, elle a constamment comme but de favoriser la communication et la collaboration entre les parents. Elle favorise, avons-nous vu, la distinction entre la rupture conjugale et la rupture parentale en facilitant d'abord et avant tout l'ouverture et le respect.

Le deuxième facteur facilitant l'adaptation des enfants au divorce est le degré *d'implication des pères* auprès de ces derniers. La médiation encourage la co-responsabilité parentale. À ce chapitre, toutefois, elle a, comme nous l'avons vu, de grandes limites et des questions à se poser. Aux États-Unis, si la responsabilité conjointe de la garde devient une pratique de plus en plus courante, on dénote qu'en 1980 seulement 3 % des couples divorcés choisissent la garde légale et physique conjointe (Furstenburg et autres, 1982, dans Guilbault et Nguyen, p. 132). Lors d'un stage de maîtrise en service social au S.M.F. en 1987, les statistiques du Service faisaient état des chiffres suivants (février 1987) :

17 % des couples ont choisi la garde physique conjointe ;

69 % des couples ont opté pour la garde exclusive de la mère ;

8,5 % des couples ont opté pour la garde physique exclusive du père (Guilbault et Nguyen, p. 132).

Même si les valeurs sociales reconnaissent l'importance du rôle du père et du maintien d'une coparentalité suite au divorce, ces valeurs toutes théoriques n'ont pas intégré nos pratiques sociales. Quand des statistiques récentes rapportent que plus de 50 % de la main-d'œuvre active est constituée par des femmes, comment peut-on expliquer que dans 69 % des cas (après médiation) la garde des enfants soit encore assumée par les femmes? En ce sens, ici le défi s'adresse non plus seulement aux parents mais à la médiation et à une révision globale et sociale de nos valeurs en ce qui a trait à la responsabilité parentale. Nous sommes en pratique encore très loin de l'idéal théorique d'un partage de la responsabilité parentale entre les femmes et les hommes. Nous pouvons encore déplorer ce qui ne fait pas beaucoup l'actualité, c'est-à-dire la *démission des pères* et ses conséquences néfastes pour les enfants.. et pour les mères qui ont, trop souvent, la responsabilité unique de ces enfants « à père manquant ».

Un troisième facteur qui a des répercussions importantes sur l'adaptation des enfants au divorce consisterait en un *partage plus équitable des revenus familiaux* lors du divorce pour éviter que les femmes et enfants se retrouvent à 58 % sous le seuil de la pauvreté. En dépit des nombreuses critiques qu'on lui adresse, la Loi 146 a amélioré la condition économique des femmes mariées en séparation de biens et qui se retrouvaient avec aucune part du patrimoine familial après avoir consacré souvent leur vie à entretenir la maison et à éduquer leurs enfants. L'étude pancanadienne subventionnée par le ministère de la Justice démontre certains avantages de la médiation pour les femmes sur le plan financier. Nous en retiendrons les deux principaux soit :

— À Montréal, les pensions alimentaires sont payées dans une proportion de 97 % quand il y a eu médiation et seulement 66 % pour les cas sans médiation.

— Les montants obtenus en médiation sont supérieurs de 22 % à ceux obtenus par le Tribunal (Lévesque, dans *Le groupe familial,* n° 125, p. 66).

On peut se réjouir de ces avantages que la médiation a sur le plan financier. On ne saurait toutefois se satisfaire de ces données car il ne s'agit que des résultats d'une seule étude qui rapporte aussi, ne l'oublions pas, que 71 % des femmes séparées vivent au-dessous du seuil de la pauvreté. De plus, même si les montants obtenus en médiation sont supérieurs, on ne peut en conclure qu'ils sont même suffisants. Enfin, donnée révélatrice, seulement 10 % des couples qui se séparent ont recours aux services de la médiation. Comment garder sous silence la situation de précarité à laquelle sont voués 90 % des femmes chefs de famille et leurs enfants qui n'ont pas recours à ces services de médiation ?

Ce n'est certes plus à la médiation seulement que nous demanderons de remédier aux inégalités fondamentales que la société a créées entre les hommes et les femmes et qui s'illustre si tristement lors du divorce. C'est sur la scène politique, au cœur même des lois du divorce et des lois fiscales injustes pour les femmes que le travail reste à faire (ex. : imposition de la pension alimentaire aux enfants sur le revenu des femmes). C'est à un changement en profondeur des mentalités... que la question du divorce appelle.

Défis d'urgence à relever

En ce qui concerne la médiation, mentionnons pour conclure deux grands défis. Le premier s'adresse à la pratique de la médiation : la conscientisation à la pauvreté des femmes et des enfants suite au divorce est pour nous une donnée essentielle à toute pratique de médiation. Le médiateur-médiatrice ne peut pas, lors d'entente concernant le partage des responsabilités financières, perdre de vue *le large fossé économique qui sépare encore les hommes et les femmes lors de la rupture.*

Le deuxième défi s'adresse à nos dirigeants car la médiation a à être *connue et publicisée.* Actuellement elle ne rejoint que 10 % des couples qui divorcent et s'adresse à une clientèle de classe moyenne et bien informée. Le défi consiste à mettre en œuvre des stratégies et des décisions politiques pour offrir la médiation dans toutes les régions et, gratuitement, pour rejoindre les classes défavorisées qui sont des clientèles à risque comme les études le démontrent. À cet effet, il est temps d'approfondir le bien-fondé d'une incitation obligatoire à la médiation quand le couple a décidé d'envisager une séparation en se basant sur les expériences positives déjà actualisées aux États-Unis.

CONCLUSION

Nous avons amorcé une réflexion sur les conséquences psychologiques et économiques du divorce chez les enfants en tentant de reconnaître leurs besoins et de dégager des éléments favorables à une meilleure adaptation au divorce de leurs parents. Suite à une réflexion approfondie et à une pratique d'intervention auprès des femmes chefs de famille et des couples en voie de séparation, nous sommes consciente du bien-fondé de la médiation en matière de séparation. Le but de la médiation, selon nous, va bien au-delà d'arriver à signer un projet d'entente. L'emphase est plutôt à mettre sur le caractère *d'étape d'apprentissage au dialogue* entre deux individus qui réorganiseront leurs nouvelles structures familiales et qui auront à maintenir tous les deux leur fidélité à leurs enfants à travers les années.

Concernant l'avenir des enfants du divorce, les défis restent nombreux. Dans une société que Maurice Champagne-Gilbert qualifie de « société sans père », la médiation appelle à une présence des pères auprès de leurs enfants, au partage équitable des responsabilités financières et parentales mettant en relief l'importance de remédier aux stéréotypes des rôles masculins et féminins dans la famille. Le défi est adressé aux pères. Quel intérêt verront-ils à aller en médiation ? Ce qu'ils ont à gagner, selon nous, ce sont des relations humaines approfondies avec leurs enfants, un enrichissement de leur vie affective et la fierté de partager équitablement toutes les facettes d'une restructuration de vie suite à une rupture de couple. En d'autres mots, ce dont ils ont à bénéficier, c'est d'avoir librement accès à cette part d'eux-mêmes qui est de l'ordre de la tendresse, de l'intuition et de l'émotionnel dont on les a éloignés depuis l'enfance pour les conditionner à un rôle dit « masculin ». Les hommes y verront-ils un avantage valable ?

Compte tenu des avantages de la médiation, une *question cruciale* reste à actualiser, soit mettre sur pied des services de médiation gratuits dans toutes les régions et *d'en faire une pratique préventive gratuite, accessible à toutes les classes sociales.* Pour en favoriser l'utilisation, nous recommandons d'approfondir la pertinence d'y avoir recours obligatoirement du moins pour une première entrevue d'information et d'évaluation.

Nous lançons enfin un défi aux « spécialistes » de cette nouvelle pratique afin qu'ils mettent à profit pour eux les bases mêmes de la médiation soit la collaboration, le respect mutuel et l'ouverture. En effet, actuellement certaines instances prônent en théorie le bien-fondé d'une association interprofessionnelle psychosociale et juridique mais sa mise en pratique est plutôt lente et peu facile à se réaliser. Selon nous il n'est plus temps d'orienter un débat sur le *« à qui* appartiendra la profession de la médiation » mais plutôt sur le *comment intervenir ensemble et le mieux possible* dans la problématique complexe d'une rupture de vie de couple qui ouvre la porte à un long processus de réorganisation familiale.

Comme ce sont les enfants qui ont été l'objet de cette réflexion, qu'ils sont près de 83 000 au Canada (Statistiques 1982) et qu'ils ont encore peu de terrain pour offrir leur point de vue, nous leur laisserons le mot de la fin qui constitue, selon nous, un témoignage précieux en faveur de la médiation. À l'émission « Droit de parole » du 12 décembre 1986, à la question « Qu'avez-vous à dire aux parents qui s'apprêtent à divorcer ? », voici leur réponse :

Parlez à vos enfants, quittez le foyer petit à petit, conservez un contact amical entre parents. Maintenez un contact avec vos enfants même si vous n'en obtenez pas la garde et ne faites pas supporter à vos enfants le poids de votre divorce.

BIBLIOGRAPHIE

CLOUTIER, Richard, Avant-propos dans « Spécial jeunes et nouvelles familles », *En piste*, vol. 13, nº I, mars 1990.

CLOUTIER, R. et BOURQUE, P., *Transitions familiales et communautés,* F.C.L.S.Q., vol. 4.

1. Irène Langis dans F. GUILBAULT et A. ANGERS-NGUYEN, *op. cit.*

Conseil national de bien-être social, *La femme et la pauvreté, dix ans plus tard,* été 1990.

D.S.P.C.S.S. Richelieu, *Indicateurs psychosociaux de vulnérabilité : la monoparentalité, une variable clé,* décembre 1987.

DULUDE, Louise, *Pour le meilleur et pour le pire,* C.C.C.S.F., mars 1984.

GIRARD, Guylaine et autres, *Des mères seules, seules, seules,* Bibliothèque nationale du Québec, 1986.

GUILBAULT, Francine et Andrée ANGERS-NGUYEN, *La médiation : étape de restructuration de vie,* rapport de maîtrise en service social, Université de Montréal, août 1987.

GUILBAULT, Francine et STE-MARIE, Claire, *Les familles monoparentales : aspect socio-économique,* Université de Montréal, février 1986.

Kingston Mediation Model, « Couples in Crisis », P.F.R.S., Kingston, Ontario, juin 1984.

LANGIS, Irène, « Enfants du divorce : navigateurs en eaux troubles », dans *Apprentissage et socialisation en piste,* mars 1987.

LÉVESQUE, Justin, « Canada : les résultats d'une recherche », dans *Le groupe familial,* n° 125, octobre 1989.

MARCOTTE, Ginette, *Les enfants et le divorce,* Université de Montréal, avril 1987.

RICHARDSON, James C. et autres, dans Lévesque, Justin.

WALLERSTEIN, J. et KELLY, J., *Surviving the Breakup : How Children and Parents Cope with Divorce,* New York, Basic Books, 1980.

L'implication de l'enfant : sa place dans les réorganisations familiales

Suzanne Barry *

Par son importance et ses répercussions sur le système familial, la séparation parentale représente l'un des phénomènes sociaux majeurs de notre époque. Actuellement, selon Statistique Canada, 20 % des familles sont des familles réorganisées (familles ayant vécu une séparation). En tant que membre à part entière de la famille, l'enfant voit son développement personnel mis en cause par la séparation de ses parents et, à ce titre, il peut avoir un juste intérêt à l'égard des transformations de son premier milieu de vie.

Pour négocier le règlement de la séparation ou du divorce, la médiation familiale s'impose de plus en plus depuis le début des années 80 comme un mode d'intervention efficace et adaptatif et comme une alternative au processus judiciaire contradictoire qui, en regard des effets négatifs du divorce chez les enfants répertoriés par la recherche, intensifie souvent davantage les difficultés qu'il ne les atténue.

Son but est la production d'un protocole d'entente satisfaisant pour chacun des membres de la famille. Le processus de médiation permet aux participant(e)s d'exprimer leurs besoins, de générer des alternatives et d'arriver à une décision commune. Parce qu'elle vise la production d'ententes, la médiation atténue les conflits et parce que les principaux intéressés sont impliqués dans les décisions, leur implication au niveau de l'application de ces décisions en est augmentée (Barry, 1986). De plus, des recherches démontrent que la

* Psychologue.

médiation augmente les ententes à l'amiable, diminue les appels ultérieurs aux tribunaux et concourt à l'adaptation des individus impliqués (Bahr, 1981 ; Irving, Bohn, MacDonald et Benjamin, 1979).

Cependant, bien que directement concernés par le contenu des échanges et des ententes, les enfants ne jouent pas, actuellement, un rôle actif dans la médiation puisqu'ils sont généralement absents des discussions. Leurs intérêts sont surveillés par un intervenant professionnel que les deux parents reconnaissent comme neutre et impartial, le médiateur.

En regard de l'évolution de la reconnaissance du statut de l'enfant qui s'est traduite dans les législations contemporaines, il importe aujourd' hui de réfléchir sur la place et l'implication de l'enfant dans les réorganisations familiales causées par la séparation parentale et, par voie de conséquences, sur la pertinence et les modalités de sa participation dans le processus de médiation.

LA SÉPARATION : UN PROCESSUS DE RÉORGANISATION DE LA FAMILLE

La séparation et le divorce constituent des moments de transition dans le cycle de développement de la famille. Dans une famille avec enfant(s), la séparation n'est pas en effet une décision ponctuelle finale ; elle se présente plutôt comme un processus dynamique de réorganisations pour permettre la survie des liens parentaux dans cette étape de transition.

Ainsi, la décision initiale de la séparation entraîne une série de décisions subséquentes qui provoquent des changements importants, autant dans les rôles parentaux que dans l'organisation matérielle de la famille. La garde des enfants, le partage de l'autorité parentale, les modalités de contacts des enfants avec leurs parents, le partage de leurs biens et des responsabilités financières sont autant d'enjeux décisionnels importants qui actualisent concrètement la séparation parentale et qui ont une influence souvent déterminante sur l'adaptation de tous les membres de la famille. La qualité de cette transition s'avère donc un facteur important de l'adaptation de la famille et de ses membres, elle influence et conditionne l'ensemble des étapes subséquentes.

LA PLACE DE L'ENFANT DANS LA SÉPARATION PARENTALE

La place de l'enfant dans sa famille en est une de membre à part entière. En effet, en dépit de sa faiblesse et de sa dépendance, l'enfant possède un pouvoir dans la relation avec ses parents. La famille est un système d'interactions multidimensionnelles où l'expérience de chacun des membres affecte le vécu des autres et ce, aussi bien dans l'immédiat que dans leur évolution future (Cloutier, 1986). Ainsi l'enfant, en tant que membre à part entière de sa famille, est très tôt impliqué à sa façon dans les décisions familiales. Il exprime son point de vue et exerce une influence sur ces décisions.

La séparation au départ est cependant une décision d'adultes avec laquelle la majorité des enfants sont en désaccord (Hetherington, 1989). Le plus souvent, cette décision n'est communiquée aux enfants qu'après le départ d'un des parents. Wallerstein et col. (1980) constatent que près de 80 % des enfants n'ont pas été préparés ni avertis de la décision de la séparation ou du divorce. À cette étape, l'influence de l'enfant se traduit souvent par le choix des parents de retarder cette décision.

Une fois le processus enclenché par les adultes, il semble que la participation de l'enfant aux décisions soit rarement sollicitée. En effet, tout au long du processus de négociation où l'intérêt de l'enfant est directement en jeu, on ne lui accorde que très rarement un droit de parole direct (Fry, 1983 ; Luepnitz, 1986). C'est souvent à son entourage qu'on demande d'évaluer son adaptation et de déterminer ses besoins et ses intérêts. Les préférences de l'enfant ne sont donc pas souvent connues, et quand elles le sont, elles ne sont respectées que lorsqu'elles sont congruentes avec le jugement des adultes. On considère généralement et de façon tout à fait arbitraire que l'enfant est trop jeune pour comprendre la complexité de la problématique et les implications des décisions en cause et qu'il appartient aux parents de décider.

Or, au moment de la séparation et du divorce, à cause du conflit qui oppose les parents et des émotions puissantes qui les submergent, ces derniers ne sont pas toujours en mesure de tenir compte des besoins de l'enfant, trop centrés qu'ils sont sur les leurs (Hetherington et Arasteh, 1988 ; Wallerstein et col., 1980).

La plupart du temps, dans le processus de séparation ou de divorce, ce sont donc les adultes qui parlent « du meilleur intérêt des enfants » à partir de leurs perceptions. Pourtant, l'enfant a souvent une perception subjective cohérente qui peut être différente de celle de l'adulte (Brim, 1975).

LES DROITS RECONNUS À L'ENFANT

Bien que le divorce et la séparation soient des événements typiquement conjugaux, ils impliquent une dimension sociale importante puisqu'ils constituent un règlement contractuel entre les conjoints, règlement généralement sanctionné par l'entremise du système judiciaire. Ils sont donc soumis au respect des droits sociaux accordés à l'enfant. Dans cet esprit, la reconnaissance de droits à l'enfant est maintenant inscrite dans le Code civil[1] qui stipule que « son intérêt et le respect de ses droits doivent être les motifs déterminants dans les décisions qui le concernent ». La loi accorde également à l'enfant la possibilité d'être représenté par un avocat distinct de celui de ses parents et donc d'être entendu lorsque son intérêt est en jeu. Ces dispositions témoignent de l'émergence d'une nouvelle pratique du droit familial qui dépasse la simple affirmation du principe de défense de l'intérêt de l'enfant. En lui fournissant le moyen de défendre ses intérêts, le législateur lui accorde un certain droit de parole dans le divorce de ses parents (Boisclair, 1978).

Cependant, en dépit de droits sociaux reconnus à l'enfant, il semble que son droit de parole dans la séparation parentale soit peu sollicité. Lorsqu'il est question de donner une place à l'enfant dans les

1. Code civil, art. 30 et 31.

décisions qui le concernent, le réflexe le plus courant consiste à affirmer « qu'il est trop jeune pour comprendre » et « qu'on ne peut décemment lui faire porter le poids de la décision concernant le parent avec qui il vivra ». Ce type de réaction reflète bien la confusion qui existe trop souvent entre le fait de participer à une prise de décision et le fait de porter le poids de la décision. Il apparaît donc pertinent de s'interroger sur la place manifestement reconnue à l'enfant par sa famille au moment de la séparation.

La société reconnaît légalement des droits à l'enfant comme personne à part entière. D'autre part, la famille lui reconnaît une influence sur les autres membres de ce système comme il est lui-même influencé par eux (réciprocité). Il subsiste néanmoins au plan social comme au plan familial des interrogations sur la reconnaissance réelle de cette place de l'enfant. Le respect de l'enfant comme membre de la cellule familiale peut faire référence à plusieurs volets reliés à la place qu'on lui accorde : la considération des implications d'une décision sur son développement futur et le respect de son droit d'être informé des décisions qui le concernent ou la possibilité d'exprimer son point de vue dans une prise de décision.

Dans une famille avec enfant, la séparation n'implique pas uniquement le couple mais constitue un processus dynamique de réorganisation ayant cours dans une série de contextes et d'enjeux décisionnels. Ainsi, la question de la place de l'enfant dans la séparation des parents nécessite la considération de plusieurs étapes et zones de réorganisation familiale. Si l'on conçoit que l'enfant n'est pas impliqué de la même façon dans tous les aspects du divorce de ses parents, les zones qui le concernent doivent être définies.

LE DROIT DE PAROLE DE L'ENFANT DANS LES RÉORGANISATIONS FAMILIALES

Les résultats de nos recherches menées au Québec auprès de familles (pères-mères-enfants) sur le droit de parole de l'enfant dans la séparation parentale serviront de bases pour discuter de la pertinence de l'implication de l'enfant dans la médiation (Barry, Cloutier, Fillion et Gosselin, 1985 ; Barry, 1988).

Deux volets ont été abordés dans le cadre de ces travaux. La première question voulait mesurer comment la compréhension des enfants se compare à celle des parents en regard des problèmes que pose la réorganisation familiale suite à la séparation.

Les résultats obtenus appuient la tendance identifiée par les travaux de Melton (1983) à l'effet que les adolescents, dans la plupart des domaines décisionnels, ne peuvent être distingués des adultes sur la base de leur compétence à prendre des décisions. Ils apportent également une nuance en fonction de l'âge et du sexe de l'enfant puisque les plus jeunes (8 ans) affichent un niveau de compréhension moindre que les adultes alors que les pré-adolescents (11 ans) obtiennent des résultats comparables à ceux des pères. Lorsqu'on tient compte du sexe des enfants, les garçons obtiennent des résultats moindres que les pères, mais les filles ont une compréhension égale à celles des adultes masculins. Les adultes peuvent donc présenter entre eux un niveau différent de compréhension des mêmes situations reliées à la séparation parentale et ce n'est pas là une raison d'exclure l'adulte masculin du processus judiciaire ou de médiation entourant le divorce, même si c'est là l'argument principal pour en exclure l'enfant.

Les implications de ces résultats sont importantes pour la responsabilisation sociale de l'enfant, c'est-à-dire son droit de participer aux décisions qui le concernent et qui conditionnent son développement futur. La capacité de l'enfant de comprendre les enjeux de la séparation n'apparaît pas une justification valable pour son exclusion dans le processus décisionnel.

La deuxième question touchait l'évaluation de la place accordée à l'enfant dans les décisions entourant la séparation parentale. Ici, la notion de «place de l'enfant dans la séparation de ses parents» ne signifie pas que l'enfant décide de la séparation. Ce concept renvoie plutôt à la place relative de l'enfant dans sa famille qui se transforme parce que deux de ses membres importants, les parents, veulent se séparer.

La place de l'enfant dans les décisions des réorganisations familiales suite à la séparation parentale est, dans cette recherche, déterminée sur la base de trois niveaux indépendants de participation décisionnelle de l'enfant : 1) *l'accès à l'information* qui renvoie à l'information donnée à l'enfant à propos des événements et des décisions qui le touchent ; 2) *la participation à l'interaction,* soit sa participation manifeste aux discussions entourant les réorganisations familiales ; et 3) *le contrôle effectif ou poids décisionnel* qui concerne le poids relatif que l'on accorde au point de vue de l'enfant dans les décisions finales.

Les résultats indiquent que la famille (père-mère-enfant) est d'accord pour donner à l'enfant le droit de participer aux discussions, mais comparativement le poids décisionnel accordé à l'enfant sera moindre que sa place dans les discussions. La légitimité de son implication dans le processus est donc admise, mais il y a une gradation dans la responsabilisation de l'enfant : celui-ci se voit accorder une voix plus consultative que décisionnelle.

De plus, la reconnaissance de la place de l'enfant dans sa famille n'est pas indépendante des contextes décisionnels. Les domaines qui échappent le plus souvent à son contrôle (les aspects financiers notamment) sont ceux où on lui reconnaît moins de pouvoir. Au niveau de la garde, les mères attribuent peu de place à l'enfant mais l'ensemble des répondants lui en reconnaît une importante dans l'organisation des visites.

Les perspectives des adultes et des enfants diffèrent autant au niveau des solutions qu'au niveau de la responsabilisation accordée à l'enfant. Les enfants proposent des modèles plus variés et plus divergents de la réalité vécue (la garde à la mère) et ils s'accordent moins de pouvoir que celui qui leur est concédé par les adultes. Les pères apparaissent moins présents et moins actifs que les mères dans les réorganisations familiales.

Enfin, l'expérience de la séparation est associée à une concession d'un poids décisionnel significativement moindre à l'enfant dans les décisions qui le concernent lors de la transition familiale et ce autant au niveau des adultes que des enfants : les familles intactes donnent plus de poids à l'enfant. Le fait d'avoir vécu la séparation a donc pour effet de faire baisser la responsabilité accordée à l'enfant. Cette tendance nous apparaît importante socialement car elle remet en question la valeur de la représentation parentale des intérêts de l'enfant au moment du divorce. À ce moment, les parents ont tendance à donner moins de place au point de vue de l'enfant au profit de leur propre point de vue, ce qui peut constituer une injustice par rapport à ce que l'enfant aurait comme place si ses parents n'étaient pas impliqués dans cette situation.

L'IMPLICATION DE L'ENFANT DANS LA MÉDIATION

La reconnaissance de droits sociaux à l'enfant, ses capacités de compréhension des situations familiales et l'acceptation par les familles de la légitimité de son implication dans le processus de réorganisation familiale qui accompagne la séparation parentale ouvrent la voie à l'implication de l'enfant dans la médiation.

C'est au médiateur, à l'intérieur de son rôle de gestionnaire du processus, qu'il appartient de voir à ce que la participation de l'enfant aux réorganisations familiales soit sollicitée et il existe plusieurs modalités pour l'actualiser.

LA REPRÉSENTATION DE L'ENFANT PAR LES PARENTS

Les parents eux-mêmes peuvent être le porte-parole des enfants. Ce sont alors eux qui, à la demande du médiateur, exposeront leurs perceptions des besoins des enfants et examineront les solutions pertinentes. Dans cette approche, la participation de l'enfant est sollicitée en encourageant les parents à informer l'enfant de la séparation et du processus de médiation en cours entre les parents et à discuter avec lui pour connaître ses perceptions, désirs et appréhensions.

Cette approche convient généralement dans le cas où les enfants sont jeunes et incapables d'exprimer verbalement leurs désirs et craintes, de même dans les cas où les perceptions des parents sont convergentes. Cependant, les perceptions des parents doivent être en accord avec les intérêts des enfants. En effet, en dépit de son rôle de neutralité, le médiateur doit intervenir lorsque les intérêts des enfants ne sont pas pris en considération ou lorsque ses droits sont menacés ou non respectés.

L'INTERVENTION D'UN EXPERT

Avec l'accord des parents, les enfants peuvent être rencontrés par un expert dans le but d'évaluer leurs besoins et de faire des suggestions susceptibles de rencontrer leurs intérêts. La participation d'un expert assure une représentation indépendante à l'enfant et laisse au médiateur l'espace requis pour guider le processus de négociation en intégrant l'opinion impartiale d'un tiers. Il conserve ainsi sa neutralité et traite les informations de l'expert au même titre que celles apportées par les parents. Les informations et les options provenant de cette personne-ressource permettent d'élargir le débat sans que le médiateur ait à prendre parti pour l'un ou l'autre des parents.

Cette forme d'implication de l'enfant s'avère nécessaire lorsque le médiateur ne possède pas la compétence pour rencontrer les enfants, lorsqu'il juge la problématique trop complexe ou que le conflit parental est très polarisé et qu'expliquer aux parents les besoins de l'enfant serait perçu comme une coalition contre l'un ou l'autre.

LA PARTICIPATION DIRECTE DE L'ENFANT À LA MÉDIATION

La participation directe de l'enfant à la médiation reflète la philosophie selon laquelle l'enfant, en tant que membre à part entière de sa famille, doit être impliqué dans le processus de réorganisation. Elle nécessite des habiletés cliniques de la part du médiateur.

Parents et enfants peuvent être rencontrés ensemble au tout début du processus afin de mettre en évidence les réactions de chaque enfant face à la rupture et permettre au médiateur d'expliquer le cadre et les modalités de ses interventions.

Par la suite, les enfants pourront être rencontrés seuls afin que le médiateur soit en mesure de traduire leurs besoins et de présenter leurs solutions aux parents, à la condition qu'ils soient d'accord à ce qu'il le fasse (Drapkin et Bienenfeld, 1985). En rencontrant les enfants et les adolescents, le médiateur peut en effet être confronté avec de l'information confidentielle qui, à ses yeux, aurait avantage à être transmise aux parents. Il n'a pas à trahir le secret à moins de raisons graves, mais il doit analyser avec l'enfant l'impact de son silence.

La participation directe de l'enfant à la médiation ne signifie pas que c'est lui qui décidera des modalités des réorganisations familiales. Cependant, elle lui permettra d'émettre ses besoins et de générer des alternatives originales qui pourront conduire à un modèle plus adapté aux besoins de l'ensemble des membres de la famille. Suite à la rencontre avec les enfants, le médiateur traduira leurs besoins aux parents ou les encouragera à le faire eux-mêmes.

À la fin de la médiation, une dernière entrevue parents-enfants donne l'occasion aux enfants de discuter des décisions qui ont été prises et de constater qu'elles ne l'ont pas été de façon arbitraire. Elle leur permet également de constater la cohésion et l'entente entre les parents.

CONCLUSION

La légitimité de l'implication de l'enfant dans le processus qui accompagne la séparation parentale est généralement admise. Dans le cadre des réorganisations familiales engendrées par la séparation parentale, cette implication de l'enfant au processus de décision assure le respect de ses droits et est susceptible de permettre une dépolarisation du problème. Le conflit dyadique entre les parents, fortement chargé d'hostilité, devient, avec l'implication de l'enfant, un problème où plusieurs perspectives entrent en ligne de compte, chacune étant objectivée par rapport aux autres.

La participation de l'enfant à la médiation peut cependant se faire selon plusieurs modalités en fonction de la problématique présentée, du niveau de conflit entre les parents, de l'âge des enfants et des habiletés du médiateur mais, en tout temps, il lui revient de s'en assurer. Elle assure l'expression des besoins spécifiques de l'enfant et permet d'exposer des alternatives originales. En participant à une décision commune, tous les membres de la famille sont davantage assurés de parvenir à une entente satisfaisante pour tous et de voir cette entente respectée.

BIBLIOGRAPHIE

BARRY, S. (1988). *Le droit de parole de l'enfant dans la séparation parentale.* Thèse de doctorat en psychologie. Québec, Université Laval.

BARRY, S. (1986). Les réorganisations familiales à la suite d'un divorce : la place de l'enfant. Dans De Grâce, G.R. et P. Joshi (éd.), *Les crises de la vie adulte,* Montréal, Décarie.

BARRY, S., CLOUTIER, R., FILLION, L. et GOSSELIN, L. (1985). La place faite à l'enfant dans les décisions relatives au divorce. *Revue québécoise de psychologie, 6*, (3), 86-105.

BOISCLAIR, C. (1978). Les droits et les besoins de l'enfant en matière de garde : réalité ou apparence. Sherbrooke, *Revue de l'Université de Sherbrooke,* 104 p.

BRIM, O.G. (1975). Macro-structural influences on child development and the need for childhood indicators. *American Journal of Orthopsychiatry, 45*, 4, 516-524.

CLOUTIER, R. (1986). Le cycle de la relation parent-enfant. Dans De Grâce, G.R. et P. Joshi (éd.), *Les crises de la vie adulte,* Montréal, Décarie.

CÔTÉ, L., BRISSON-AMYOT, P. et LAFORTUNE, F. (1988). *Le spectre de la neutralité en médiation familiale.* Conférence présentée dans le cadre du Colloque Divorce et enfants. Montréal, le 27 octobre 1988.

DRAPKIN, R. et BIENENFELD, F. (1985). The power of including children in custody mediation. *Divorce Mediation Perspectives on the Field.* The Hayworth Press.

FRY, P.S. (1983). The kid's eye view. The single parent family and children's perceptions of personal needs and concern for the future. *Journal of Children Care, 1,* 31-50.

HETHERINGTON, E.M. (1989). Marital Transitions : A child perspective. *American Psychologist, 4*, 2, 303-312.

HETHERINGTON, E.M. et ARASTEH, J. (1988). *Impact of divorce, single-parenting and stepparenting on children.* M. Hetherington et J. Arasteh (eds). Hillsdale, N.J. Erlbaum.

LUEPNITZ, D.A. (1986). A comparison of maternal, paternal and joint custody : understanding the varieties of post-divorce family life. *Journal of Divorce, 9,* 1-12.

MELTON, G.B. (1983). Children's competence to consent : A problem in law and social science. Dans Melton, G.B., G.P. Koocher et M.J. Saks (éd.), *Children's competence to consent.* New York : Plenum Press.

WALLERSTEIN, J.S. et KELLY, J.B. (1980). *Surviving the breakup : How children and parents cope with divorce.* New York : Basic.

Garde partagée et médiation : au-delà des attitudes et des visions qui modèlent nos interventions

Lorraine Filion *

INTRODUCTION

Solution nouvelle, populaire au Québec depuis le début des années 80, la garde partagée provoque une remise en question profonde des rôles sociaux des parents, mais aussi des mentalités et des attitudes des intervenants. Le scepticisme et les mythes sont tenaces lorsqu'il est question de garde partagée.

Certains professionnels des sciences juridiques et humaines refusent même de considérer ce modèle de garde à moins qu'ils ne trouvent réponse à une longue liste de critères concernant les relations entre ex-conjoint(e)s, leurs capacités parentales, l'âge et le sexe des enfants, etc. Les professionnels s'y opposent aussi au nom de la stabilité, de la sécurité et du sentiment d'appartenance que tout enfant doit connaître pour se développer harmonieusement.

En dépit du point de vue de l'intelligentsia, de plus en plus de parents optent pour une garde partagée. Souvent, il s'agit d'un cri du cœur des parents qui veulent continuer de partager le quotidien de leurs enfants et ainsi atténuer les déchirures causées par le divorce.

Certes l'enfant gardé à tour de rôle par chaque parent est partagé, mais pas divisé, par ses deux géniteurs cherchant à assurer son bonheur. Les adultes vivant ce mode de garde expriment qu'ils ne se sentent pas exténués par l'excès de responsabilités, ayant du temps pour se retrouver : deux êtres pleinement père et mère, mais à temps partiel. De quoi faire rêver les parents de familles intactes…

* Travailleuse sociale.

Lors d'un divorce, on est rapidement confronté au discours de l'enfant qui revendique le désir de vivre avec ses deux parents sur une base régulière. Ceux qui ont expérimenté ce mode de garde se montrent satisfaits dans l'ensemble puisqu'ils ont deux maisons et qu'ils n'ont pas eu à choisir entre leurs deux parents.

À entendre les parents et les enfants, on est frappé par le fossé qui sépare les professionnels « distributeurs » de services aux familles divorcées, des « consommateurs » (les parents) qui vivent ce type de garde. D'un côté, on entend parler de bonne collaboration et de volonté commune d'appliquer cet arrangement de garde. De l'autre côté, on parle de conflits périodiques voire même permanents dans certains cas, de difficultés d'adaptation, de conflits de valeurs, etc. Ce qui est sur, c'est que suite à la séparation physique de ses deux parents, l'enfant se retrouve à deux adresses : il a deux maisons.

— Comment les parents prennent-ils la décision de vivre et expérimenter une garde partagée ?

— Pourquoi certains parents optent-ils pour ce mode de garde alors que d'autres le rejettent ?

— Quelle est l'attitude des professionnels ?

— Quels sont les résultats des recherches ?

— Quel est le rôle du médiateur familial ?

Afin de situer le problème dans son domaine d'intérêt, nous aborderons en premier lieu la question de la terminologie, surtout utilisée au Québec et au Canada, ainsi que la définition de ce concept. Nous ferons ensuite un survol de l'état du droit en cette matière. Il s'avérera important de faire aussi le bilan des principales recherches pour pouvoir saisir la portée des mythes et des visions qui caractérisent la société québécoise. Finalement, nous parlerons du vécu des parents et des enfants expérimentant ce mode de garde afin de jeter un regard sur la réalité des premiers concernés. On sera alors en droit de se demander, en guise de conclusion, comment faire office de conseiller auprès de ces familles dans le cadre d'une médiation ?

LES MOTS POUR DIRE, DÉFINIR, COMPRENDRE...

Dans un pays où l'influence américaine se fait sentir non seulement au plan économique, mais tout autant au plan juridique, social et familial, il y a lieu de s'entendre sur la signification québécoise du terme « garde partagée ».

Le terme américain *« joint custody »* inclut les principales expressions suivantes : *shared parenting, dual parenting, co-parenting, shared parenting, co-custody.* Malheureusement, il n'y a pas de consensus sur cette définition, ni à travers la législation américaine, ni chez les intervenants sociaux et juridiques américains. Par contre, en parcourant la littérature psychosociale américaine on y reconnaît les éléments suivants :

La garde partagée consiste en ceci : les deux parents sont autorisés par la Cour à continuer à exercer également leurs droits, autorité et responsabilité, pour tout ce qui concerne leur enfant, comme si la famille était restée intacte. La garde partagée est distincte de la garde « physique », mais elle permet aux parents de s'arranger entre eux, et de programmer intelligemment les modalités de résidence de l'enfant, en fonction de ses besoins. La garde partagée ne signifie pas une alternance de résidence rigide à 50/50 [1].

Nous faisons nôtre cette définition américaine parce qu'elle reconnaît le rôle égalitaire des parents quant aux responsabilités et décisions parentales sans nécessairement impliquer une division rigide et stricte du temps de présence auprès de l'enfant.

QUE SIGNIFIE GARDE PARTAGÉE ?

Force est de constater qu'au Québec le concept de garde partagée n'est pas clairement défini et que la situation est particulièrement ardue pour diverses raisons. Les professionnels des sciences juridiques réfèrent à deux systèmes de droit, soit la *common law* et le droit civil. Alors que les professionnels des sciences humaines réfè-

1. Elkin MEYER, « Joint Custody : Affirming that Parents and Family are Forever », *Social Work,* Jan.-Feb. 1987, vol. 32, n° 1, p. 19-20.

rent constamment à une jurisprudence» psychosociale, américaine ou canadienne.

Comme tous ces textes sont rédigés en langue anglaise, on y fait alors ses propres traductions, ce qui entraîne un cafouillis incroyable, des prises de positions et des inquiétudes quelquefois injustifiées. La traduction littérale du terme anglais *«joint custody»* par l'expression «garde conjointe» est à l'origine de cette confusion non seulement au plan du concept, mais aussi des droits et des obligations des parents.

LE POINT DE VUE DES TRIBUNAUX : UN SURVOL

Selon Mayrand[1], la garde conjointe est le fruit de deux erreurs : une erreur de droit et une erreur de terminologie. L'erreur de droit vient de cette théorie erronée à l'effet que le parent gardien est le seul titulaire de l'autorité parentale et dépouille ainsi le parent non gardien de tout pouvoir décisionnel à l'égard de l'enfant. L'erreur de terminologie existe puisqu'elle ne qualifie pas correctement la réalité qu'elle est censée représenter :

> L'appellation fautive de «garde conjointe» est l'aboutissement de deux phénomènes linguistiques — on pourrait dire deux accidents linguistiques — survenus successivement. Le premier a consisté en un élargissement excessif de la notion traditionnelle de garde. Bien que le Code civil du Québec (art. 570 et 647) et notre Code de procédure civile emploient le mot «garde» dans son sens ordinaire et strict, nous lui donnons le sens beaucoup plus étendu que la *common law* donne souvent au mot «custody» et qui englobe tous les attributs de l'autorité parentale.
>
> Ce premier phénomène linguistique a mené au second. L'attribution de la garde au sens exagérément large du mot à l'un des parents divorcés crée un déséquilibre choquant : le gardien a tout, le non-

1. Albert MAYRAND, «La garde conjointe (autorité parentale conjointe) envisagée dans le contexte social et juridique actuel», texte d'une allocution prononcée dans le cadre d'un colloque de l'Association des avocats en droit de la famille du Québec, Montréal, 1989, 29 p.

gardien n'a rien, ou presque rien. Par un souci de justice, on a eu l'idée de fractionner la méga-garde ou « garde-custody » pour la rendre partageable. De ce fractionnement ou démembrement sont nées la garde physique (ou matérielle) et la garde juridique (ou légale). La première, c'est la garde au sens strict du mot ; on ne peut l'attribuer qu'à l'un des parents séparés. La seconde comporte la surveillance et l'éducation de l'enfant ; on peut l'attribuer simultanément aux deux parents séparés et c'est ainsi qu'on leur confie la « garde juridique conjointe » connue sous son nom abrégé de « garde conjointe » (Mayrand, 1989, p. 21).

Cet avis est aussi partagé par Lesage (1988) puisque les deux systèmes de droit (civil et *common law)* doivent, en matière de mariage ou de divorce, céder préséance à une législation fédérale. De plus, les textes étant tout aussi officiels en français qu'en anglais, on comprend pourquoi la confusion est grande.

Dans les provinces de *common law,* il faut déroger à la règle au moyen d'une ordonnance spécifique de garde conjointe. Au Québec, selon le Code civil, le parent non gardien conserve de plein droit un pouvoir décisionnel important pour la surveillance et l'éducation de son enfant. Selon Mayrand (1989), l'ordonnance expresse de garde conjointe n'est pas juridiquement nécessaire mais elle est utile puisque le but poursuivi est de mieux servir les intérêts de l'enfant en ne le privant pas de la précieuse contribution du parent non gardien.

Pour sa part, Lesage (1988) suggère d'éviter l'expression « garde partagée », qui ne peut qu'entraîner la confusion, la garde partagée étant une garde intégrale, exclusive et périodique. Déjà en 1979, madame le juge Claire L'Heureux-Dubé recommandait d'utiliser dans le vocabulaire juridique l'expression « autorité parentale » au lieu de garde conjointe, soit une formulation aussi souple que :

Les parties continueront d'exercer ensemble l'autorité parentale sur leurs enfants, la requérante (ou l'intimé) en ayant la garde physique, etc.,

ou les parties continueront d'exercer ensemble l'autorité parentale sur leurs enfants, chacune d'elles en ayant alternativement la garde physique pour les périodes et aux conditions suivantes : [...]. (L'Heureux-Dubé, 1979, p. 860)

L'essence de cette recommandation a été reprise en 1987 par la Cour suprême du Canada :

L'expression « garde physique » est trompeuse. J'ai déjà indiqué qu'une personne à qui un tribunal attribue la garde d'un enfant obtient de toute évidence l'exercice d'une partie de l'autorité parentale qui excède cependant la seule faculté de déterminer la résidence de l'enfant. D'autre part, le concept de « garde légale », [...] est inconnu en droit civil. Le concept civiliste de la garde est indissociable de la présence de l'enfant.

La Cour d'appel a donc raison, à mon avis, de rejeter la distinction entre la garde physique et la garde légale. La Cour d'appel rejette du même coup le concept de « garde conjointe ».

La question d'une garde conjointe ne se pose pas en l'espèce et je n'exprime d'opinion ni sur sa validité ni sur son opportunité. Je note seulement au plan de la terminologie que l'expression « garde conjointe » ne qualifie peut-être pas correctement la réalité qu'elle est censée représenter ; on a suggéré qu'il y aurait lieu de lui préférer l'expression « exercice conjoint de l'autorité parentale » [1].

Il faut donc retenir que la notion civiliste du mot « garde » au Québec implique nécessairement la présence de l'enfant et est distincte de la notion de l'autorité parentale (Reiter, 1991, p. 5). Sans espérer l'unanimité ou l'adoption d'un même langage, on pourrait au moins viser à une même compréhension des droits et devoirs des parents sous le vocable « garde partagée » avant de faire des choix dans l'intérêt de l'enfant.

---

1. *C. (G.) c. V.-F. (T.)*, [1987] 2 R.C.S. 244, aux pages 285 et 286.

LA GARDE CONJOINTE PEUT-ELLE ÊTRE ORDONNÉE AU QUÉBEC ?

La Cour d'appel du Québec *(Droit de la famille — 301,* [1988] R.J.Q. 17 [C.A.]) reconnaît aux juges l'autorité d'imposer une garde conjointe en autant :

— que l'intérêt de l'enfant soit ainsi mieux servi ;

— que les deux parents soient de bons parents et qu'ils soient capables de mettre de côté leurs querelles conjugales et de coopérer dans le meilleur intérêt de l'enfant ;

— que cet arrangement de garde ait de bonnes chances de succès.

C'est à partir de l'un ou l'autre de ces principes énoncés que certains jugements rendus en première instance, ordonnant une garde conjointe sans le consentement des deux parents, ont été cassés en appel.

C'est par exemple ce qui est arrivé à la décision rendue par le juge Gomery (C.S. Montréal, n° 500-12-004697-834, 17 juin 1986). La Cour d'appel *(Droit de la famille — 301,* [1988] R.J.Q. 17) considère qu'on ne peut convenir d'une garde conjointe pour les raisons suivantes :

— les parties ne semblent pas avoir la capacité de collaborer entre elles ;

— l'intérêt de l'enfant doit prévaloir et il sera mieux servi si la garde est confiée à l'appelant.

D'autres jugements rendus par la Cour supérieure du Québec en cette matière ont ordonné une garde conjointe sans le consentement des deux parents :

— C.S. Montréal, n° 500-12-124960-836, 23 janvier 1984, Jeanne L. Warren ;

— C.S. Montréal, n° 500-12-149203-865, 2 juin 1986, Jean-Claude Nolin ;

— C.S. Montréal, n° 500-12-124147-830, 10 janvier 1986, P. Cutler ;

— C.S. Montréal, nº 500-12-195332-915, 3 mai 1991, John R. Hannan.

Donc, dans le contexte juridique québécois, à moins que les deux parents n'y consentent ou qu'ils rencontrent les prérequis énumérés antérieurement et édictés par la Cour d'appel, il ne saurait être question d'une garde conjointe ordonnée par la cour. La décision récente du juge Victor Melançon reflète bien la vision du tribunal :

[...] La garde conjointe telle qu'entendue généralement ne se réalise vraiment que s'il existe un accord constant des parties quant aux enfants. Tel n'est pas le cas ici, et existent toujours des tensions [1].

Pour ces motifs, le juge rejette la demande de garde conjointe du père.

QUE SE PASSE-T-IL CHEZ L'ONCLE SAM ?

Trente-six des cinquante États américains ont adopté une forme de garde conjointe. Il est impossible de s'y retrouver sans obtenir et étudier en détails les textes de loi de chacun de ces États car ils diffèrent les uns des autres. En 1989, l'Association du Barreau américain a approuvé un modèle de garde conjointe similaire à celui adopté par la Floride en 1982 (F.S.61.13). Nous nous sommes intéressée de près au texte de loi de cet État qui stipule que :

La garde conjointe est définie comme une relation ordonnée par la Cour, dans laquelle chacun des parents conserve la totalité des responsabilités et des droits parentaux et où les décisions sont prises conjointement (Sasser, 1991).

La même considération est donnée au père et à la mère dans la détermination de la résidence principale de l'enfant, peu importe son âge ou son sexe.

La Californie a depuis longtemps dicté la cadence, particulièrement en cette matière, mais cet État a fait marche arrière en 1988. Comme on le sait, la loi a été modifiée pour abandonner la pré-

1. C.S. Montréal, n° 500-04-003084-846, 26 juillet 1991, Victor Melançon.

somption de *« joint custody »* ou de toute autre forme de garde, ce qui laisse une grande discrétion aux tribunaux pour fixer les arrangements résidentiels des enfants et le mode de partage des responsabilités parentales.

Depuis 1982, le bilan de l'expérience de la Floride, selon Sasser (1991), est le suivant :

> Les deux parents semblent participer davantage *au partage des activités de l'enfant*, du moins après discussion entre eux, qu'avant 1981, époque où en Floride, la garde de l'enfant n'était donné qu'à un seul parent.

ET CHEZ LES COUSINS FRANÇAIS ?

En France, on a adopté une loi en 1987[1] « sur l'exercice de l'autorité parentale » où l'on a carrément banni l'emploi du mot « garde ». En fait l'exercice en commun de l'autorité parentale est prononcé par le tribunal, après avoir obtenu l'avis des parents. La Cour de cassation a statué que la garde conjointe pouvait être reconnue aux parents divorcés[2], mais que le juge ne pouvait leur en confier alternativement la garde.

UN APERÇU DES RECHERCHES EN MATIÈRE DE GARDE PARTAGÉE

Les études menées depuis le début des années 70, en Amérique du Nord, confirment l'existence de deux courants de pensée : les tenants du « pour » et les tenants du « contre ».

Une des meilleures études canadiennes faites jusqu'à ce jour est réalisée par Irving (1981) en Ontario.

Les points saillants de cette recherche se résument à ceci :

---

1. Loi n° 87-570 du 22 juillet 1987.
2. Arrêt du 21 mars 1983, Civ., JCP 1984-11-20161, Mme M.C.M. ; arrêt du 2 mai 1984, Cass. Civ., JCP 1985-11-20412.

1. C'est un mythe de croire que les parents divorcés ne peuvent entrer dans une relation de coopération.
2. C'est un mythe de croire que la garde partagée n'est rien de plus qu'une garde exclusive à la mère avec un accès libre et fréquent au père.
3. C'est un mythe de croire que l'enfant du divorce a besoin d'un seul parent psychologique, le parent gardien.
4. C'est un mythe de croire que la garde partagée n'est accessible qu'aux parents riches.
5. C'est un mythe de croire que les deux résidences des parents doivent être à proximité l'une de l'autre pour garantir le succès de ce mode de garde.
6. C'est un mythe de croire que l'arrivée d'un(e) nouveau(velle) conjoint(e) va entraîner l'échec ou l'abandon de ce mode de garde.
7. Ce n'est pas juste de dire que les attitudes des avocats entraînent ou causent l'échec de l'expérimentation de ce modèle de garde. Il serait plutôt approprié de dire :
   — qu'une minorité de parents ont été « forcés » d'adopter ce modèle de garde et, en ce sens, les avocats ont pu contribuer à l'échec ;
   — que l'opposition présumée des avocats à ce mode de garde a été confirmée.
8. C'est un mythe de croire que la viabilité des arrangements de garde partagée est faible et qu'avec le temps de tels arrangements ne peuvent durer.

Ce qui amène Irving à la conclusion suivante :

> Mais contribuer à un échec n'est pas la même chose que le provoquer. Il serait plus correct de dire que le conseil peut aboutir à un échec en approuvant des arrangements non viables, et en rendant possibles des options de garde pour des gens à qui elles sont contre-indiquées (Irving et Benjamin, 1986, p. 92).

L'étude d'Irving et Benjamin (1986) indique que, pour que ce mode de garde soit satisfaisant, il n'est pas nécessaire que le partage soit égal, ni en temps, ni en argent. Il en est de même pour la distance et le mouvement entre les deux résidences. Ils sont d'avis que le juge devrait avoir l'autorité d'ordonner la garde partagée contre le désir de l'un des parents. Cet avis est partagé par Kelly (1983). Celle-ci explique pourquoi la garde partagée devrait même être considérée avantageusement par rapport à la garde exclusive :

Certaines femmes refusent légitimement la garde partagée accordée au père parce qu'elles ont vécu avec des hommes qui ont maltraité, psychologiquement ou physiquement, leurs enfants ; d'autres veulent se remettre du harassement sexuel auquel elles étaient soumises. Mais parmi les femmes qui refusent la garde partagée, certaines sont aigries et veulent se venger en se servant de leurs enfants pour punir l'époux qui a brisé leur mariage. Il existe aussi des femmes qui se sont tellement identifiées à leur rôle de mère à plein temps qu'elles ne peuvent pas envisager de partager la fonction parentale avec le père sans crainte pour leur propre équilibre.

Par ailleurs, il y a des femmes perturbées qui, du fait de leur pathologie, refusent énergiquement le désir du père de s'impliquer dans la vie de ses enfants. D'autres femmes encore ont reçu le conseil, d'amis ou de parents, de ne permettre au père que la traditionnelle visite du week-end. Dans ces cas-là, il n'y a pas de raisons légitimes de refuser au père une garde partagée pour cause d'incapacité à s'occuper de ses enfants : les enfants de ces femmes seraient alors privés de la présence de leur père, malgré tout le bénéfice psychologique que pourraient leur procurer des contacts plus fréquents avec lui [1].

Outre Kelly et Irving, d'autres chercheurs ont tenté d'élucider quelques interrogations relatives à ce mode de garde. Sur la question du conflit de loyauté de l'enfant par exemple, les travaux de Clawar (1983) montrent qu'au contraire des conflits peuvent être réduits lorsqu'il existe un équilibre contact/pouvoir entre les parents biologiques.

---

1. Joan B. KELLY, « Further Observations on Joint Custody », (1983) 16 *UCDL Review* 768.

Quant au besoin de stabilité de l'enfant, Clawar (1983) prétend que le problème n'est pas une question d'une ou deux résidences pour l'enfant, mais plutôt de la capacité des deux parents de partager le pouvoir, l'amour et le temps avec l'enfant. Il est aussi question du respect de l'autre parent.

QUELQUES TENANTS DU « CONTRE »

Goldstein, Freud et Solnit (1973) ont fait ressortir le besoin primordial de l'enfant à développer un sentiment d'appartenance à un milieu et en conséquence à pouvoir référer à un parent psychologique. Ce point de vue est aussi partagé par Westman (1979).

D'autres auteurs ont aussi fait voir que ce type de garde pouvait augmenter la possibilité de conflits additionnels avec le nouveau conjoint (Westman, 1979 ; Morgenbesser et Nehls, 1981). Quant à Hagen (1987), il questionne la présomption favorable dont la garde conjointe est l'objet surtout lorsqu'il y a conflit perpétuel entre les parents.

Une revue critique de la recherche en matière de garde conjointe a été faite par Irving et Benjamin et publiée en 1984. Ils ont passé en revue la théorie, la méthodologie, l'analyse et les données pour en arriver aux réflexions suivantes :

— les échantillons utilisés ne sont pas assez grands ;

— les diverses mesures de validité ne sont pas suffisantes ;

— le point de vue de l'enfant est rarement obtenu directement, mais par le biais des parents ;

— le nombre de groupes contrôle comparant, par exemple, les enfants de garde exclusive, de type contesté et non contesté avec des enfants de garde partagée est trop petit ;

— quoique des lacunes soient présentes au niveau méthodologique, la revue de la recherche amène les auteurs à conclure que dans l'ensemble, il existe un haut niveau de cohérence au plan empirique.

Bien que les données relatives à la viabilité de ce mode de garde soulèvent une foule de questions, il n'en reste pas moins que les réponses sont satisfaisantes pour faire de la garde partagée une alternative viable à la garde exclusive.

Plus près de nous, au Québec, une étude a été menée par Cloutier et autres (1990) quant à l'appréciation par les parents et les enfants de trois formules de garde dont la garde conjointe. Il ressort de cette étude que les enfants gardés alternativement par leur père et leur mère sont les plus satisfaits de leur arrangement de vie familial. Le maintien d'un contact avec les deux parents semble relié à ce phénomène. Comment s'y retrouver face à cette abondante littérature? Pour faciliter la tâche du lecteur, nous avons jugé à propos de dresser la liste des principaux avantages et inconvénients de la garde partagée. On retrouvera l'information aux tableaux I et II [1].

1. Cette liste n'est pas exhaustive, mais regroupe les avantages et les inconvénients les plus fréquemment mentionnés par les parents, les enfants et les professionnels des sciences humaines et juridiques.

TABLEAU I

POUR L'ENFANT

Avantages

— maintient l'accès aux deux parents (Wallerstein et Kelly, 1975) ;

— réduit le sentiment de perte ou d'abandon (Wallerstein et Kelly, 1975) ;

— diminue la pression sur l'enfant qui n'a pas à choisir entre deux parents (Wallerstein et Kelly, 1975) ;

— permet plus facilement de dire « au revoir » à l'autre parent (Greif, 1979) ;

— offre la possibilité d'avoir deux parents psychologiques (Luepnitz, 1982 ; Abarbanel, 1979) ;

— élimine ce fameux conflit de loyauté ;

— assure le maintien des relations et le lien avec les deux familles et grands-parents ;

— expose davantage l'enfant à la spécificité de chacun des parents (Stack, 1976) ;

— assure l'enfant de la permanence des soins parentaux.

Inconvénients

— entraîne des changements de styles de vie et peut devenir l'occasion de conflits entre ses parents ;

— occasionne des problèmes d'adaptation à deux foyers et à deux styles de vie différents ;

— entraîne des contacts interrompus avec les pairs ;

— fait en sorte que l'enfant se sent en transit entre les deux foyers ;

— favorise l'utilisation de l'enfant par l'un pour atteindre l'autre ;

— favorise la manipulation de la part de l'enfant ;

— génère l'espoir de réconciliation chez l'enfant, de ses parents ;

— nuit au besoin du jeune enfant, surtout de développer un sentiment d'appartenance et des liens continus avec le parent psychologique (Goldstein, Freud, Solnit, 1973).

TABLEAU II

POUR LES PARENTS

Avantages

— procure une perception plus réaliste des besoins réels des enfants ;

— favorise l'implication du parent non gardien (Roman et Haddad, 1978) ;

— rehausse l'estime de soi des deux parents ;

— améliore la qualité de la relation parent-enfant ;

— favorise un meilleur partage des responsabilités parentales ;

— sécurise les deux parents et offre des opportunités de croissance (Roman et Haddad, 1978) ;

— encourage la prise de décision commune et réduit le recours au tribunal ;

— procure à chacun des parents du temps libre où il peut vaquer à ses occupations personnelles.

Inconvénients

— favorise la manipulation par l'enfant (Westman, 1979) ;

— implique des contacts continus avec l'ex-conjoint ;

— implique des problèmes pratiques et des dépenses additionnelles ;

— entraîne des problèmes d'horaire et d'organisation de vie ;

— favorise l'intrusion dans la vie privée de chacun des conjoints ;

— favorise les problèmes de communication et d'interprétation entre parents ;

— implique beaucoup d'énergie et d'efforts pour ce qui est des déménagements fréquents ;

— augmente la possibilité de conflits additionnels avec le nouveau conjoint et ses enfants ; peut même entraîner l'échec de cette nouvelle union dans certains cas (Westman, 1979 ; Morgenbesser et Nehls, 1981).

PAROLE AUX « CONSOMMATEURS » : LES PARENTS ET LES ENFANTS

Jusqu'ici les traditions psychosociales et légales ont eu pour effet de « divorcer », dans certains cas, l'enfant du parent non gardien, en l'occurrence le père. Cela a créé une situation intenable tant pour les mères que pour les pères. Les mères, aux prises avec le fardeau de la garde exclusive, avec une pension alimentaire mal ou pas payée et des pères peu présents ou inconstants dans l'exercice de leurs devoirs d'accès à leur enfant. Il n'est pas rare d'entendre un père qui s'est vu accorder un droit d'accès un week-end sur deux exprimer le sentiment que le contact n'est rétabli avec son enfant que le dimanche soir alors que c'est le moment de se dire « au revoir ».

Les recherches sur l'impact du divorce sur les enfants nous ont renseignés sur cet événement, qui est un processus, et sur ses conditions nécessaires pour favoriser l'adaptation de l'enfant (Wallerstein et Kelly, 1980), soit :

1) que l'enfant garde un contact régulier et fréquent avec ses deux parents ;
2) que l'enfant soit mis à l'écart le plus possible du conflit entre les parents.

La première condition a donné prise à de multiples interprétations selon que l'on soit « pour » ou « contre » la garde partagée.

Que signifie « contact régulier et fréquent » ? Des tenants du « contre » ont interprété cette condition de la façon suivante : l'enfant a besoin de racine dans un seul milieu, avec un seul parent psychologique, et il a besoin de régularité dans ses contacts avec l'autre parent (un week-end sur deux étant devenu la norme).

Des tenants du « pour » ont utilisé ce besoin d'avoir un contact fréquent et régulier pour soutenir la thèse de la résidence alternée. La séparation et le divorce s'inscrivent à l'intérieur d'un cycle où les enfants et les parents vont franchir diverses étapes allant de la famille monoparentale à la famille recomposée. Les enfants pourront aussi passer d'une garde exclusive à une garde partagée et *vice versa*.

Un plan de partage des responsabilités parentales face à l'enfant est beaucoup plus que le choix des lieux de résidence de l'enfant.

La garde exclusive qui, en principe, fait en sorte que l'enfant réside à une seule adresse, a trop souvent entraîné la désertion du parent « non gardien », le non-paiement des pensions alimentaires et la désolation de l'enfant, « divorcé » de l'un de ses deux parents.

On entend de plus en plus de parents, indistinctement de leur sexe, leur âge, leur profession ou leur statut (monoparental ou bi-parental), avec une garde exclusive ou partagée, se questionner, scruter, discuter leur rôle de parent.

Etre parent à temps plein ou à temps partiel, quelle est la formule qui répond le mieux aux besoins de *son* enfant ?

L'idée que la garde de l'enfant soit le domaine exclusif ou l'apanage d'un seul parent tend à disparaître non seulement des esprits mais aussi des pratiques.

Que font les parents ? Le plus souvent lorsqu'ils se présentent en médiation, ils ont des idées, ils veulent en discuter, ils veulent protéger leurs enfants, ils veulent continuer de s'en occuper, ils veulent mettre à l'essai. Chaque famille étant unique, toutes les possibilités existent.

QUELLES SONT LES OPTIONS ?

Certains parents décident de se partager le domicile, c'est le domicile qui est partagé et non pas les enfants : les parents font leurs valises et les enfants restent en place. Quoiqu'une bonne solution pour les enfants, surtout au début de la rupture, elle ne résiste pas à l'usure du temps et devient donc une solution temporaire.

La plupart des parents choisissent parmi ces alternatives.

1. Ils partagent leur temps de présence auprès des enfants en journées ou en semaines. L'enfant fréquente alors la même école ou la même garderie. Les parents peuvent habiter le même quartier ou sinon acceptent d'assurer le transport de l'enfant. L'alternance de garde 1 semaine - 1 semaine et 2 semaines - 2 semaines sont les plus fréquentes.

2. Ils partagent l'année scolaire, les grandes et les petites vacances.
3. Ils alternent d'année en année la résidence de l'enfant chez l'un et l'autre.
4. Ils partagent les responsabilités, la prise de décision est commune sans impliquer un partage du temps 50-50. Ce type de garde ressemble à première vue à une garde exclusive avec des droits d'accès larges et flexibles, mais dans sa conception et son actualisation est vécu comme une garde partagée.

Les conflits sont présents, les valeurs différentes, les qualités parentales diverses et les besoins de l'enfant uniques.

On véhicule le mythe de la bonne collaboration entre les ex-conjoints et leur rapport égalitaire et sans conflit quant aux décisions parentales majeures à prendre dans l'intérêt de l'enfant. Il ne nous a pas encore été donné de rencontrer de tels parents ni dans la vie professionnelle, ni dans la vie personnelle, qu'ils soient séparés, mariés ou vivant en union de fait.

Ce qui frappe dans le discours des professionnels en général, ce sont les prérequis nécessaires à l'expérimentation de ce mode de garde pour les parents séparés. On est en droit de se demander si on n'est pas plus exigeant pour ces parents qu'on ne l'est pour les parents de garde exclusive.

Il n'est donc pas surprenant de rencontrer dans les bureaux des médiateurs des parents anxieux, inquiets et insécures quant à leur éligibilité à ce mode de garde. Il faut ou bien être courageux, naïf, ou carrément irresponsable voire même égoïste, prétendent certains, pour se lancer dans cette aventure en y entraînant ses enfants.

Des professionnels québécois ont interviewé ces parents et ces enfants (Cloutier et autres, 1990; Guillemaine, 1991 et Gamache, 1989). Dans l'ensemble ces auteurs reconnaissent :

— que les enfants sont satisfaits de leur sort et ne veulent pas changer de modalité de garde (Gamache, 1989);

— que les enfants de garde partagée sont les plus satisfaits de cet arrangement de vie familiale comparativement à des enfants vivant en garde exclusive avec leur mère et des enfants vivant avec leur père (Cloutier et autres, 1990) ;

— que les parents sont satisfaits de l'expérience du partage de garde malgré ses aléas et ses inconvénients.

Le mieux pour l'enfant, dans bien des cas, serait la famille intacte. « En son absence, le mieux est d'offrir l'accès pour l'enfant à une continuité parentale, dans l'alternance » (Guillemaine, 1991, p. 129).

COMMENT LES PARENTS PRENNENT-ILS CETTE DÉCISION DE GARDE PARTAGÉE ?

Une étude québécoise menée par Beaudry (1991) auprès de femmes récemment séparées a démontré que les facteurs les plus importants quant au degré de partage de la garde sont les suivants :

1. le désir de l'autre conjoint de partager la garde ;
2. la fréquence des discussions entre ex-conjoints et les enfants ;
3. l'implication de l'ex-conjoint dans les soins et l'éducation des enfants pendant la dernière année précédant la séparation ;
4. l'âge des ex-conjoints et des enfants.

Plus la femme pense que son ex-conjoint veut partager la garde, plus la femme discute avec son ex-conjoint et les enfants de l'organisation de la garde, plus la femme perçoit que son ex-conjoint est un parent impliqué, plus les ex-conjoints et les enfants sont jeunes, *plus la garde est partagée.*

Le partage des responsabilités parentales lors ou suite à la séparation des parents occupe une grande place en médiation familiale. Très peu de recherches ont traité du processus de décision des parents par rapport aux modalités de garde et il est à souhaiter que ce phénomène fasse l'objet de recherches ultérieures afin de nous guider comme intervenant. Lorsque les parents frappent à la porte du médiateur, ils ont besoin, entre autres :

— de respect, d'empathie et de support ;
— d'informations pertinentes, pratiques et diversifiées sur les divers modes de garde ;
— d'informations sur les besoins des enfants et leurs réactions ;
— d'informations sur les principales recherches psychosociales quant aux différentes gardes ;
— d'informations juridiques sur les notions d'autorité parentale, de garde et d'accès ;
— leurs droits, devoirs et responsabilités ;
— l'état du droit et de la jurisprudence en cette matière ;
— d'accompagnement dans certains cas pour mettre à l'essai certaines modalités de partage des responsabilités parentales ;
— d'aide afin de donner une voix et une place à l'enfant dans les décisions de réorganisation familiale.

Lorsque les parents frappent à la porte du médiateur, ils n'ont pas besoin d'entendre les préjugés professionnels et personnels du médiateur tels que : « la garde partagée n'est pas à considérer pour un jeune enfant » ; « la garde partagée est réservée aux parents qui n'ont pas de conflit » ; « la garde partagée exige que les parents résident dans le même quartier », etc.

Faire office de conseiller dans le cadre d'une médiation exige de l'intervenant :

— d'être capable d'identifier ses propres préjugés ;
— d'oser nommer l'innommable face à lui-même ;
— de donner une voix à l'enfant ; et
— de faire confiance aux parents et aux enfants.

CONCLUSION

Lors d'un divorce, on est rapidement confronté à une remise en question des valeurs et des concepts traditionnels touchant la famille. Les ruptures sont de plus en plus fréquentes et banalisées.

La définition de la résidence familiale est controversée car l'enfant se retrouve à deux adresses. La stabilité de l'enfant doit être définie bien plus en termes relationnels qu'en termes géographiques. Ce qui importe le plus pour l'enfant est la continuité des relations avec ses deux parents suite au divorce.

La croissance de la participation des femmes au marché du travail au cours des dernières années a fait que de plus en plus d'enfants sont élevés par une mère et une autre personne, soit le père, un(e) éducateur(trice), un(e) gardien(ne), une grand-mère ou un grand-père, etc.

Ce cumul de taches n'a pu et ne peut plus se faire sans un transfert ou un partage de responsabilités éducatives avec d'autres agents (Marcil et Gratton, 1989).

Pour éviter que le père ne « saute comme un fusible », disait Sullerot (1988), lorsqu'il y a rupture et réorganisation familiales, il faut faire une place au père et accepter qu'il établisse une relation différente et non féminisée avec les enfants.

La garde partagée ne peut plus être ignorée et rejetée du revers de la main par les intervenants sociaux et juridiques. Les recherches québécoises, américaines et canadiennes invitent à considérer cette option au même titre que les autres sinon davantage, selon le cas et les circonstances.

Le nouveau contexte social est plus favorable à un partage des responsabilités parentales entre les parents.

Sans devenir l'otage de la terminologie, il faudra bannir certaines expressions de notre vocabulaire afin de faire progresser les choses. Le langage joue un rôle fondamental en modelant nos valeurs, nos priorités, nos croyances et nos comportements. Comme le soulignait Ricci (1990) : « Words exist to serve not to oppress ». « Les mots sont faits pour rendre service, pas pour accabler. » Il faudrait donc cesser de parler de :

— garde partagée, mais de responsabilité partagée ;

— ex-mari, ex-femme, mais du père de l'enfant et de la mère de l'enfant ;

— mariage raté, mais de mariage terminé ;

— droits de visite du père, mais d'accès de l'enfant à son père;

— garde exclusive à la mère et de droits de visite au père, mais d'arrangements résidentiels de l'enfant qui vit avec maman, par exemple, du lundi au vendredi et avec papa du vendredi au lundi, etc.

Il sera sans doute remarquable l'impact de ces petits changements de vocabulaire sur nos attitudes et nos visions. L'enfant pourra alors être à l'aise de dire : « J'ai deux maisons », « J'ai deux chez-moi ».

L'enfant, comme on le sait, n'a pas la même notion du temps que l'adulte, et tant mieux car il a beaucoup à nous apprendre.

Pas besoin de passer 3,5 jours chez papa et 3,5 jours chez maman pour qu'il sente un partage équitable des responsabilités et de l'amour de ses parents. Il aime et bénéficie des différences d'aptitudes, d'intérêts et de relations avec chacun de ses parents. Encore là, il ne calcule pas en heures les moments passés avec ses parents mais du plaisir qu'il a ou de la complicité qu'il a avec tel parent. Il est donc grand temps que non seulement nous utilisions un nouveau vocabulaire mais que la loi soit modifiée pour reconnaître le *droit* des deux parents à prendre de façon égalitaire les décisions et le *devoir* de partager équitablement, selon leurs ressources et leurs différences, les responsabilités parentales.

Pour qu'une telle loi puisse s'appliquer, il faudra que les mères acceptent de partager le pouvoir, le contrôle et le temps de vie de leur enfant avec les pères. En outre, elles devront accepter qu'ils jouent ce rôle à leur façon.

De l'autre côté, les pères ne devront pas hésiter non seulement à revendiquer leur place *mais à la prendre* et à jouer leur rôle dès la naissance de l'enfant. Les vocations tardives seront les bienvenues, lors du divorce, si on se place du point de vue de l'enfant.

La garde partagée et la médiation ont émergé à peu près en même temps, véhiculant des idées semblables, soit l'autodétermination des parents et le besoin de l'enfant à maintenir des contacts continus avec ses deux parents. À l'aube de l'an 2000, il est à souhaiter que ce mode de garde et ce mode d'intervention continuent d'évoluer ensemble afin de continuer de baliser les routes de deux domaines encore méconnus et contestés, dans l'intérêt des familles divorcées.

BIBLIOGRAPHIE

ABARBANEL, Alice (1979), « Shared Parenting After Separation and Divorce : a Study of Joint Custody ». American Orthopsychiatric Ass., USA.

BARRY, S., CLOUTIER, R., FILION, L. et GOSSELIN, L. (1986), « La place faite à l'enfant dans les décisions au divorce », *Revue québécoise de psychologie,* vol. 6, nº 2, avril 1986.

BARRY, Suzanne, « La place de l'enfant dans les transitions familiales », *Apprentissage et Socialisation,* vol. 13, nº 1, mars 1990, p. 27-37.

BEAUDRY, Madeleine, « Le partage des responsabilités parentales à la suite d'une séparation », Série — Résultat de recherche, Laboratoire de recherche, École de service social, Université Laval, Québec, 1991, 163 pages.

BERMAN, Eleanor (1977), *The Cooperating Family,* Prentice Hall Inc., New Jersey.

BOUCHER, Caroline, GUAY, Suzy et PLAMONDON, Carole (1984), *Tous les détours ; de la garde conjointe à la coparentalité,* Université Laval, 1984.

BROWN-GRIEF, Judith (1979), « Fathers, Children and Joint Custody ». American Orthopsychiatric Ass., USA, 49 (2).

CANADIAN JOURNAL OF PSYCHIATRY (1985), « Children of Parental Divorce : Vulnerable or Invulnerable ? », vol. 30, nº 4, Ottawa, Canada, June 1985.

CLAWAR, Stanley S. (1983), « Popular and Professional Misconceptions about Joint Custody », *Conciliation Courts Review,* vol. 21, nº 2, december 1983.

CLOUTIER, Richard et CAREAU, Louise (1990), « La garde de l'enfant après la séparation : profil psychosocial et appréciation des familles vivant trois formules différentes », *Apprentissage et Socialisation,* vol. 13, nº 1, mars 1990, p. 55-65.

DERDEYN, André (1976), « Child Custody : A Reflection of Cultural Change », *Journal of Clinical Child Psychological,* Fall, vol. 7 (3).

DERDEYN, André (1976), « Child Custody Contests in Historical Perspective », *American Journal of Psychiatry,* Dec., vol. 133.

DURST, Pamela Landes, WEDEMEYER, Nancy Voigt et ZURCHER, Louis A. (1985), « Parenting Partnership After Divorce, Implications for Practice », *Social Work,* September, October 1985.

FOLBERG, Jay H., GRAHAM, Marva (1979), « Joint Custody — Myth and Reality », tiré d'un article intitulé « Joint Custody of Children Following Divorce », *Davis Law Review,* Special Symposium on Children and the Law, Spring 1979.

FORTIN, Denise (1985), « L'entente de garde conjointe suite aux interventions du Service de médiation à la famille de Montréal », Mémoire de maîtrise, École de service social, Université de Montréal, août 1985.

GAMACHE, Marie-Josée, *La garde partagée ; recherche exploratoire québécoise : l'expérience de garde partagée d'enfants de 9-10 ans en milieu urbain,* texte d'une allocution prononcée au Colloque provincial des Services d'expertises à la Cour supérieure, Québec, 16 juin 1989.

GALPER, Miriam (1978), *Co-Parenting : Sharing Your Child Equally,* Running Press, Philadelphia.

GALPER, Miriam (1979), *Le Guide pour parents séparés ou divorcés,* Québecor, Canada.

GOLDSTEIN, J., FREUD, A. et SOLNIT, A. (1973), *Beyond the Best Interests of the Child,* Free Press, New York.

GUILLEMAINE, Claudette, *La garde partagée : un heureux compromis,* Stanké, 1991.

GREIF, Geoffrey L., « Mothers Without Custody », *Social Work,* Jan.-Feb. 1987, vol. 32 (1), p. 11-16.

GROTE, Douglas et WEINSTEIN, Jeffrey (1977), « Joint Custody : A Viable and Ideal Alternative », *Journal of Divorce,* vol. 1 (1), Fall.

HAGEN, Jan L., « Proceed with Caution : Advocating Joint Custody », *Social Work,* Jan.-Feb. 1987, vol. 32 (1), p. 26-30.

HOLUB, Donald (1978), « The Pros and Cons of Joint Custody », *Conciliation Courts Review,* vol. 16, nº 1.

HOM-INFO (1984), (Magazine d'information sur la condition masculine), « La garde partagée », Montréal, déc.-jan.-fév.

IRVING, Howard H. et BENJAMIN, Michael (1986), « Shared Parenting in Canada : Questions, Answers and Implications », *Canadian Family Law Quarterly,* Carswell Legal Publications, vol. 1, nº 1, August 1986, p. 79-103.

IRVING, Howard H. et BENJAMIN, M., « Shared Parenting : A Critical Review of the Research », *Canadian Social Work Review,* 1984, p. 13-29.

KELLY, J.B., « Further Observations on Joint Custody », (1983) 16 *U.C.D.L. Review* 762-770.

LAROCHE, Ghislain (1985), « Moi aussi j'ai deux maisons », *Justice,* mars 85, Québec.

LEGAULT, Dominique et PINEAULT, D. (1985), « La garde partagée : piège ou libération ? », *La Vie en Rose,* avril 1985.

L'HEUREUX-DUBÉ, Claire (1979), « La garde conjointe, concept acceptable ou non ? », *Revue du Barreau,* tome 39, nº 5, sept.-oct. 1979.

LUPNITZ, Deborah A., *Child Custody,* Lexington Books, 1982, Philadelphia.

MAYRAND, Albert, « La garde conjointe, rééquilibrage de l'autorité parentale », *Revue du Barreau canadien,* 1988, vol. 67, nº 2, p. 193-217.

MAYRAND, Albert, *La garde conjointe (autorité parentale conjointe) envisagée dans le contexte social et juridique actuel,* texte d'une allocution prononcée dans le cadre d'un colloque de l'Association des avocats en droit de la famille du Québec, Montréal, 1989, 29 pages.

MEYER, Elkin, « Reflections on Joint Custody and Family Law », *Conciliation Courts Review,* vol. 16, nº 3, December 1978.

MEYER, Elkin, « Joint Custody : A Self-Determined Structure For Shared Parenting », *Conciliation Courts Review,* vol. 22, nº 2, December 1984.

MEYER, Elkin (1987), « Joint Custody : Affirming that Parents and Family are Forever », *Social Work,* Jan.-Feb. 1987, vol. 32, nº 1, p. 18-24.

REITER, Sylvia A., *Recent Trends on Joint Custody,* texte d'une allocution prononcée au Congrès du Barreau international tenu à Montréal, juin 1991, document non publié, 12 pages.

RICCI, Isolina, « Watch your Language : How your Words Describe your Status », Extrait des Actes du Colloque de l'Association of Family Conciliation Court, Winnipeg, June 1990, p. 48-56.

ROMAN, M. et HADDAD, W. (1978), *The Disposable Parent,* Holt, Rinehart, and Winston, New York.

ROMAN, Mel et HADDAD, William (1978), « The Case for Joint Custody », *Psychology Today,* September.

RYAN, Judith, P. (1986), « Joint Custody in Canada : Time for a Second Look », *Reports of Family,* 49 R.F.L. (2d).

SASSER, Donald J., *Joint Custody,* texte d'une allocution prononcée au Congrès du Barreau international tenu à Montréal, juin 1991, document non publié, 6 pages.

SHERIF, Teresa (1979), *La garde conjointe des enfants dans les cas de séparation et divorce,* Service de la recherche, C.S.S.Q., mai.

SIMARD-OEZIMER, Françoise (1982), « La garde conjointe des enfants, c'est possible », *La Gazette des Femmes,* Montréal, septembre 82, vol. 4, n° 3.

SULLEROT, Evelyne, *Radioscopie des pères,* texte d'une allocution prononcée au Colloque Père et Paternité dans la France d'aujourd'hui, Paris, février 1987, 16 pages.

STACK, Carole (1976), « Who Owns the Child ? Divorce and Child Custody Decisions in Middle Class Families », *Social Problems,* XXIII, April 1976.

WALLERSTEIN, J. et KELLY, J. (1975), « The Effects of Parental Divorce : The Experience of the Preschool Child », *J. American Acad. Child Psychiat.,* USA.

WALLERSTEIN, J. et KELLY, J. (1979), « Children & Divorce, A Review », *Social Work,* vol. 24, n° 6, nov. 1979, USA.

WALLERSTEIN, Judith et KELLY, Joan B. (1980), *Surviving the Break-Up : How Parents and Children Cope with Divorce,* Basic Book, New York.

WALLERSTEIN, J. (1983), « Children of Divorce : The Psychological Tasks of the Child », *American Orthopsychiatric Inc.,* 53 (2) April.

WALLERSTEIN, J. (1984), « Children of Divorce : Preliminary Report of a Ten-year Follow-up of Young Children », *American Journal of Orthopsychiatry,* vol. 54, nº 3, July 1985.

WESTMAN, Jack (1979), *Joint Custody from the Child's Point of View,* University of Wisconsin, Madison, Wisconsin.

ZEMMELMAN, Steven E., STEINMAN, Susan B. et KNOBLAUCH, Thomas M., « A Model Project on Joint Custody for Families Undergoing Divorce », *Social Work,* Jan.-Feb. 1987, vol. 32, nº 1, p. 32-37.

La spécificité de la médiation en contexte d'autorité

Pierrette Brisson-Amyot *

INTRODUCTION

La famille est-elle en crise ? A-t-elle besoin de « soutien » ? Faut-il la « responsabiliser » davantage ? « Miser sur ses capacités » relève-t-il d'un nouveau projet social ou d'une utopie passéiste ?

La vie familiale est, en effet, le théâtre de plusieurs conflits qui dégénèrent en crises graves ou en ruptures. Ces brusques pertes d'équilibre se manifestent tantôt dans les relations entre conjoints, tantôt dans les relations parents/enfants.

Comment rétablir un équilibre ? Comment trouver une solution juste et équitable, à la satisfaction des deux parties ? Comment protéger l'enfant tout en responsabilisant le parent ? Comment traduire le mode utilisé pour résoudre le conflit en ce jour comme un modèle à répéter, comme une école d'apprentissage ?

La médiation est un mode efficace de résolution du conflit. C'est un outil qui peut aider la famille à se maintenir, à se rééquilibrer, à évoluer, et ceci peu importe la forme qu'elle adopte. La médiation pourra être pour la famille et ses membres faisant face à un litige, un soutien circonstanciel, un moyen de trouver une solution juste, équitable et satisfaisante pour tous, un moyen de développer leurs capacités de résolution de conflit et de responsabiliser davantage les acteurs en cause.

L'intervenant social dans le domaine de la protection de la jeunesse poursuit comme but premier la protection de l'enfant, tout en responsabilisant le milieu naturel. Peut-on concilier ce rôle de délé-

* Travailleuse sociale.

gué à la protection de la jeunesse avec celui de médiateur ? Situons-nous dans une des problématiques, soit les conflits parent/adolescent.

Les troubles de comportement chez l'adolescent tirent souvent leur origine d'une méconnaissance des besoins du jeune ainsi que ceux du parent ; ils dégénèrent en conflit violent, car chacun s'est limité à « sa » solution. La médiation oblige chacune des parties à prendre conscience des intérêts de l'autre, à inventorier plusieurs pistes de solutions et à mettre à l'essai une solution apportant un bénéfice certain à l'adolescent et aux parents. La présence d'un tiers impartial contrôle la situation, évite l'escalade, incite à l'écoute et à la créativité.

La négligence d'un parent envers son enfant ne peut être traitée comme une médiation entre deux parties, car le père et/ou la mère considère leurs comportements adéquats mais la société établit des normes et considère ledit enfant en état de compromission ; l'intervenant est donc partie prenante et ne peut jouer le rôle de médiateur. Toutefois, l'utilisation de la technique de négociation sur intérêt permettra au parent de mettre en évidence ses besoins et à l'enfant de faire valoir les siens, via l'intervenant social. Ensemble, parent et intervenant social inventorieront des options pour assurer que l'enfant ne soit plus en état de compromission. Le tiers ici ne joue pas le rôle de médiateur mais, par son action, oriente vers une solution satisfaisante les deux parties en cause, soit le parent et l'enfant.

Dans le présent chapitre, nous révélerons quelques statistiques démontrant le bien-fondé de la médiation en matière de protection de la jeunesse. Nous rappellerons très brièvement les différentes phases de la médiation. Nous décrirons la trajectoire d'un dossier dans le système de la protection de la jeunesse au Québec ainsi que la possibilité d'avoir recours aux techniques de médiation à ces différentes étapes. Nous préciserons le rôle de l'intervenant social dans l'utilisation de cette technique ainsi que les embûches à éviter. En conclusion, nous survolerons d'autres situations familiales à caractère conflictuel et tirant bénéfice de l'utilisation de la médiation.

EXPÉRIENCES

Jamais vue, jamais connue cette façon d'aborder les problèmes en protection de la jeunesse? Mais non : dès la fin des années 70, quelques sociétés américaines de protection de l'enfant ont préconisé l'utilisation de la médiation plus particulièrement dans le domaine de la délinquance juvénile.

En 1978, Rochester Juvenile Mediation tente les premières expériences qui sont suivies en 1980 d'une recherche dirigée par la « Children's Aid Society, New York ». Cinq cents références par année, dont les problématiques sont de toutes sortes, ont démontré que l'utilisation de la médiation conduit au succès dans 77 % des cas. Cette expérimentation s'adressait à toutes catégories de familles, sans sélection des problématiques. Il fut observé que le succès est très supérieur lorsque la médiation débute très tôt, soit moins de trois jours après la réception de la demande. En comparant à d'autres modèles d'intervention, il s'avère que le respect des engagements est beaucoup plus grand et que par la suite la communication entre les membres est accrue.

Depuis 1982, il existe à la « Connecticut Superior Court Family Division » une section intitulée « Juvenile Mediation Model ».

De 1985 à 1987, au Colorado, un projet d'échelonnement sur deux ans est dirigé par la « Child Protection Mediation ». Quinze médiateurs ont participé à l'expérience. Cent quatre-vingt-sept dossiers ont été sélectionnés selon les critères suivants : l'enfant ne doit pas être en danger immédiat, un réel besoin de protection est déterminé, les parents sont capables de négocier par eux-mêmes ou par l'intermédiaire de leur avocat la participation volontaire de tous, soit le parent, l'adolescent, l'avocat et le travailleur social. Les sujets traités portaient sur la déchéance parentale, la garde et/ou l'accès au grand-parent, les conflits parent-adolescent, la difficulté d'accès engendrée par le déménagement d'un parent, la négligence, l'abus dans l'exercice de l'autorité parentale. Au niveau des mesures volontaires ou d'ordonnance du tribunal acceptée par les parents, la médiation était offerte à toutes les familles correspondant aux critères ci-haut mentionnés; le processus commençait alors immédiatement et s'étendait sur trois rencontres en moyenne.

Quatre-vingt-dix pour cent (90 %) d'ententes ont été obtenues, une meilleure communication a par la suite été observée entre les parties et un très faible pourcentage de récidives a été enregistré dans ces dossiers.

Au Québec, nous tentons, depuis 1988, d'introduire le modèle médiation dans le cadre de la protection de la jeunesse. Les Centres de services sociaux de Québec (CSSQ), de Sherbrooke (CSS Estrie) et de Montréal (CSSMM) ont formé quelques membres du personnel à cet effet et expérimentent le modèle.

APPLICATION DU MODÈLE MÉDIATION

Rappelons-nous qu'en protection de la jeunesse, la protection de l'intérêt de l'enfant est le premier objectif poursuivi tout en recherchant la responsabilisation du parent. À ce titre, nous devons parler de « médiation ouverte » par opposition à « médiation fermée ».

« Médiation ouverte » signifie que, d'une part, toute entente intervenue entre les parties fera l'objet d'un document écrit mais que, d'autre part, une non-entente entre les parties donnera naissance à un rapport rédigé par l'intervenant social et soumis à l'instance appropriée selon l'étape des procédures. Il s'agit ici d'une caractéristique exceptionnelle puisque la médiation, telle que couramment définie en matière matrimoniale, est « fermée », c'est-à-dire qu'un résultat de non-entente met fin immédiatement au processus et interdit alors la rédaction de tout document écrit.

Les phases de la médiation se résument ainsi : l'évaluation de la situation-problème, la reconnaissance et la nomenclature des besoins de chacune des parties, la recherche et la nomenclature des options pouvant permettre une résolution du conflit, la discussion de chacune des options, le choix de « la » solution retenue, la rédaction de l'entente.

Tableau 1
PHASES DU PROCESSUS DE MÉDIATION

Évaluation de la situation	Négociation				Rédaction de l'entente ou du rapport
	Recomman-dations Besoins	Liste des options	Discussion des options	Choix de la solution	

Peu importe le problème soumis, les « besoins » des deux parties en cause devront être clairement établis et nommés. S'il s'agit de « troubles de comportement », l'intervenant social écoutera attentivement les revendications de l'adolescent et du parent, les positivera, c'est-à-dire les traduira en « besoins » et recherchera l'assentiment des deux parties en cause.

Dans un deuxième temps, l'intervenant aidera les parties à identifier les options pouvant être considérées comme une solution potentielle. Il stimulera leur créativité et, dans certains cas, suggérera des options. Il est essentiel de visualiser une liste d'options (plus de deux) et de refuser la discussion immédiate. Par la suite, la discussion desdites options permettra d'établir une relation besoins/options et de privilégier une solution.

Dans les situations complexes, il peut être important de partialiser, c'est-à-dire de séparer en séquences, d'étudier un premier volet, de mettre à l'essai la solution correspondante et de reprendre le processus quelques semaines plus tard concernant un second point de désaccord. Une fois toutes les facettes du problème étudiées, la rédaction d'une entente permettra aux parties de réaliser l'importance de l'engagement, de signer des « vraies mesures volontaires » ou de s'engager pleinement dans un plan d'intervention, de s'y référer dans le futur.

TRAJECTOIRE D'UN DOSSIER EN PROTECTION DE LA JEUNESSE

Du signalement à la prise en charge, plusieurs étapes surgissent et peuvent laisser place à l'utilisation de la médiation pour assurer l'intérêt de l'enfant et la responsabilisation du parent.

Tableau 2

LA MÉDIATION EN PROTECTION DE LA JEUNESSE

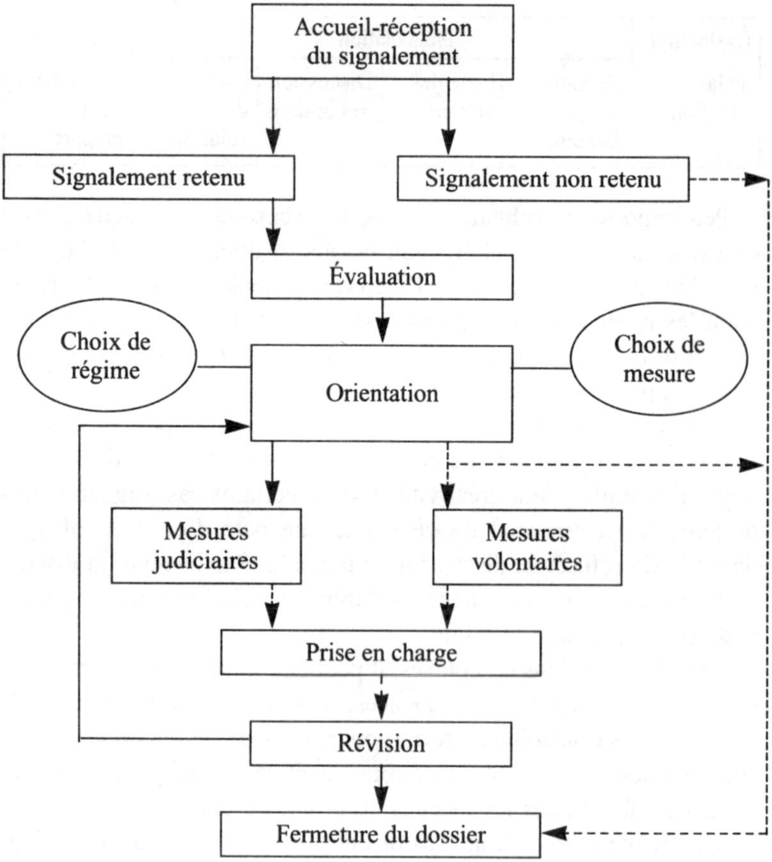

Attardons-nous à chacune des étapes et scrutons-y les avantages de l'application du modèle médiation. Au tableau 2, les traits non continus indiquent la possibilité d'avoir recours au modèle médiation.

À la réception du signalement, celui-ci peut être retenu et donner cours à l'évaluation/orientation. D'autre part, si le signalement est non retenu et que l'équipe d'urgence sociale y a été associée, il peut être bénéfique de reconnaître les besoins des parties, qu'il s'agisse de ceux des parents, de l'enfant ou de l'adolescent, de lister les options qui peuvent améliorer la situation, de décider d'une solution à mettre en œuvre, tout ceci dans le meilleur intérêt du jeune. « Pas de fumée sans feu », dit le dicton populaire : en ce sens, un signalement cache toujours un malaise et l'intervention immédiate dirige vers une ressource adéquate s'il y a lieu, crée un modèle à utiliser si des situations semblables surgissent, évite que le problème ne s'amplifie et qu'il en résulte un retour à la protection de la jeunesse. L'adolescent en colère et le parent en désarroi qui ont ainsi été accueillis à l'urgence sociale trouvent une solution à leur problème à la satisfaction des deux parties, peuvent reconstruire une relation saine, voire même éviter que la situation continue à se détériorer au point de faire intervenir une famille d'accueil ou un centre d'accueil.

À l'étape évaluation/orientation, la compromission peut être retenue et donner cours à une ordonnance du tribunal ou à des mesures volontaires. S'il s'avère qu'aucune compromission n'est déclarée, notre intrusion dans cette famille a laissé sa trace, soit en mettant en lumière un malaise, soit en créant un déséquilibre ; il est alors important d'inciter les parties à reconnaître les besoins de chacun d'eux, à identifier des options et une solution satisfaisante pour tous afin de rétablir l'équilibre et de permettre à chacun de grandir, de continuer l'édification de la famille (nucléaire, monoparentale ou reconstituée) sur un terrain plus solide et plus riche. Le parent avec lequel ont été abordés les différents aspects de la négligence (nourriture ou gardiennage) devrait ressortir de cette évaluation avec une meilleure connaissance des besoins de son enfant, une reconnaissance de ses propres « besoins » et une image d'un mariage de ces « besoins », à la satisfaction des deux. C'est à ce prix que l'évaluation à connotation « non-danger de compromission » sera non agressante pour les parties en cause, voire un moyen d'amélioration.

Mesures volontaires ne sont pas synonymes de mesures non judiciaires. Elles tirent leur originalité en ce que les parties reconnaissent les besoins de chacune d'elles et définissent elles-mêmes les termes d'une entente qui devrait faire cesser toute compromission en regard du jeune. La technique de médiation permettra tant au parent qu'à l'adolescent, s'il y a lieu, de mettre en évidence les

« besoins » de chacun, de clairement identifier les diverses avenues de solution, de choisir la solution la plus adéquate et de s'engager pleinement dans les différents éléments déterminés pour l'actualiser. Ainsi, dans une situation de troubles de comportement, d'une part, parent et adolescent s'engageront en connaissance de cause et, d'autre part, l'intervenant social qui assurera l'application desdites mesures volontaires pourra plus facilement et efficacement aider les parties à cheminer et s'assurer de l'élimination des éléments de compromission.

Une ordonnance du tribunal statue sur le fait de la compromission et les mesures appropriées. L'intervenant social qui se voit confier le mandat de contrôle, de surveillance et d'aide ne peut remplir sa tâche sans l'établissement d'un plan d'intervention, lequel ne prendra sa valeur que s'il est bâti pour et avec les parties en cause. La médiation les incitera à reconnaître les besoins de chacun, à identifier les objectifs à poursuivre et les moyens pour les atteindre, soit à construire un plan d'intervention, élément essentiel pour arriver au but ultime, faire cesser la compromission.

Nous notons tout au long de la trajectoire « protection de la jeunesse » que la médiation peut être d'un précieux secours. Loin de nous la prétention que la médiation suffit à la tâche ; cette technique identifie, définit, précise l'action, incite chacun à l'appropriation de l'objectif, les différents modèles de thérapie seront par la suite mis à profit.

MARIAGE ENTRE LE RÔLE DE DÉLÉGUÉ À LA PROTECTION DE LA JEUNESSE ET LE RÔLE DE MÉDIATEUR

Le médiateur est un tiers neutre qui aide les parties à trouver une solution satisfaisante pour tous. Le rôle du délégué à la protection de la jeunesse n'est pas en contradiction avec le rôle du médiateur, si on garde à l'esprit qu'il s'agit de médiation ouverte à toute étape de la trajectoire sauf celle du signalement non retenu.

Le médiateur/délégué à la protection de la jeunesse joue le rôle de chef d'orchestre et est responsable du processus, mais il est également responsable du contenu et, à ce titre, doit veiller à protéger l'intérêt de l'enfant ou de l'adolescent. Il ne s'agit pas ici d'une incompatibilité dans les rôles mais plutôt d'un complément de fonction.

L'une des tâches du médiateur est d'équilibrer le pouvoir à tout moment du processus. En protection de la jeunesse, le pouvoir est inégal si on compare le pouvoir donné par l'autorité parentale et celui attribué au statut d'enfant. Il ne s'agit pas ici d'égaliser le pouvoir mais bien d'assurer un équilibre, soit permettre à chacun de jouer son rôle au sein de la famille.

Le médiateur, tout en étant neutre, peut et doit fournir l'information. Il peut avoir recours à des ressources pour compléter l'information. Le délégué à la protection de la jeunesse utilisera la technique de médiation comme complément à son action et ne deviendra, en aucun temps, un médiateur au sens pur du terme.

CONCLUSION

La spécificité de la médiation peut s'actualiser dans le fait que les parties définissent elles-mêmes les termes de leur entente, laquelle mettra fin à leur litige et ceci à la satisfaction de tous. À ce titre, quelle que soit l'étape de la trajectoire en protection de la jeunesse, les parents et les jeunes trouveront avantage à faire cesser la compromission en utilisant cette technique.

Non seulement les « besoins » seront mis en évidence, les options seront mises en lumière et la solution sera le résultat d'une entente, mais les parties auront appris à s'écouter et à négocier. En effet, lors du prochain conflit parent/adolescent, les parties mettront en pratique les techniques de négociation, éviteront l'escalade et prendront une entente. C'est donc une forme d'éducation.

Cette technique de médiation peut être utilisée à profit dans d'autres types de conflits au sein de la famille. Comment protéger l'intérêt de l'enfant lorsque la famille biologique et la famille d'accueil s'affrontent ? Comment permettre à l'enfant de bien vivre avec sa famille adoptive tout en reconnaissant l'existence et l'importance de sa famille biologique ? Comment permettre à des enfants de choisir le devenir de leurs parents âgés tout en respectant leurs besoins ? Ces différents champs d'action du travailleur social ouvrent leur porte à la médiation.

BIBLIOGRAPHIE

CÔTÉ, Luc, BRISSON-AMYOT, Pierrette et LAFORTUNE, Françoise, *Le spectre de la neutralité en médiation familiale,* 1988.

HAYNES, John M., « A Conceptual Model of the Process of Family Mediation », *American Journal of Family Therapy,* vol. 10, n° 4.

LEMMON, John A., « The Mediation Method throughout the Family Life Cycle », *Mediation Quarterly,* mars 1985.

MAYER, Bernard, « Conflict Resolution in Child Protection and Adoption », *Mediation Quarterly,* mars 1985.

MAYER, Bernard S. et GOLTEN, Mary M., *The Child Protection Mediation Project : A Manual and Operational Description of Mediation in Child Protection,* C.D.R., Associated Center for Dispute Resolution.

SHAW, Margaret L., « Parent-Child Mediation a Challenge and a Promise », *Mediation Quarterly,* mars 1985.

URY, William et FISHER, Roger, *Getting Yes,* Houghton Mifflin, 1981.

TABLE DES MATIÈRES

Collection TRAVAIL SOCIAL
Des savoirs pour l'action

Répertorie et regroupe les savoirs professionnels.
Les rend accessibles et utilisables.
Paticipe à l'élaboration de nouveaux savoirs.

Pour une formation adaptée aux situations, aux enjeux, aux besoins.
Pour une plus grande maîtrise professionnelle des praticiens en exercice.
Pour la reconnaissance des compétences actives de l'ensemble des professions sociales.

La collection *Travail social* est animé par :

Cristina De Robertis, assistante de service social, diplômée de l'École universitaire de service social de Montevideo (Uruguay), réside en France depuis 1967. Superviseur en travail social, elle enseigne la méthodologie de service social — notamment le travail social de groupe — en formation initiale et supérieure. Elle est actuellement directrice de l'École de service social de la Croix-Rouge française de Toulon.

Éliane Leplay, assistante de service social, superviseur en travail social, a été pendant dix ans présidente du Comité de liaison des centres de formation supérieure en travail social. Elle est actuellement directrice de l'École technique des surintendantes d'usines et de services sociaux, à Paris.

Henri Pascal, sociologue, enseignant dans les formations initiale et supérieure de travailleurs sociaux. Il participe depuis plusieurs années à des recherches, notamment recherche-action et recherches évaluatives, dans le champ du travail social. Il est actuellement directeur du Centre de recherches et d'études sociales du Var.

Collection TRAVAIL SOCIAL
Des savoirs pour l'action

Marius Alliod, Jacques Designaux
Un fondateur d'action sociale, Antoine Chevrier
Denise Bourgault et Françoise de La Harpe
L'enfant en famille d'accueil *
Claude Chalaguier
Travail, culture et handicap
Cristina De Robertis et Henri Pascal
L'intervention collective en travail social *
Cristina De Robertis
Méthodologie de l'intervention en travail social
Hervé Drouard, Michel Legros et Henri Pascal
Sociologie et intervention sociale
Michel Duchamp, Brigitte Bouquet et Hervé Drouard
La recherche en travail social *
Paul Henderson, David Thomas
Savoir-faire en développement social local
Lisette Laurent-Boyer (sous la direction de),
La médiation familiale
Helen H. Perlman
L'adulte et ses rôles
Gisèle Morand
Identité professionnelle et formation permanente des assistantes sociales
Mathilde du Ranquet
Les approches en service social
Amédée Thévenet
RMI - Théorie et pratique *
Pierre Verdier
L'autorité parentale
Pierre Verdier
Le guide de l'aide sociale à l'enfance

Hors collection

Pierre Sans
Famille d'accueil, un métier *

* Ces titres sont publiés sous la marque Centurion ;
les autres sous la marque Bayard Éditions.

Achevé d'imprimer en mai 1993
dans les ateliers de Normandie Roto Impression s.a.
61250 Lonrai

N° d'éditeur : 1494
N° d'imprimeur : I3-1002
Dépôt légal : mai 1993

Imprimé en France